엔트리를 활용한 소프트웨어 교육

대학생·일반인을 위한

WHYBOOKS®
㈜와이북스

엔트리를 활용한 소프트웨어 교육

| 대학생, 일반인을 위한 |

발행일	2016년 6월 30일
인쇄일	2016년 6월 23일
지은이	편집부
발행처	WHYBOOKS® ㈜와이북스
등록	제390-2011-000012호
주소	서울시 영등포구 양평동5가 양평로 22길 13, 라이너빌딩 B1
대표전화	02-2068-1956
팩스	02-2068-1995
홈페이지	www.whybooks.co.kr
E-mail	whybooks@whybooks.co.kr
ISBN	978-89-98023-79-9(93000)
정가	15,000원

※이 책은 entry 엔트리 교육 연구소에서 개발한 대학 소프트웨어 교육과정을 기초로 만들어진 소프트웨어 프로그래밍입니다.

머리말

ICT 기술 진보가 계기가 된 제4차 산업혁명은 인공지능, 로봇기술, 생명과학이 주도하는 차세대 산업혁명을 말한다. 증기기관의 발명으로 촉발된 1차 산업혁명, 컨베이어벨트로 대표되는 대량생산 체제인 2차 산업혁명, 인터넷의 발달로 인한 컴퓨터 정보화 및 자동화 생산시스템으로 대변되는 3차 산업혁명이 엄청난 경제 · 사회 · 문화의 변화를 몰고 온 것처럼 4차 산업혁명도 엄청난 변화를 몰고 오고 있다. 미래의 이야기일 것 같지만 이미 4차 산업혁명에 진입해 있다. 얼마 전 대한민국을 떠들썩하게 한 이세돌 9단과 바둑대결을 펼친 알파고라는 인공지능은 엄밀히 따져 인공지능이라 할 수도 없는 작은 부분일 뿐이다. 인공지능은 이미 현장에 투입되어 암을 진단하고, 당뇨병 환자의 저혈당 쇼크를 예측하여 필요한 치료를 권고하고, 공장 플랜트를 관리하고 있으며, 서비스에도 투입되었고, 아이들의 교육에도 투입되었다. 다만 우리가 그게 인공지능인지 모를 뿐이고 4차 산업혁명에 이미 진입한 상태라는 것을 모를 뿐이다.

모든 것이 너무 큰 변화를 가져와 다 뒤집히는 상태… 이미 그 소용돌이에 휘말려 그동안 정답인 것으로만 생각하고 사용하던 경제 · 사회 · 문화 정책들이 아무런 효과를 내지 못하고 있고, 우리가 상식이라 생각하던 그 많은 것들이 더는 상식이 아닌 상태… 그야말로 카오스 상태이다. 두려운 것은 예전 산업혁명에 비해 변화의 속도가 더 빠르고 변화가 더 큰 범위에 영향을 미칠 것으로 예상되지만 그 파급효과가 어느 정도가 될 것인지 아무도 모른다는 것이다.

이제야 각국 정부들이 부랴부랴 여러 가지 대책을 내놓고 있는데 그중 가장 큰 흐름이 소프트웨어 교육이다. 소프트웨어 교육을 하는 가장 큰 이유는 일자리와 관련 있다. 산업이 바뀌고 있는데 옛날 교육으로 이미 지나버린 산업의 일꾼을 배출해내고 있으니 일자리가 없는 것이다. 거기에 4차 산업혁명으로 진입한 것을 안 것도 얼마 안 되어 앞으로 뭐가 옳고 그른지 아무도 모르기 때문에 직접 새롭고 유망한 직업을 만들라고 한다. 참 무책임한 이야기지만 한편으론 이해가 된다. 그들도 이런 일을 겪어 본 적이 없기 때문이다. 초등학생, 중 · 고등학생은 학교에서 소프트웨어를 필수로 배우기 시작했는데 대학생 및 사회에 나온 성인들은? 못해도 30년에서 60년을 더 일해야 하는 우리는 알아서 미래를 내다보고 필요한 것을 갖춰나가야 한다. 온 국민이 스마트폰을 사용하지만, 컴퓨터라는 개념을 모르시는 우리 부모님 세대는 “이것 좀 해줘”, “뭐가 안되!” 하면서 자식들의 모진 구박을 받으며 여러 사람 피곤하게 하며 사용하고 계신다. 부모님이 아니더라도 직장 상사, 하다못해 지나가던 어른에게 도움을 요청받아본 경험들은 누구에게나 있을 것이다. 이렇게 되고 싶지는 않다. 구박하고 있는 자식의 입장에서 내가 몇 십 년 후 아니 몇 년 후 “그것도 몰라!”라는 구박을 하는 주체에서 구박받는 대상이 되고, 할 수 있는 게 아무 것도 없다는 자괴감에 빠지기 싫어 발악 하는 중이다.

그럼 지금이라도 프로그래밍을 배워야 하느냐? 결론부터 말하면 아니다.

소프트웨어 교육이란 컴퓨터과학의 원리와 알고리즘, 프로그래밍을 배워 컴퓨터적인 사고력을 기반으로 현실 문제를 해결하는데 목표가 있다. 직접 프로그래밍 하라는 소리가 아니다. 앞으론 프로그래밍도 사람보다 프로그램이 더 잘 할 것이다. 앞으론 컴퓨터가 더 잘하는 분야는 과감하게 컴퓨터에게 시키고 컴퓨터가 못하는 분야에 매진해야 한다. 근데 컴퓨터에게 일을 시키려면 뭔지 알아야 하니까...

와이북스에서는 이런 혼돈의 시대에 직무적으로 길잡이가 되는 여러 가지 교육 자료들을 만들고 있다. 그 중 하나로 이 책은 컴퓨터를 전공하지 않는 대학생 및 성인의 소프트웨어 교육용으로 기획된 책이다.

초등학생용 소프트웨어 교육용 교과서들은 각 학년의 교과과정과 연계된 예제중심으로 그때그때 필요한 엔트리 명령블록, 기능, 핵심원리를 알려주는데, 초등학생들이야 학생신분인 12년 동안 주구장창 배워도 되지만 대학생 및 성인은 그럴 시간이 없다. 그래서 크게 컴퓨터과학과 미래사회에 대한 이론과 엔트리프로그램을 우선 이해하고, 예제를 풀어가며 알고리즘과 프로그래밍을 익히는 실습부분으로 나누어 컴퓨터가 어떤 원리로 움직이는지, 프로그래밍과 알고리즘의 기본 개념을 단시간에 습득하는데 목적을 뒀다.

비전공 대학생 대상의 소프트웨어 교육 교과서로 만들어진 책이지만 당장 학생들을 가르쳐야하는 선생님들, 집에서 아이를 가르치고픈 부모님들, 소프트웨어나 코딩이 뭔지 알아보고 싶은 성인들도 활용 가능할 것이다.

책으로만 이해가 완벽하게 되길 바라지만 그렇지 않을 수 있기에 와이북스 홈페이지 www.whybooks.co.kr에 동영상 강의가 준비되어 있고, 이 책을 수업용 교재로 사용하시는 분들을 위해 엔트리의 학급관리 기능설명과 보충 자료 등의 강의 자료가 준비되어 있다.

부디 이 책이 앞으로 살아가는 데에 도움이 되길 바란다.

편집부

entry
엔트리를 활용한 소프트웨어 교육

차례

차례

entry

엔트리를 활용한 소프트웨어 교육

1부

컴퓨터 개론

1.1 컴퓨터 과학의 원리

1.1.1 데이터와 정보

'인터넷은 정보의 바다', '정보 사회', '데이터베이스' 등 우리는 정보, 데이터라는 용어를 많이 쓰고 있다. 그런데 여기서 데이터와 정보란 정확히 무엇을 의미할까?

데이터(data)란?

국립국어원에서 자료라고 순화를 권고하는 데이터는 넓은 의미로 사건, 사실, 현상, 개념 또는 명령을 사람이나 자동 기계가 통신, 해석 그리고 처리하기에 적당한 형태로 표시한 것이다. 컴퓨터 분야에서의 **데이터**는 관찰이나 측정을 통해 얻은 수치, 문자와 같은 변할 수 있는 질적 또는 양적 값을 뜻한다. 데이터는 형태에 따라 전통적인 텍스트(text), 숫자 데이터 형식 외에 음성, 이미지, 동영상 등과 같은 여러 가지 형식의 데이터가 있으며 최근에는 멀티미디어 데이터가 많이 사용되는 추세이다.

정보(information)란?

단순히 기록된 사실인 데이터를 어떠한 목적에 맞게 처리·가공하여 실제 문제 해결에 도움이 되는 유의미한 결과물을 **정보**라고 한다.

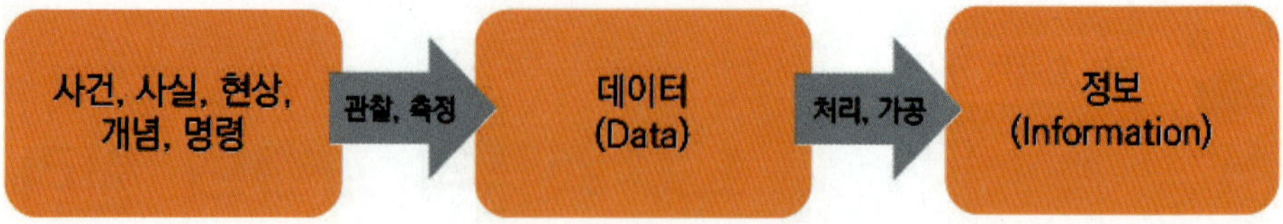

[그림 1-1] 데이터 vs. 정보

정보 또한 가공을 통해 더 높은 가치를 갖는 지식 생성에 이용될 수 있다. **DIKW 계층모델**(DIKW Hierarchy 또는 DIKW Pyramid)에 의하면 데이터는 '데이터, 정보, 지식(knowledge), 지혜(wisdom)'로 발전하는데 데이터에서 정보로 발전하려면 데이터간의 원리를 이해해야하고, 정보에서 지식으로 발전하려면 정보의 패턴을 인식해야하며, 이러한 지식이 지혜가 되려면 지식간의 관계와 통찰이 필요하다.

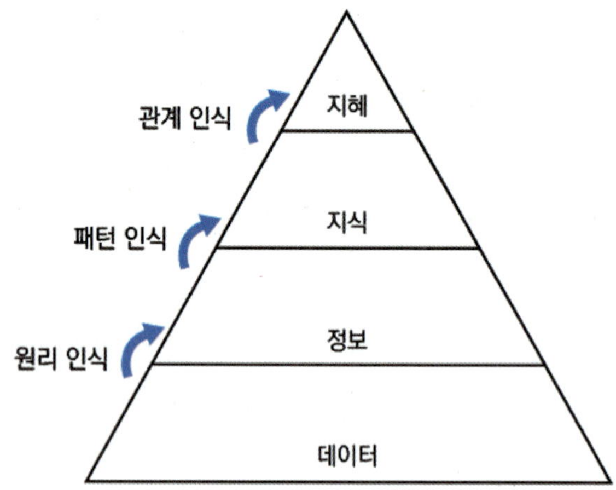

[그림 1-2] DIKW Pyramid |출처| Wikipedia

빅데이터는
새로운 기회

빅데이터(Bigdata)란?

요즈음 언론에서 '빅데이터'라는 말을 많이 들을 것이다. **빅데이터**(Bigdata)를 직역하면 큰 데이터, 대용량 데이터라는 말인데 왜 IT전문가건 미래학자건 정부건 노래를 부르고 있을까?

IT기술의 발전과 발달로 PC와 인터넷, 모바일 기기 이용이 생활화되면서 기존에는 상상할 수 없을 정도의 데이터와 정보가 만들어지고 있다. 현재 세계에 존재하는 데이터의 90%가 근 2년 사이 만들어진 것(2015년 기준)이라는 보고가 있을 정도로 기하급수적으로 늘어나고 있다.

이 방대한 데이터에는 구매기록, 방문기록, 관심 상품, 금융정보, 여가생활, 검색어, 관심사, 통화량 외에도 다양한 종류의 데이터와 정보가 포함 되어있다. 그것을 활용하여 기업은 새로운 상품도 만들고 더 효과적인 마케팅으로 매출을 높이고, 서울시는 심야버스를 도입하여 새로운 공공서비스를 제공하고, 네비게이션은 교통정보와 GPS를 활용해 모르는 길도 안전하게 최단 경로로 찾아 주는 등 새로운 상품과 서비스를 제공하고 있다.

이처럼 빅데이터를 처리 · 분석하여 새로운 가치 즉, 부가가치를 높여 돈을 벌 수 있기 때문에 빅데이터를 다루는 일이 중요해진 것이고, 그 데이터를 효과적으로 처리하고 분석해 가치를 끌어낼 수 있는 기술과 이 일을 하는 이른바 '데이터 과학자'라는 데이터 전문가의 역할이 주목받고 있는 것이다.

따라서 빅데이터란 단순히 대용량 데이터라기보다 '가치를 생성해낼 수 있는 데이터'라는 개념과 인식을 갖고 이를 활용 할 수 있는 능력을 키워야한다.

1.1.2 컴퓨터의 이해

컴퓨터의 발달

컴퓨터는 '계산하다'라는 어원에 걸맞게 17세기 프랑스의 수학자 파스칼(Pascal)이 만든 파스칼린이라는 최초의 기계식 계산기기를 컴퓨터의 기원으로 보고 있다. 하지만 파스칼린은 오직 사친연산만 가능한 수준이었다. 최초의 전자식 컴퓨터는 1940년대에 군사적 목적으로 만들어진 진공관 컴퓨터 에니악(ENIAC)으로 알려져

있지만 군사용이었기에 일급비밀로 취급되어 일반인들에 알려지지는 않은 독일의 Z3, 영국의 콜로서스1 등 비슷하거나 좀 더 이른 시기에 만들어진 컴퓨터도 있다. 그 중 아타나소프사의 ABC(Atanasoff-Berry Computer)라는 컴퓨터가 1973년 미국 법원에 소송을 제기하여 승소함으로 공식적인 최초의 전자식 컴퓨터가 되었다.

튜링기계

앨런튜링

최초의 전자식 컴퓨터의 등장은 진공 상태에서 전자의 흐름을 조절해 신호의 변경과 증폭을 가능케 하는 장치인 진공관의 개발과 컴퓨터 과학의 아버지로 불리는 비운의 앨런튜링(Alan Turing)이 발표한 **튜링기계** 개념으로 컴퓨터의 핵심 부품 및 기본 동작 원리가 확립되면서 가능해졌지만, 이러한 진공관을 사용해 만들어진 초기의 컴퓨터들은 엄청난 가격(애니악의 경우 약 70억 원)과 큰 부피, 여러 가지 많은 고장 등 일반화되기엔 문제가 많았다. 1947년 벨연구소에서 만든 트랜지스터(transistor)라는 획기적인 발명품이 진공관을 대신하면서 더 효율적이고 작은 크기, 저렴한 가격으로 컴퓨터 제조업계에도 혁명을 가져왔다. 그 이후 **직접회로**(IC: Integrated Circuit)가 발명되고 발전하면서 요즘과 같이 휴대 가능한 컴퓨터들이 만들어지게 되었다.

컴퓨터의 기능

컴퓨터는 기본적으로 입력, 제어, 기억, 연산, 출력 기능을 갖추고 있다.

LEAP MOTION

입력기능은 처리 및 기억시키고자 하는 데이터 또는 명령을 컴퓨터 내부에 전달하는 기능으로 마우스, 키보드, 스캐너, 터치스크린, 립모션 같은 장치들이 사용된다.

제어기능은 명령을 해석하고 컴퓨터에 연결된 다양한 역할을 수행하는 많은 장치들이 제 기능을 하는지 통제하는 기능으로 CPU(중앙처리장치)나 GPU(Graphic Processing Unit; 그래픽카드 핵심 칩), GPGPU(General Purpose GPU: GPU를 CPU로도 사용하는 장치) 등의 장치가 있다.

기억기능은 프로그램을 기억하거나 데이터나 명령을 처리하는 과정에서 중간결과와 처리된 정보를 보관하는 기능으로 주기억장치와 보조기억장치로 나눠진다.

주기억장치는 전원이 차단되어도 기억된 내용이 지워지지 않는 롬(ROM: Read

Only Memory)과 지워지는 램(RAM: Random Access Memory)으로 구성되는데 컴퓨터에서 처리할 데이터와 프로그램, 처리결과를 기억한다. 롬은 내용이 지워지지 않기 때문에 컴퓨터를 켤 때 사용되는 프로그램들이 저장 되어있지만, 램은 빠르지만 기억 할 수 있는 용량이 크지 않고 전원공급이 중단되면 내용이 지워지기 때문에 데이터나 프로그램을 장기적으로 저장하는 용도로는 보조기억장치를 사용한다. 이런 보조기억장치로는 하드디스크, USB, DVD, SSD 등이 있다.

컴퓨터의 모든 작업은 계산을 기반으로 하기 때문에 연산기능은 작업을 수행하는데 사칙연산 · 논리연산 등 정의된 연산자를 사용하여 계산결과를 생성하기 위한 기능으로 CPU나 컴파일러 등이 사용된다.

출력기능은 컴퓨터 내부의 데이터나 정보를 사용자가 원하는 방식으로 볼 수 있도록 가시화 하는 장치로 모니터, 프린터기, 스피커, HUD(head up display), 3D프린터 등과 같은 장치들이 사용된다.

Iron Man Hud Effect

시베리안 허스키 다비 이야기

컴퓨터의 기능	
입력기능	데이터나 명령을 컴퓨터 내부에 전달
제어기능	명령을 기억하고 각 장치들을 통제
기억기능	프로그램, 데이터, 처리결과 등을 기억
연산기능	정의된 연산자를 수행
출력기능	처리된 결과를 원하는 형태로 가시화

LeapMotion |출처| 영화 마이너리티 리포트

HUD |출처| 영화 아이언맨

[그림 1-3] 립모션, HUD

컴퓨터의 종류

이러한 컴퓨터는 규모나 사용목적에 따라 개인용 컴퓨터, 메인프레임 컴퓨터, 슈퍼컴퓨터로 분류한다.

개인용 컴퓨터(PC:personal computer)는 데스크탑, 노트북(랩탑), 테블릿 컴퓨터, 스마트폰 등의 형태로 개인이 구매하기에 합리적인 가격과, 사용하기 적합한 크기나 사양으로 널리 보급되고 있다. 게임 · 동영상 보기 등의 사용이 많아 그래픽 처리가 중요하다.

메인프레임 컴퓨터(mainframe computer)는 통계데이터나 금융과 관련된 전산처리를 주로 하는 컴퓨터로 비싸고 크기 때문에 정부나 금융회사, 기업 등이 사용한다. 메인컴퓨터는 터미널이라 불리는 단말 기기에서 제어하며 다수의 사용자를 지원하는 특징이 있다.

슈퍼컴퓨터(supercomputer)는 메인 컴퓨터와 같이 정부나 기업에서 사용되는 대형 컴퓨터이나 사용자가 소수이고 대규모 연산을 초고속으로 처리 한다는 차이점이 있다. 기상청이나 핵실험 시뮬레이션 등에 사용된다. 슈퍼컴퓨터는 구입 및 설치 가격이 매우 비싸다는 단점이 있는데 PC, 서버, PDA 등 각종 컴퓨팅 기기를 초고속 네트워크로 모아 하나의 가상 슈퍼컴퓨터를 구축하는 **그리드 컴퓨팅**(grid computing) 기술이 개발되어 가격적 단점을 극복하고 유휴자원을 활용할 수 있게 되었다. 실제로 BONIC은 38만대의 컴퓨터가 네트워크로 연결된 가상 컴퓨터인데 우리나라 대덕연구단지에 있는 슈퍼컴퓨터보다 20배 이상 더 좋은 성능을 갖고 있다고 한다.

컴퓨터의 작동방식

컴퓨터는 전기적 신호를 바탕으로 수를 표현하고 처리하는데 **2진법**을 사용하여 0(전기가 흐르지 않는 상태)과 1(전기가 흐르는 상태)로 모든 데이터를 표현하고 처리한다. 이런 방식을 **디지털** 방식이라 하는데 연속적인 아날로그와 달리 이산적 즉, 특정 단위로 끊어 표현한다.

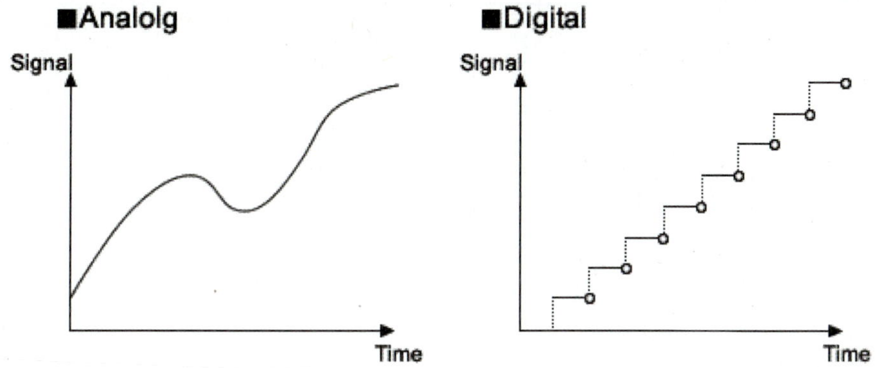

[그림 1-4] 아날로그와 디지털 |출처| www.renesas.com

0과 1이란 신호만으로 동작하기 때문에 숫자뿐만 아니라, 모든 데이터 및 명령문, 문자 또한 2진법의 수로 표현 되어야 하는데 일반 숫자와 이진법의 숫자를 구분하기 위해 코드로 암호화하여 사용한다. 문자의 경우 미국표준협회가 제시한 영어문자 기준의 아스키(ASCII)라는 표준코드체계가 있고, 더 많은 각 나라별 언어를 모두 표현하기 위한 **유니코드**(unicode)라는 코드체계도 있다. 유니코드는 사용 중인 운영체제, 프로그램, 언어에 관계없이 문자마다 고유한 코드 값을 제공한다. 문자를 처리하는 방식을 예를 들어 보면 영어대문자 A는 아스키코드표에 따르면 '65'이고, 65를 이진법으로 나타내면 '1000001'이다. 사용자가 A를 입력하면 컴퓨터가 코드값의 이진법으로 인식하고 처리하며 다시 역순의 과정을 거쳐 사용자에게 A를 보여주는 것이다.

비트(bit)는 디지털 컴퓨터에서 사용되는 데이터의 최소단위로 0과 1중 어느 한 가지 값만을 가지며 'b'로 표기하고 8비트가 모이면 바이트(byte)가 되며 'B'로 표기한다. 컴퓨터는 단위변환도 2진법으로 하기 때문에 킬로(K:Kilo)는 1000이 아닌 2의 10승인 1024가 된다. 따라서 8bit=1B, 1024B=1KB, 1024KB=1메가바이트(MB), 1024MB=1기가바이트(GB), 1024GB=1테라바이트(TB)가 된다.

ASCII TABLE

Decimal	Hexadecimal	Binary	Octal	Char
0	0	0	0	[NULL]
1	1	1	1	[START OF HEADING]
2	2	10	2	[START OF TEXT]
3	3	11	3	[END OF TEXT]
4	4	100	4	[END OF TRANSMISSION]
5	5	101	5	[ENQUIRY]
6	6	110	6	[ACKNOWLEDGE]
7	7	111	7	[BELL]
8	8	1000	10	[BACKSPACE]
9	9	1001	11	[HORIZONTAL TAB]
10	A	1010	12	[LINE FEED]
11	B	1011	13	[VERTICAL TAB]
12	C	1100	14	[FORM FEED]
13	D	1101	15	[CARRIAGE RETURN]
14	E	1110	16	[SHIFT OUT]
15	F	1111	17	[SHIFT IN]
16	10	10000	20	[DATA LINK ESCAPE]
17	11	10001	21	[DEVICE CONTROL 1]
18	12	10010	22	[DEVICE CONTROL 2]
19	13	10011	23	[DEVICE CONTROL 3]
20	14	10100	24	[DEVICE CONTROL 4]
21	15	10101	25	[NEGATIVE ACKNOWLEDGE]
22	16	10110	26	[SYNCHRONOUS IDLE]
23	17	10111	27	[ENG OF TRANS. BLOCK]
24	18	11000	30	[CANCEL]
25	19	11001	31	[END OF MEDIUM]
26	1A	11010	32	[SUBSTITUTE]
27	1B	11011	33	[ESCAPE]
28	1C	11100	34	[FILE SEPARATOR]
29	1D	11101	35	[GROUP SEPARATOR]
30	1E	11110	36	[RECORD SEPARATOR]
31	1F	11111	37	[UNIT SEPARATOR]
32	20	100000	40	[SPACE]
33	21	100001	41	!
34	22	100010	42	"
35	23	100011	43	#
36	24	100100	44	$
37	25	100101	45	%
38	26	100110	46	&
39	27	100111	47	'
40	28	101000	50	(
41	29	101001	51	)
42	2A	101010	52	*
43	2B	101011	53	+
44	2C	101100	54	,
45	2D	101101	55	-
46	2E	101110	56	.
47	2F	101111	57	/
48	30	110000	60	0
49	31	110001	61	1
50	32	110010	62	2
51	33	110011	63	3
52	34	110100	64	4
53	35	110101	65	5
54	36	110110	66	6
55	37	110111	67	7
56	38	111000	70	8
57	39	111001	71	9
58	3A	111010	72	:
59	3B	111011	73	;
60	3C	111100	74	<
61	3D	111101	75	=
62	3E	111110	76	>
63	3F	111111	77	?
64	40	1000000	100	@
65	41	1000001	101	A
66	42	1000010	102	B
67	43	1000011	103	C
68	44	1000100	104	D
69	45	1000101	105	E
70	46	1000110	106	F
71	47	1000111	107	G
72	48	1001000	110	H
73	49	1001001	111	I
74	4A	1001010	112	J
75	4B	1001011	113	K
76	4C	1001100	114	L
77	4D	1001101	115	M
78	4E	1001110	116	N
79	4F	1001111	117	O
80	50	1010000	120	P
81	51	1010001	121	Q
82	52	1010010	122	R
83	53	1010011	123	S
84	54	1010100	124	T
85	55	1010101	125	U
86	56	1010110	126	V
87	57	1010111	127	W
88	58	1011000	130	X
89	59	1011001	131	Y
90	5A	1011010	132	Z
91	5B	1011011	133	[
92	5C	1011100	134	\
93	5D	1011101	135	]
94	5E	1011110	136	^
95	5F	1011111	137	_
96	60	1100000	140	`
97	61	1100001	141	a
98	62	1100010	142	b
99	63	1100011	143	c
100	64	1100100	144	d
101	65	1100101	145	e
102	66	1100110	146	f
103	67	1100111	147	g
104	68	1101000	150	h
105	69	1101001	151	i
106	6A	1101010	152	j
107	6B	1101011	153	k
108	6C	1101100	154	l
109	6D	1101101	155	m
110	6E	1101110	156	n
111	6F	1101111	157	o
112	70	1110000	160	p
113	71	1110001	161	q
114	72	1110010	162	r
115	73	1110011	163	s
116	74	1110100	164	t
117	75	1110101	165	u
118	76	1110110	166	v
119	77	1110111	167	w
120	78	1111000	170	x
121	79	1111001	171	y
122	7A	1111010	172	z
123	7B	1111011	173	{
124	7C	1111100	174	|
125	7D	1111101	175	}
126	7E	1111110	176	~
127	7F	1111111	177	[DEL]

[그림 1-5] ASCII TABLE |출처| 위키미디어

1.1.3 컴퓨터와 프로그램

프로그램이란?

앞서 컴퓨터는 2진법 체계로 구동되어 0과 1로 구성된 명령문만을 받아들인다고 배웠다. 하지만 사용자가 직접 2진법으로 된 명령문을 사용하는 것은 불가능에 가깝기 때문에 이를 대신해주는 프로그램(program)이라는 것을 설치하여 사용하게 된다.

에이다, 세계 최초의 프로그래머

즉, **프로그램**이란 컴퓨터가 어떤 작업을 자동으로 처리할 수 있도록, 처리방법 및 순서를 컴퓨터 언어 형태로 기술해 놓은 '순서서(順序書)'이다. 프로그램은 보통 처리순서를 정한 일련의 명령집단(프로세서: processor)과 데이터부로 구성된다(출처 정보통신용어사전). 프로그램을 만드는 프로그래머는 논리적·산술적 연산만이 가능한 컴퓨터가 효율적으로 문제를 해결할 수 있게 알고리즘이라는 개념을 사용한다.

알고리즘(algorithm)은 문제를 풀기위한 단계별 절차를 수학적으로 기술한 것인데 순서도나 의사코드(pseudo code) 형태로 표현할 수 있다. 하나의 문제를 해결하는 알고리즘은 여러 개가 있을 수 있지만 그 중에서 가장 적합한 알고리즘을 찾는 것이 중요하다.

프로그래머는 이 알고리즘을 바탕으로 프로그램을 만들 때 특정 문법을 갖는 명령어 체계를 사용하는데 이를 **프로그래밍 언어**(programing language)라고 한다.

초기의 프로그래밍 언어는 컴퓨터가 바로 이해할 수 있는 0과1로만 이루어졌고 이러한 언어들을 **기계어**(machine language)라고 하는데 반대로 사람이 볼 때 가독성이 떨어져 실수를 많이 하게 된다. 이러한 단점을 해결하고자 각각의 명령과 일대일로 대응하는 영단어를 사용하는 언어가 개발 되었는데 이를 **어셈블리어**(assembly language)라고 한다. 그 후 좀 더 우리가 쓰는 언어에 가깝게 개발된 C, C++, JAVA와 같은 언어들이 생겨났다. 이렇게 자연어에 가까운 언어를 고급언어라 하고 기계어와 어셈블리어는 저급언어라고 부르는데 저급언어가 질이 낮다는 의미는 아니다. 이런 프로그래밍 언어를 사용하여 프로그램을 만드는 과정을 프로그래밍(programing)이라고 한다.

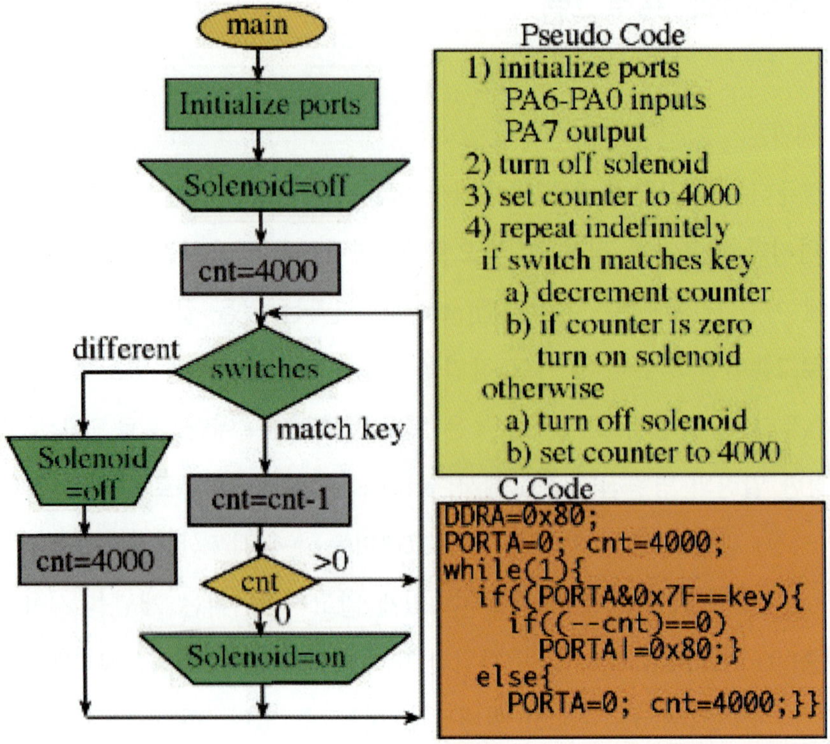

[그림 1-5] 순서도와 의사코드 예시,
|출처| Developing Software in Assembly Language Overview By Jonathan W. Valvano

프로그래밍을 할 때 자연어에 가까운 고급 프로그래밍 언어로 작성된 기술서 즉 소스 코드(source code)는 기계어가 아니기 때문에 컴퓨터가 이해할 수 있게 저급 언어로 번역해야 하는데 **컴파일러**(compiler)나 **인터프리터**(interpreter)가 이를 수행하는 프로그램이다. 컴파일러는 소스코드를 한꺼번에 읽어 실행파일을 생성하고, 인터프리터는 소스코드를 한 줄 한 줄 읽어 차례대로 번역 및 실행하지만 실행파일을 만들지는 않는다는 차이점이 있다. 컴파일러 방식은 빠른 실행이 가능하지만 소스코드가 많아지면 실행 파일을 생성하는데 많은 시간이 걸린다는 단점이 있고, 인터프리터의 경우 실행속도가 컴파일러보다 늦다는 단점이 있는데 어떤 언어로 설계하느냐에 따라 두 가지 중 하나가 선택된다.

1.2 컴퓨터의 구성요소와 네트워크 및 인터넷

1.2.1 컴퓨터의 구성요소

하드웨어 vs. 소프트웨어

컴퓨터는 물리적 장치인 하드웨어와 하드웨어를 작동하게 하는 프로그램과 그와 관련된 문서들을 총칭하는 소프트웨어로 구성되어 있다. 앞서 컴퓨터의 기능으로 입력, 연산, 제어, 기억, 출력 기능을 살펴보았는데 **하드웨어**는 이 기능들을 수행하는 물리적 장치이다. 이러한 장치들이 유기적으로 잘 동작할 수 있도록 관리하는 프로그램인 **소프트웨어**(software)는 크게 시스템 소프트웨어와 응용 소프트웨어로 나눌 수 있다.

시스템 소프트웨어는 응용 소프트웨어를 실행하기 위한 환경을 제공하고 하드웨어를 제어 · 관리할 수 있도록 설계된 프로그램으로 운영체제, 컴파일러, 입출력 제어 프로그램, 유틸리티 등이 있다. **운영체제**(OS:Operating System)는 컴퓨터와 사용자의 중계역할을 하는 프로그램으로 사용자 인터페이스(UI:User Interface) 제공, 프로세스 관리, 네트워크 관리, 기억장치 관리, 입출력장치 관리가 주요 기능이다. 사용자 인터페이스란 컴퓨터와 사용자를 연결해 상호작용을 돕는 기능인데 문자열 형태의 명령어를 입력하여 컴퓨터에게 전달하는 방식을 CLI(command line interface)라고 하고, 그림, 도형 같은 그래픽적인 요소들을 통해 명령어를 실행하는 방식을 GUI(graphical user interface)라고 한다.

대표적인 OS로는 윈도우(Window), 리눅스(Linux), 맥OS(Mac OS), 유닉스(Unix),

안드로이드(Android), iOS, 블랙베리 등이 있다. 이중 안드로이드나 iOS, 블랙베리 등은 휴대폰이나 스마트 폰과 같은 모바일 기기에 설치되는 운영체제로 일반적인 PC용 운영체제와 같은 원칙이지만 조금 더 단순하고 가벼우며, 무선 연결, 터치패드와 같은 다른 입력방식에 더 특화되어 있다. 하지만 일반 PC용 OS가 무선인터넷 연결을 강화하는 방식으로 발전하며 2015년에 출시된 Window 10은 스마트폰, 엑스박스, 태블릿, PC까지 같은 운영체제를 사용하는 제품들 간의 연동이 용이하게 되었다. OS는 이렇게 기기 간의 경계가 없어지는 추세로 발전하고 있다.

DOS |출처| http://www.computerhope.com/ 매킨토시 |출처| http://www.conceptdraw.com/

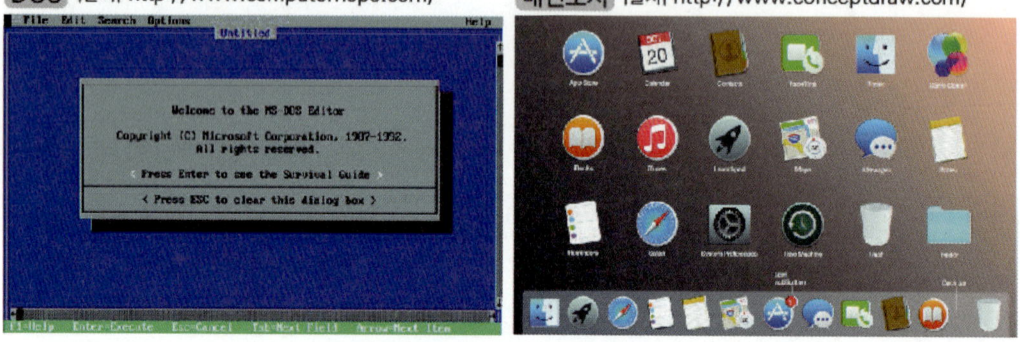

[그림 1-6-1] CLI와 GUI 예시

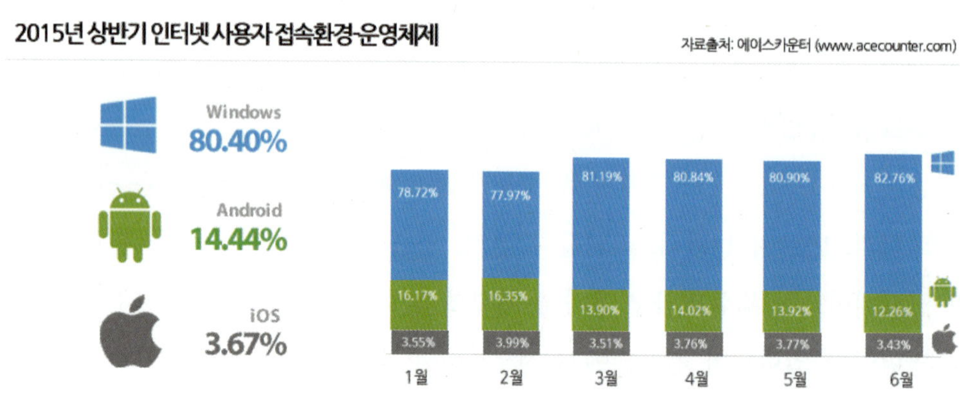

[그림 1-6-2] 운영체제 점유율

유틸리티(utility) 프로그램은 컴퓨터를 사용하는데 반드시 필요하지는 않지만 운영체제가 제공하지 않는 부차적인 특정 기능들을 제공하는 프로그램으로 디스크 조각 모음, 화면 보호기, 압축 프로그램, 백신 프로그램 등이 있다.

응용 소프트웨어는 **애플리케이션**(application)이라고도 하는데 Photoshop, 한글, Word, Excel, PowerPoint 등과 같이 사용자의 업무나 원하는 목적에 맞게 개발된 프로그램들을 말한다. 응용 소프트웨어는 실제 사회에서 일어나는 문제들을 풀어주고, 생산성 향상에 기여하는 것을 넘어서 제품을 혁신하고, 소통 방식을 혁신하는 등 지식 산업을 창출하고, 문화예술 콘텐츠의 유통을 혁신하는 등 창조적인 역할을 하기 때문에 근래에 그 중요성이 부각되어 많은 나라에서 소프트웨어 교육을 실시하고 있다.

구글 무인자동차 |출처| googleblog.blogspot.kr

SNS |출처| http://ddungsang.tistory.com/

애플 모바일 생태계

|출처| VisionMobile
"Business models of mobile ecosystems
- Digital Winners"
Published on Nov 21, 2013

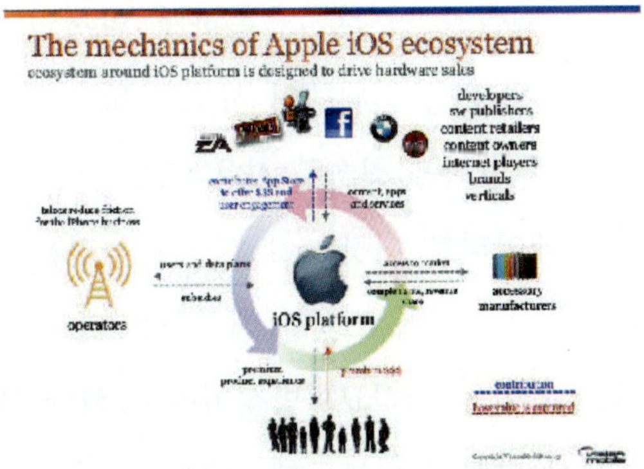

[그림 1-7] 응용소프트웨어

1.2.2 네트워크 및 인터넷

네크워크 vs. 인터넷

네트워크(network)는 여러 개의 컴퓨터 장치들이 그물처럼 연결되어 데이터들을 교환하는 시스템을 말한다. 그리고 각각의 소규모 네트워크들이 연결되어 더 큰 네트워크를 구성하는데 **인터넷**(Internet)은 이렇게 만들어진 거대한 규모의 네트워크라 할 수 있다. 네트워크의 종류에는 홈 네트워크 같은 작은 근거리 네트워크인 LAN(local area network), 근거리 통신망을 연결한 더 큰 네트워크인 CAN(campus area network), 도시 정도의 사이즈인 MAN(metropolitan area network), 광역 또는 국가 규모 사이즈인 WAN(wide area network) 등이 있다.

네트워크 역사

1893년 모스부호를 기반으로 하는 전신기, 1876년 벨의 전화 발명은 정보통신을 대중화 시켰고, 1897년 마르코나가 고안한 무선 통신으로 전파통신이 시작되었다. 1950년대 군용레이더 시스템으로 개발된 네트워크는 정보통신기술의 발전과 응용 소프트웨어의 발달로 급속하게 발전되었는데 1969년에 미국에서 개발된 알파넷(ARPANET)을 인터넷의 시조로 보고 있다. 알파넷을 인터넷의 시조로 보는 이유는 패킷교환방식을 최초로 사용하고 현대와 같은 TCP/IP 프로토콜을 따랐기 때문으로, 원본 데이터를 패킷(packet)이라 불리는 작은 데이터 단위로 나누어 순차적으로 전송하고 목적지에 도착한 패킷들은 다시 원본 데이터로 재구성되어 수신자에게 전달되는 방식을 패킷교환방식이라 말한다. TCP/IP 프로토콜은 인터넷 통신 규칙으로 뒤에서 다시 살펴보도록 하자.

대한민국 인터넷의 아버지 전길남

네트워크가 미국에서 발명되었지만 네트워크를 독자 개발해 세계 두 번째로 인터넷을 구축한 나라가 우리나라인 것은 우리에게 잘 알려지지 않은 사실이다. 전길남 박사가 고작 흑백TV 만드는 기술력을 가진 1970년대에 수출하기 위한 컴퓨터를 개발하려는 정부의 연구소를 맡기 위해 대한민국에 입국하게 되었다. 입국해보니 인

적자원밖에 없는 대한민국이 발전하려면 젊은이들이 선진국의 우수한 과학기술을 쉽게 접하고, 그들과 교류하며 정보를 공유해 모든 학문 발전의 바탕이 되려면 네트워크가 필요하다는 판단에 당장 돈 되는 컴퓨터를 개발하기 바라던 정부를 설득해 컴퓨터 개발과 네트워크 기술 연구를 병행해 세계 두 번째로 네트워크를 만든 나라가 된 것이다. 이후 일본, 중국, 아시아 여러 나라와 아프리카 등 여러 나라에도 기술을 전파해 지금과 같은 글로벌 인터넷 망을 만들 수 있는 계기를 만들었고, 현재의 정보통신기술 최강 국가의 기틀을 만들었다.

네트워크의 구성

네트워크는 컴퓨터, 서버, 스마트기기, 프린터, 스캐너 등과 같은 네트워크를 구성하는 기기인 노드(node)와 노드들을 이어주는 링크(link)로 구성되고 허브(Hub)라는 장치로 노드들 간의 데이터 전송을 중계한다. 컴퓨터는 디지털 신호만 인식 가능한데 노드와 노드 사이를 이어주는 링크역할을 하는 케이블이나 와이파이 같은 유·무선 매체는 아날로그 신호 또는 빛을 이용하여 정보를 전달하기 때문에 둘 사이의 표현 방식을 바꿔줄 모뎀(modem)같은 신호변환장치가 필요하다.

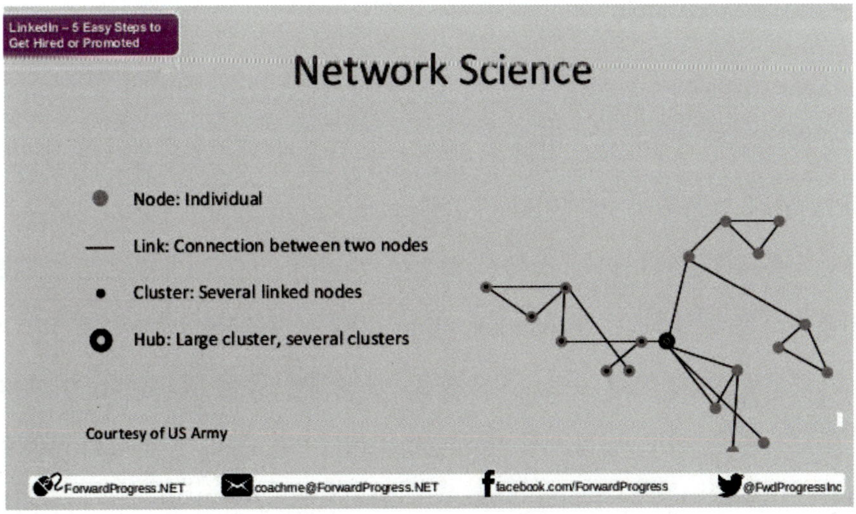

[그림 1-8-1] Node, Hub, Link

|출처| 광섬유케이블kive.all.biz, 블루투스 www.kbench.com, 와이파이·LTE·LiFi www.letechworld.com

[그림 1-8-2] 여러 가지 유·무선 전송 매체

네트워크를 구성하기 위해서는 전송매체 외에 컴퓨터와 네트워크를 이어줄 하드웨어가 필요한데 이를 네트워크 접속장치라고 한다. 대표적인 네트워크 접속장치로는 LAN카드가 있는데 TCP/IP같은 프로토콜(protocol)이라고 불리는 통신규약을 준수하여 컴퓨터와 네트워크를 이어준다.

여러 가지 프로토콜

앞서 잠깐 언급한 TCP/IP는 인터넷 표준 프로토콜로 패킷교환방식의 데이터 통신을 행하기 위해 만들어진 체계이다. **TCP**(transmission control protocol)라는 규약은 데이터의 흐름 관리, 데이터의 정확성 확인에 관련된 것으로 패킷으로 쪼개진 데이터의 전송순서를 보장하고, **IP**(internet protocol)라는 규약은 패킷을 목적지까지 전송하는 약속으로 이에 따라 주소, 전송경로, 설정방법 등을 정의한다. 이 두개의 네트워킹 프로토콜은 서로 밀접하게 연관되어 사용된다. 우리가 흔하게 말하는 IP주소가 바로 이 IP에 따른 주소이다. IP주소는 32비트로 구성된 IPv4를 사용하는데 우리가 볼 때는 보통 '000.000.000.000'으로 표현된다. 하지만 스마트폰 뿐만 아니라 자동차, TV, 냉장고, 홈보이 등 네트워크에 연결되는 기기가 폭발적으로 증가해 IP 주소가 모자라게 되어 128비트로 표현되는 새로운 버전인 IPv6가 나와 현재 혼용되어 사용되고 있다.

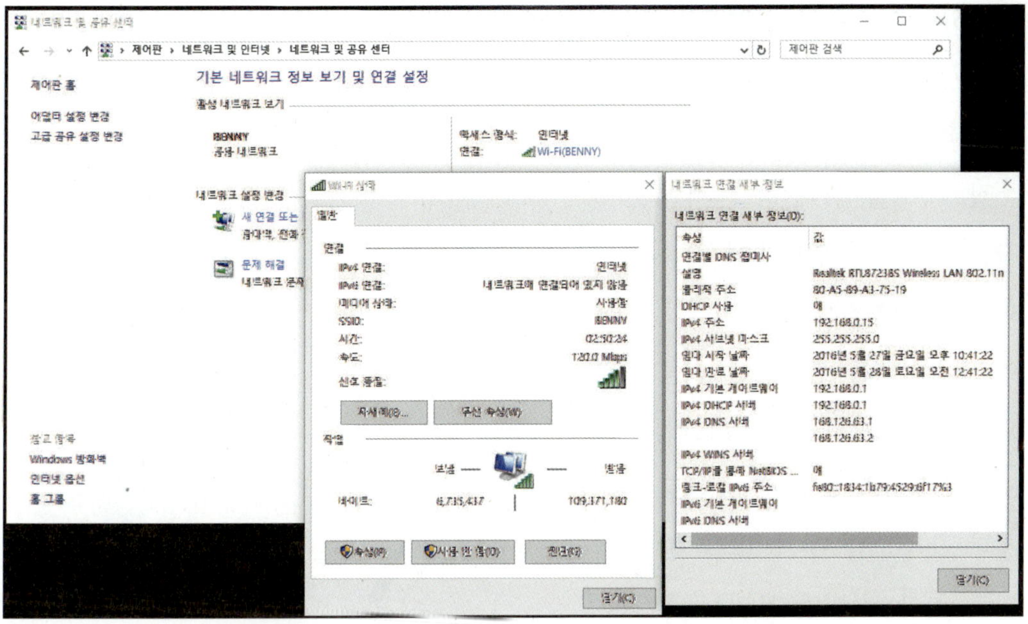

[1-9-1] 네트워크 및 IP주소 예시

[그림 1-9-2] IoT 예시, 출처 비콘아이 홈서버 홈페이지

그 외 장치 간 데이터 전송을 위한 전송매체와 전송매체에서의 데이터 전달형식을 정의하는 네트워크 프로토콜 **이더넷**(ethernet), 웹 브라우징과 관련된 파일을 주고 받기위한 프로토콜인 **HTTP**(hypertext transfer protocol), 특정목적에 국한되지 않는 파일 전송규약인 **FTP**(file transfer protocol), 인터넷에서 메일서버 간에 이메일을 송·수신하는데 사용하는 **SMTP**(simple mail transfer protocol)등 여러 규약들이 있다.

IP 주소

집, 사무실, 카페 등 사적인 작은 공간에서 인터넷에 접속하려면 원칙적으로는 인터넷에 연결하려는 컴퓨터 수만큼 인터넷 서비스 업체(KT올레, SKT브로드밴드, LGU+ 등)로부터 IP주소를 추가 발급 받아야 한다. 하지만 우리는 추가로 주소를 발급받는 대신 공유기라는 장치를 많이 사용하는데 공유기는 멀티탭처럼 하나의 IP를 여러 개의 가상 IP로 뿌려 여러 대의 컴퓨터기기가 하나의 인터넷 라인을 공유해 동시에 인터넷 접근이 가능하게 하는 네트워크 기기로 네트워크 주소변환, 허브, 스위치의 역할을 한다.

[그림 1-10] 공유기, 출처 ipTIME 홈페이지

월드와이드웹

우리가 일상생활에서 인터넷을 한다고 하는 것은 **월드와이드웹**(WWW) 문서를 열람하고 있는 것이다. 월드 와이드 웹은 인터넷을 기반으로 하는 시스템 중 가장 대표적인 시스템으로 **하이퍼텍스트**(hypertext)와 **하이퍼링크**(hyperlink)가 핵심 요소이다. 기존의 텍스트는 책이건 데이터문서건 읽히는 순서가 순차적이었는데, 하이퍼텍스트는 순서가 결정되어 있지 않다. 보통 웹페이지나 텍스트 문서에서 파란색 밑줄 그어진 글씨를 볼 수 있는데 이는 링크된 문서가 있다는 뜻이고 클릭하게 되면 링크된 문서로 바로 이동하게 된다. 이 링크를 하이퍼링크라고 한다. 하이퍼텍스트 방식으로 만들어진 인터넷 문서를 웹브라우저가 잘 이해해 제대로 연결시켜 줄 수 있게 사용되는 언어를 **HTML**(hypertext markup language)라 한다. 이렇게 만들어진 웹 문서들은 **URL**(uniform resource locator)라는 고유 주소로 웹상에서 데이터의 위치를 표시하고, 웹브라우저 주소창에 URL을 입력해 특정 사이트나 문서로 이동한다.

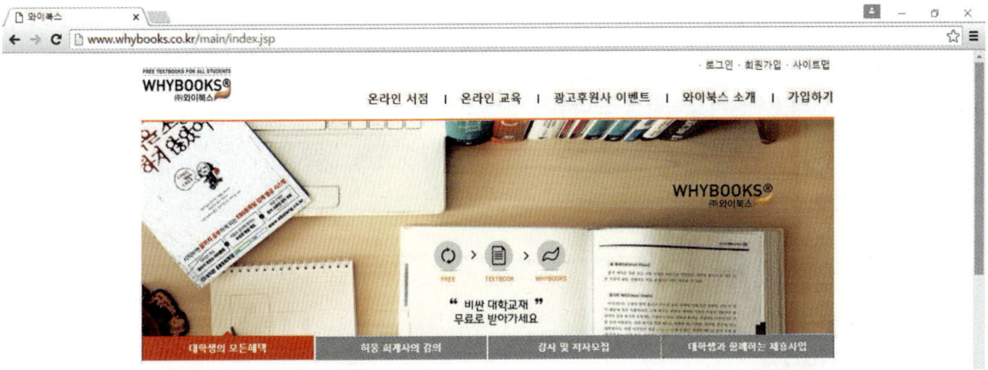

[그림 1-11] 사이트 |URL주소 예시| http://www.whybooks.co.kr

위의 URL을 해석해보면 'http://'는 하이퍼텍스트 문서에 대한 요청 및 응답에 필요한 통신 프로토콜을 말하는 것이고, 'www.whybooks.co.kr'은 텍스트로 되어있는 주소를 숫자로 되어있는 IP주소로 번역해 주는 서비스인 **DNS**(domain name service)를 통해 제공받을 수 있는 호스트 컴퓨터의 주소이다. 'main/index.jsp'는 호스트 컴퓨터가 보유한 파일의 경로를 나타낸다.

웹브라우저와 포털사이트

인터넷상의 데이터 탐색은 주로 **웹브라우저**(web browser)를 통해 이루어지는데, 웹브라우저는(HTML 문서와 그림, 멀티미디어 파일 등) 월드와이드웹을 기반으로 하는 인터넷의 콘텐츠를 검색 및 열람하기 위한 응용 소프트웨어이다. 인터넷익스플로러, 크롬, 파이어폭스, 사파리 등이 대표적인 웹브라우저다. 이런 웹브라우저는 1992년 발표된 모자익(mosaic)이라는 그래픽인터페이스 기반의 웹브라우저로 대중화되었고, 현재 전 세계적으로는 크롬 사용률이 높은데 우리나라만 유독 인터넷익스플로러 사용률이 높다. 대다수의 웹브라우저는 웹문서에 존재하는 이미지 등의 파일을 고속의 기억장치인 캐시(cache)라는 임시 저장소에 저장해서 추후 해당 웹문서에 재방문할 때 새롭게 파일을 다운받는 대신 캐시에 저장된 파일을 읽어 시간을 단축시키는데 보안문제, 저장공간의 문제로 가끔씩 삭제해줘야 한다.

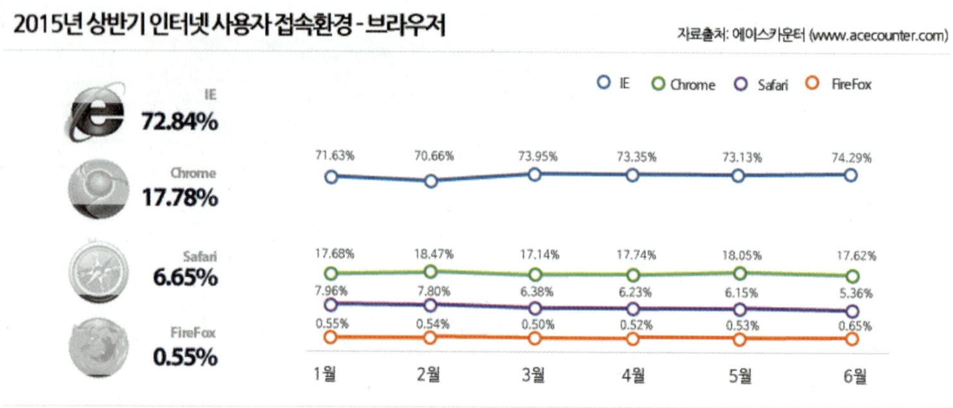

[그림 1-12] 웹브라우저

웹브라우저를 통해 데이터 탐색을 시작하지만 우리는 필요한 정보를 일일이 찾아다닐 수 없어 네이버, 다음 등의 **포털**(portal)사이트의 도움을 받는다. 포털은 현관문이란 의미로 인터넷 포털 사이트는 정보검색 서비스나 커뮤니티와 같은 서비스를 제공해 사용자가 정기적으로 이용할 수 있게 한다. 더 많은 등록자와 홈페이지 사용량은 광고수입과 사용자 정보를 활용한 마케팅 수입을 창출하기 때문에 이메일 서비스, 콘텐츠 제공, 파일전송, 대용량 저장소 제공 등 많은 새로운 서비스를 경쟁적으로 제공하여 사용자를 늘리려 한다.

구글은 포털 사이트가 아닌 검색엔진 서비스로 우리가 가장 많이 사용하는 네이버도 검색 서비스를 제공하지만 검색시 자사 콘텐츠가 우선시되기 때문에 정보량과 자유도에서 구글이 우세하다는 평가를 받고 있다.

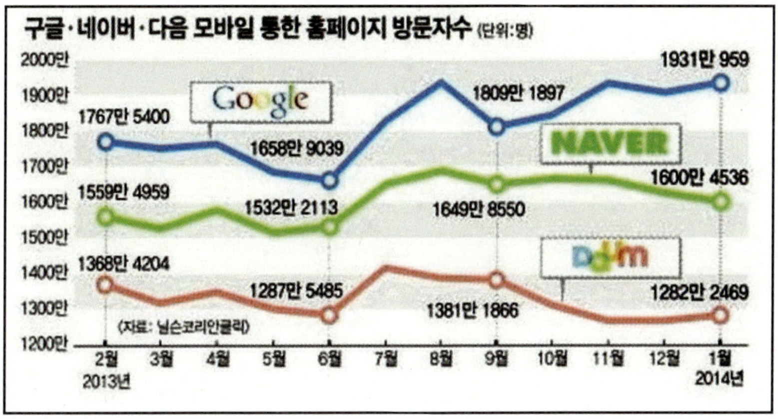

[그림 1-13] 포털 사이트 순위 |출처| http://utillike.tistory.com/

SNS 페이스북이 이길까? 싸이월드가 이길까?

사물인터넷

그 외 인터넷상에는 하루가 다르게 기존에는 볼 수 없는 형태의 정보서비스가 제공되고 있다. 정보통신 기술 발달이 뒷받침되어 소셜네트워크(SNS), 위치기반서비스, 클라우드, 증강현실, 사물 인터넷(IoT) 등 새로운 기술서비스 · 정보서비스가 등장하게 되었고 이를 바탕으로 개방, 공유, 소통, 참여를 기반으로 한 지식정보시대가 되었고 앞으로 더 가속화될 것이다.

entry

엔트리를 활용한 소프트웨어 교육

2부

엔트리를 활용한 소프트웨어 학습

2.1 미래사회와 소프트웨어 교육의 필요성

얼마 전 택이 열풍을 몰고 왔던 tvN의 응답하라 시리즈 중 '응답하라 1997'에 나온 다마고치, 삐삐, 무전기 같은 핸드폰, 워크맨, PC통신, 채팅 등 이젠 유물이라 불릴만한 것들을 본 사람들은 많은 추억에 잠겼을 것이다. 불과 20년 전 이야기이다. 워크맨으로 대표되는 카세트 플레이어를 대신한 아이리버, 아이팟 등 MP3 Player는 불과 15년 전에 만들어졌고 그나마 10년 전에 만들어진 스마트폰에 밀려난 상황이다. 스마트폰은 또 어떠한가, 삐삐에서 피처폰을 거친 스마트폰은 10년 전에 만들어졌지만, 대중화된 것은 2011년도로 4~5년밖에 안되었다.

리서치 전문기관 eMarketer가 2012년에 발표한 자료에 따르면, '우리나라는 스마트폰 보급률이 2017년도에 84.8%가 될 것'이라고 예견했으나 이미 2014년도에 83%에 도달하였을 정도로 변화는 빠르다. 그 이면에는 컴퓨터의 등장과 하드웨어 소프트웨어의 발달이 있다.

앞서 하드웨어와 소프트웨어에 대해 알아봤지만 하드웨어는 물리적 장치 또는 기기이고 소프트웨어는 하드웨어에게 원하는 일을 하기 위해 명령 해놓은 것이다. 엑셀, 한글 같은 프로그램과, 카카오톡, 날씨, 애니팡 등 스마트폰 앱(어플리케이션)들이 그 예이다. 소프트웨어는 컴퓨터나 스마트폰 외에도 생활 곳곳에서 사용되는데 신호등, 밥솥, 에어컨, 스마트 TV, 항공기, 배, 자동차, 공장의 로봇뿐만 아니라 사진 찍을 때, 그림 그릴 때, 영화 만들 때에도 여러 가지 소프트웨어가 사용된다.

앞으로는 냉장고, TV, 보일러, 자동차 같은 다양한 사물들이 인터넷을 통해 서로 정보를 교환하며 스스로 다양한 일을 하는 **사물인터넷(IoT**: Internet of Things), 컴퓨터가 작아져 착용하고, 입을 수 있게 된다는 웨어러블(wearable) 컴퓨터가 핵심 키워드인 시대가 도달 할 것이다. 이미 관련 기술은 개발이 되었기 때문에 보편화 되는 것은 시간문제이다.

웨어러블 컴퓨터의 진화

또한 핸드폰이나 시계로 버스 · 지하철 등 대중교통 요금을 결제하고, 애플페이나 페이팔 등 모바일 결제기능을 넘어 카카오로 돈도 보내는 것 같이 금융거래에 발전된 정보통신기술(ICT: Information & Communication Technology)을 접목해 금융산업을 혁신하는 기술들을 **핀테크**(FinTech)라 하는데 핀테크는 **가상화폐** 시대의 서막으로 여겨진다. 가상화폐는 비트코인(Bit Coin)이 대표적인데 **블록체인**(Block Chain)이란 분산 데이터베이스 형태를 사용한다. 현재는 중앙컴퓨터에 금융거래내역을 보관하고 해킹에 대비해 엄청난 보안을 하는데 반대로 P2P 네트워크 즉 개인 간 거래내역이 맞다는 것을 각각 확인하면 그 거래내역을 여러 대의 컴퓨터에 보관하는 방식으로 모든 사람이 거래내역을 공유해 해킹할 수 없게 하는 혁신적인 서비스이다.

핀테크와 블록체인

모든 금융거래 내역이 공개되고 공유된다는 것은 금융거래의 투명성과 직결되기 때문에 각국 정부가 예의주시하고 있다. 실제 한국은행이 4월에 발표한 2015년 지급결제보고서에서 '동전 없는 사회'를 추진하겠다고 공표했고, 프랑스는 2015년 9월부터 현금결제 상한선을 1000유로로 제한하는 등 유럽 각국도 현금 없는 사회를 준비하고 있어 가상화폐 시대는 거스를 수 없는 흐름으로 판단된다.

현금 없는 사회

< 비콘아이 홈서버 - IoT와 함께하는 스마트 원격제어 시스템 >

[그림 2-1] IoT 예시 |출처| 비콘아이 홈서버 홈페이지

[그림 2-2] 웨어러블 컴퓨터 |출처| platum.kr

로봇 생명을 꿈꾸다

3D 프린팅 세상을 출력하다

그 외에 **로봇**의 혁명이 핵심 키워드가 될 것으로 전망되는데 아마존 물류공장에서 일하는 KIVA, 사람과 소통하며 사람이 일을 가르쳐준 대로 학습하여 따라하는 백스터 등으로 이미 많은 일자리가 없어졌고 일본에서는 로봇 파견 업체까지 등장하였으며, 대규모 공장이 아닌 가정에서 3D 프린터기 등으로 손쉽게 물건을 만들게 되면 제조업도 큰 변화를 맞을 수밖에 없다.

[그림 2-3] 로봇 백스터와 소여 |출처| CNN Money

똑똑한 컴퓨터, 인공지능

인공지능

또한 얼마 전 이세돌 기사와 대국을 펼쳤던 알파고란 **인공지능**(AI: artificial intelligence) 즉 컴퓨터 스스로 학습하는 프로그램은 단순히 많은 지식을 습득하는 능력도 컴퓨터를 따라갈 수 없게 되었다는 것을 의미한다. 이는 지식산업의 변화와 기자, 금융, 법률 서비스 등을 행하는 지식노동자 이른바 화이트 칼라의 일자리가 없어진다는 것을 의미한다. 먼 미래의 일일것 같지만 이미 프로그램 매매도입으로 많은 주식 트레이더들의 일자리가 없어졌고, 더존, 이카운트 같은 자동 회계 프로그램으로 재무, 세무, 회계 담당자들의 일자리가 줄어들었으며, 기사 자동 작성 프로그램이 신문기사를 작성하고, IBM의 WATSON이란 인공지능은 영어, 일본어, 유럽 각국언어를 배워 암진단을 하고, 당뇨수치를 예측해 저혈당 쇼크를 미연에 방지하며, 대규모 플랜트 공장의 유지 · 보수를 하고 있고, 호텔에서 손님에게 다양한 서비스를 제공하고 있는 지금 현재의 이야기이다.

즉, 제조 · 금융 · 물류 · 유통 · 건설 · 단순서비스 산업에서 소프트웨어가 혁신과 성장 · 가치창출의 중심이 되는 산업으로 재편되고 있고, 이미 소프트웨어를 중심으로 한 융합기술이 주가 되는 소프트웨어 관련 기업들이 전 세계경제구조를 지배하여 개인 · 기업 · 국가의 경쟁력을 좌우하는 사회인 소프트웨어 중심 사회로 진입하였고 앞으로 더 심화될 것이다.

세상의 시작과 끝, 소프트웨어

[그림 2-4] 소프트웨어 중심 회사 로고들 |출처| http://www.ankota.com/

지금 초등학교에 다니는 학생들의 65%는 이전에 보지 못한 직업을 갖게 될 거란 전망이 나왔다.

제4차 산업혁명으로 불리는 이러한 시대적 격변에 알맞은 인재를 육성하기 위해 소프트웨어 교육이 대두되었고 영국 · 일본 · 인도 · 이스라엘 · 미국 · 프랑스 등 각국이 앞 다투어 소프트웨어 교육을 의무화 하고 있다.

우리가 수학자가 되려고 수학을 배우는 것이 아니고, 운동선수가 되려고 운동을 하는 것이 아닌 것처럼 소프트웨어 교육은 프로그램 개발자를 만드는 교육이 아니다. 미래사회에선 컴퓨터 특히 소프트웨어는 공기 같이 없어선 안 되지만 평소에는 인식하지 않는 존재가 되기 때문에 숨 쉬는 것처럼 자연스럽게 컴퓨팅적 사고력을 가져야하고 소프트웨어를 통한 문제해결을 위해 배우는 것이다.

2.2 엔트리 소개

변화되는 사회에 알맞은 인재를 육성하기 위해 소프트웨어 교육을 의무적으로 시행하고 있는 나라가 늘고 있는데 여러 소프트웨어 교육 분야 중 비전공자들이 알고리즘과 코딩을 쉽게 배울 수 있게 새로운 소프트웨어 교육용 코딩 언어들이 개발되어 활용되고 있다. MIT에서 만든 스크래치(scratch), 엔트리교육연구소에서 만든 엔트리, 앱인벤터, kodu, Alice 등이 있는데 언어로 된 명령어가 아닌 레고 블록을 쌓듯이 마우스로 명령어 블록을 옮겨 프로그래밍하는 비주얼 프로그래밍 언어라는 특징이 있다.

그중 엔트리(ENTRY)는 엔트리교육연구소에서 비영리로 운영하는 소프트웨어 교육 플랫폼(http://play-entry.org)이자 프로그래밍 언어로 소프트웨이 교육용으로 국내에서 가장 많이 사용되고 있다. 우리도 이 엔트리를 활용해 알고리즘과 프로그래밍을 배워보도록 하자.

엔트리는 크게 '학습하기', '만들기', '공유하기'로 구성되어 있고, '학습하기'에는 컴퓨터를 활용해 논리적으로 문제를 해결할 수 있는 다양한 학습 콘텐츠가 준비되어 있고, 게임을 하듯 주어진 미션들을 컴퓨터 프로그래밍으로 해결하면서 소프트웨어의 원리를 재미있게 배울 수 있다. '만들기'는 자신만의 창작물을 만들 수 있는 공간으로 프로그램을 다운로드해서 오프라인으로도 사용 가능하다. 또 '공유하기'를 통해서 자신의 작품을 다른 사람들과 공유하고, 다른 사람의 작품을 보고, 더 발전시킬 수 있고, 다른 사용자와 협업해 작품을 만들 수도 있다.

[그림 2-5] 엔트리 홈페이지

2.3 엔트리를 활용한 소프트웨어 교육

2.3.1 엔트리 학습모드

엔트리 학습모드는 게임하듯 미션을 해결하면서 순차, 반복, 조건, 함수 같은 알고리즘 기본 개념을 학습하는 메뉴이다. **순차**란 동시에 중복되는 일 없이 시간 순서대로 동작이 차례대로 발생되는 것이고, **반복**이란 일정한 횟수나 주어진 조건을 만족할 때까지 반복적으로 수행하는 것, **조건**은 둘 또는 여러 개 중 하나를 선택하는 것이다. 즉 프로그램은 순차적으로 실행되지만 조건이나 반복을 이용해 실행 순서에 변화를 줄 수 있다.

엔트리 사이트 http://play-entry.com 접속(크롬 브라우저 사용 권장)

▼

오른쪽 상단의 '회원가입'에서 회원가입

▼

로그인

▼

상단의 '학습하기' 클릭

▼

엔트리 학습하기 클릭

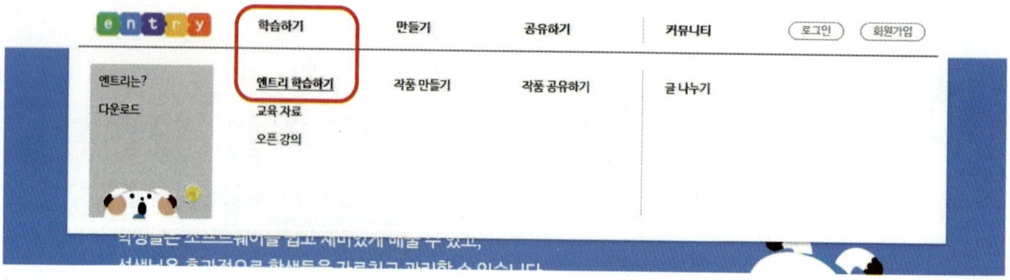

엔트리 학습하기 메뉴에는 '처음 시작하는 사람들을 위한 엔트리 학습과정', '주제별 학습과정', '학년별 추천 학습과정', '엔트리로 만들기', '소프트웨어야 놀자!' 등 스스로 공부할 수 있게 학습과정이 제공되어있다.

학습하기
만들기
공유하기
커뮤니티
학습하기
처음 시작하는 사람들을 위한 엔트리 학습과정
엔트리봇 움직이기
학습하기
주제별 학습과정
미션 해결하기
자세히 보기
월간 엔트리
자세히 보기
소프트웨어야 놀자!
자세히 보기
추천 강의모음
학년별 추천 학습과정
초등 3-4학년
초등 5-6학년
중등 이상
미션 해결하기
엔트리봇 학교 가는 길
로봇 공장
엔트리로 만들기
동물들의 대화
전자 피아노 만들기
키보드로 강아지 움직이기
스탬프 아트
무기점에 간 해적
그림판 만들기
소프트웨어야 놀자!
순서대로! 차례대로!
쉽고 간단하게!
언제 시작할까?

학습모드는 크게 '미션을 확인'하고 '블록을 조립'한 다음 '시작하기'를 눌러 미션 해결을 확인하는 구조로 되어있다. 블록을 조립할 때는 원하는 블록을 마우스로 끌어다 블록 조립소의 원하는 곳에 놓으면 되고, 블록 조립소의 블록을 클릭해 움직이면 다른 블록에 떼었다 붙였다 할 수 있다.

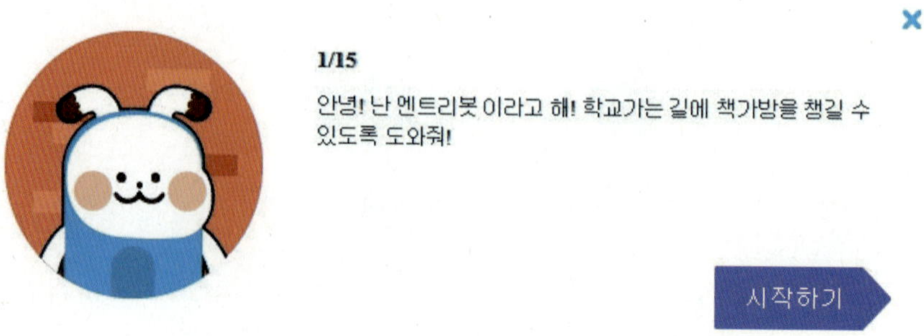

[그림 2-6] 미션창

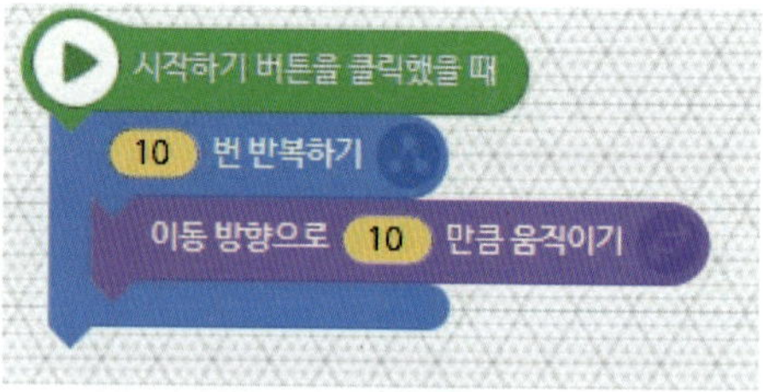

[그림 2-7] 블록예시

[그림 2-8] 시작하기

학습모드 창을 살펴보자.

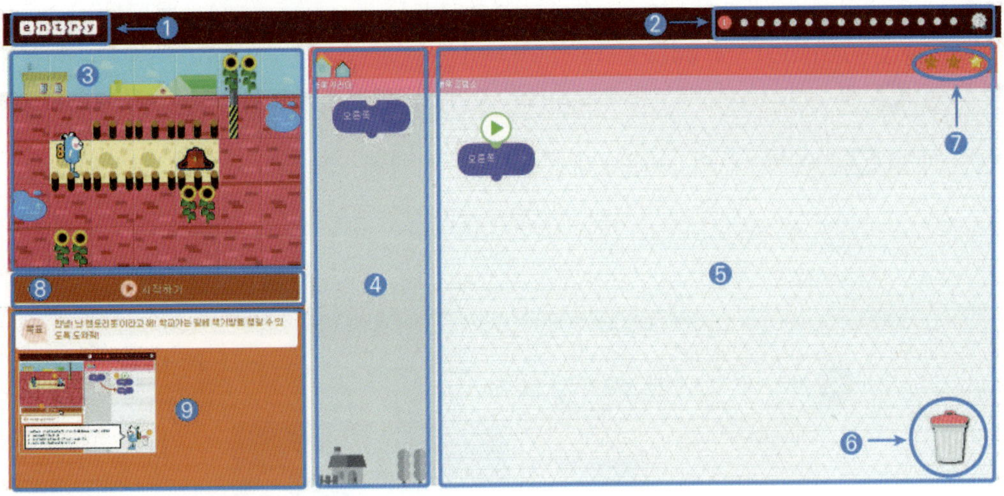

[그림 2-9] 학습모드 인터페이스

❶ 엔트리 홈페이지로 돌아가기:

❷ 학습모드 단계: 총 미션 개수와 현재 해결 중인 미션 단계를 알려준다. 클릭해 다른 단계로 이동할 수 있다.

❸ 실행창: 엔트리봇이 명령 블록에 따라 실행되는 것을 보여주는 창

❹ 블록꾸러미: 명령어 블록들이 있는 창

❺ 블록 조립소: 블록 꾸러미에서 명령 블록을 가져와 명령을 내리는 공간

❻ 쓰레기통: 필요 없는 명령 블록 버리기

❼ 사용블록/목표블록: 미션해결을 위해 필요한 블록 개수와 현재 사용한 블록 개수를 알려준다.

❽ 시작하기: 블록 조립소에서 맞춘 명령블록을 실행되게 한다.

❾ 도움말: 클릭하면 확대되어 미션내용과 도움말이 나타난다.

2.3.2 엔트리 학습하기

엔트리에서 제공하는 여러 학습과정 중 '처음 시작하는 사람들을 위한 엔트리 학습 과정(처음 시작하는 사람들을 위한 엔트리 학습과정)'의 'STEP1 엔트리봇 학교가는 길'과 '주제별 학습 과정(주제별 학습과정)의 '미션 해결하기'를 선택해 주어진 미션을 해결해보자.

학습과정의 미션에는 필요한 명령블록과 도움말이 있으니 빠르게 직접 미션을 해결해보고 의문점이 있을 때 책에 제시된 코드 예시를 참고하길 바란다.

2.3.2.1 STEP1 엔트리봇 학교 가는 길

엔트리 사이트 http://play-entry.com 접속 (크롬 브라우저 사용 권장)

▼

로그인

▼

상단의 '학습하기' 클릭

▼

엔트리 학습하기 클릭

▼

처음 시작하는 사람들을 위한 엔트리 학습과정 'STEP1 엔트리봇 학교 가는 길' 클릭

'STEP1 엔트리봇 학교 가는 길'은 총 15단계로 되어 있고 순차와 반복 개념을 익힐 수 있다.

[각 단계별 미션과 예시코드]

1단계

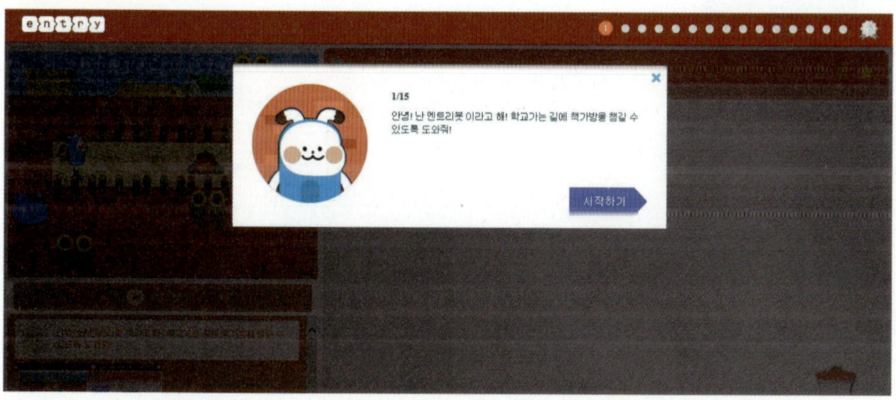

코드

2단계

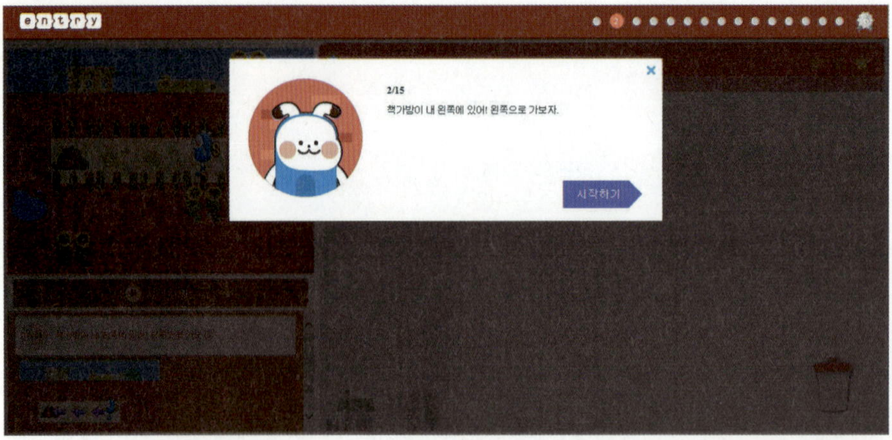

코드

3단계

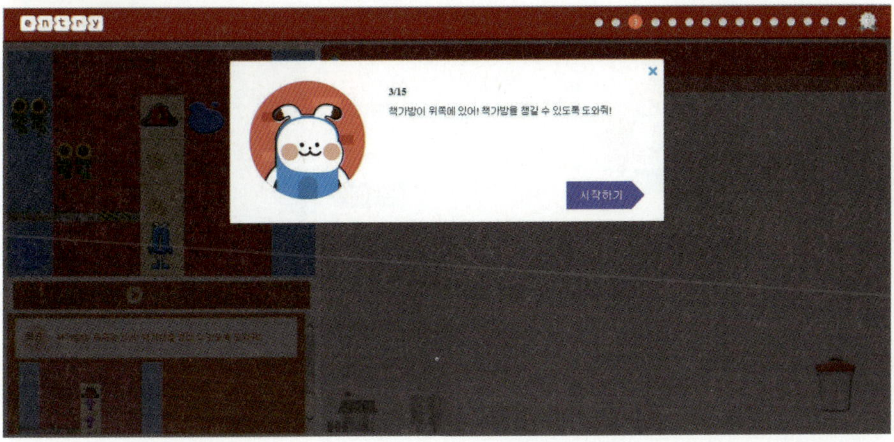

코드

4단계

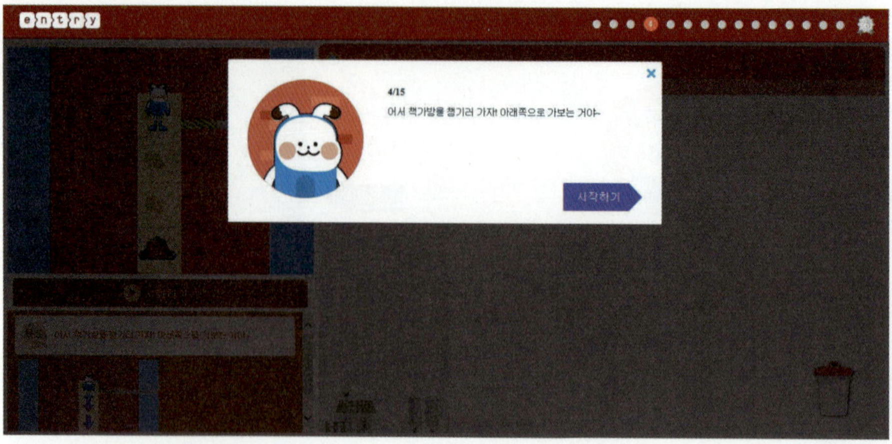

코드

5단계

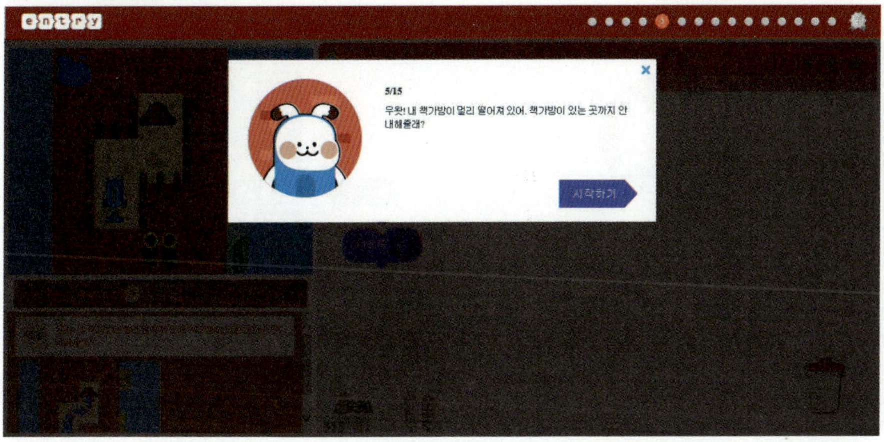

코드

6단계

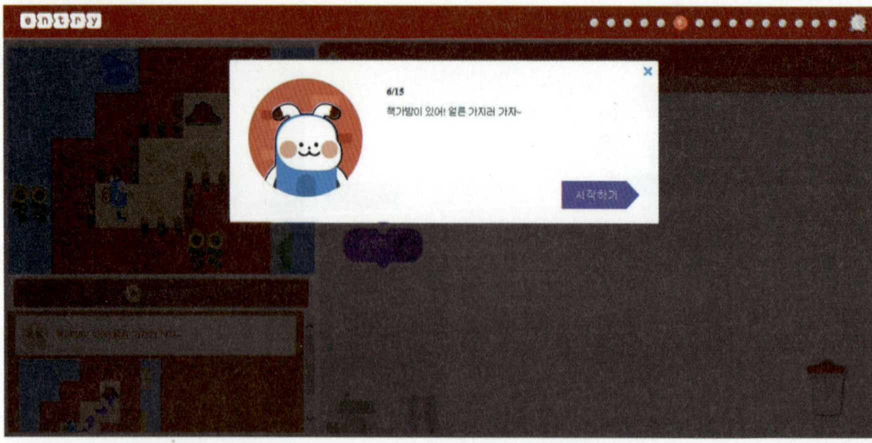

코드

7단계

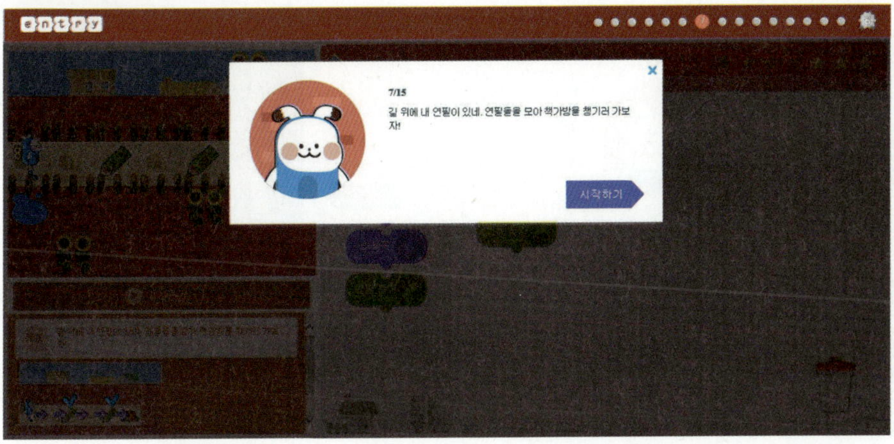
entry
7/15
길 위에 내 연필이 있네. 연필들을 모아 책가방을 챙기러 가보자!
시작하기

코드

오른쪽
오른쪽
연필 줍기
오른쪽
오른쪽
연필 줍기
오른쪽

8단계

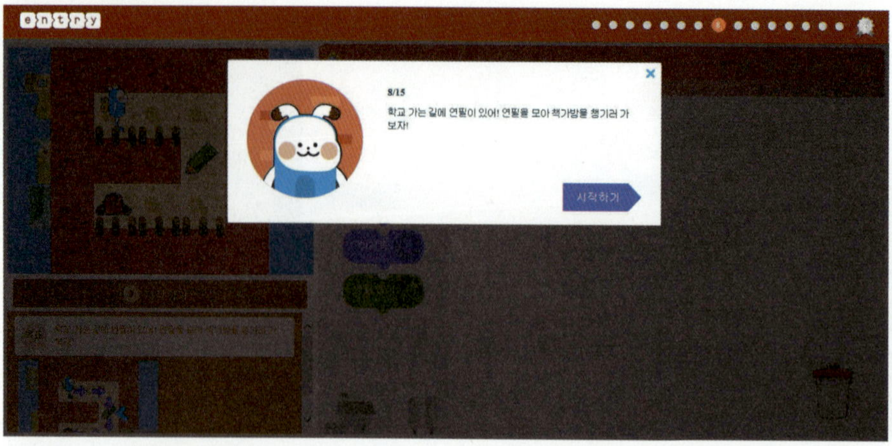
entry
8/15
학교 가는 길에 연필이 있어! 연필을 모아 책가방을 챙기러 가 보자!
시작하기

코드

오른쪽
오른쪽
아래쪽
연필 줍기
아래쪽
왼쪽
왼쪽

9단계

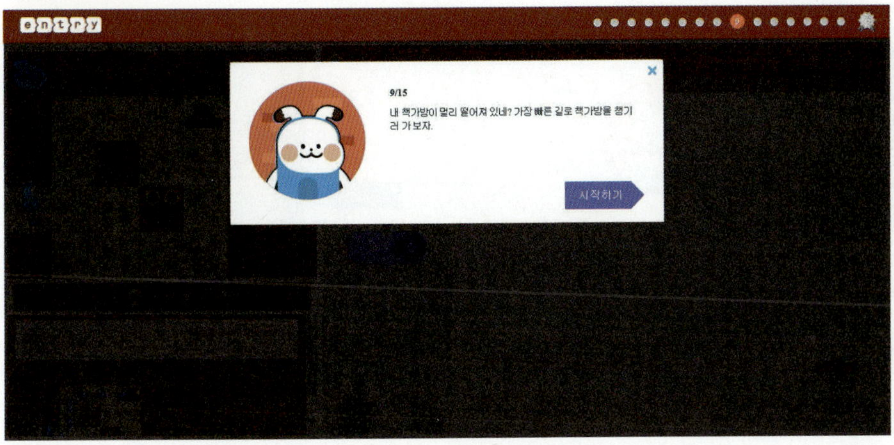
entry
9/15
내 책가방이 멀리 떨어져 있네? 가장 빠른 길로 책가방을 챙기러 가 보자.
시작하기

코드

오른쪽
위쪽
위쪽
오른쪽
오른쪽
오른쪽

10단계

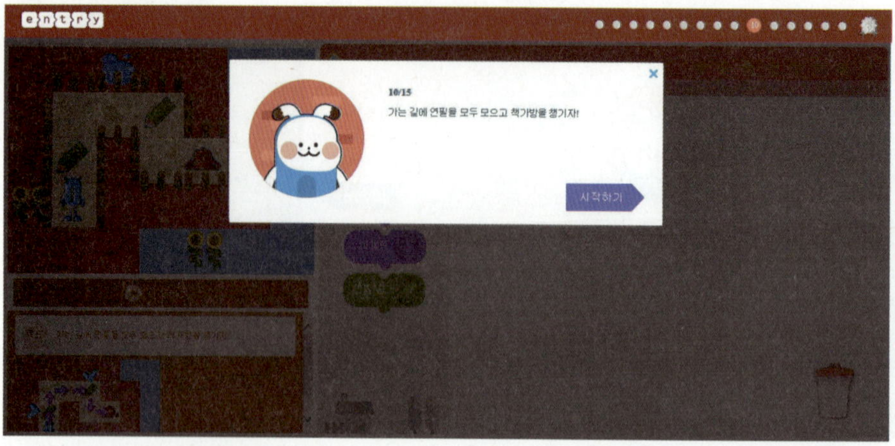
10/15
가는 길에 연필을 모두 모으고 책가방을 챙기자!
시작하기

코드

위쪽
연필 줍기
위쪽
오른쪽
오른쪽
연필 줍기
아래쪽
오른쪽

11단계

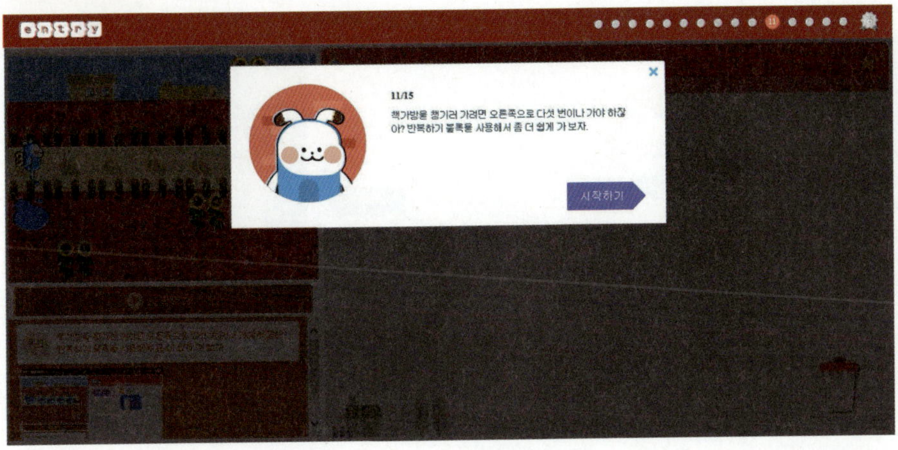
11/15
책가방을 챙기러 가려면 오른쪽으로 다섯 번이나 가야 하잖
아? 반복하기 블록을 사용해서 좀 더 쉽게 가 보자.
시작하기

코드

5 반복
오른쪽

도움말

3 반복
1
2
3
4
5
6
7
8
9
10

12단계

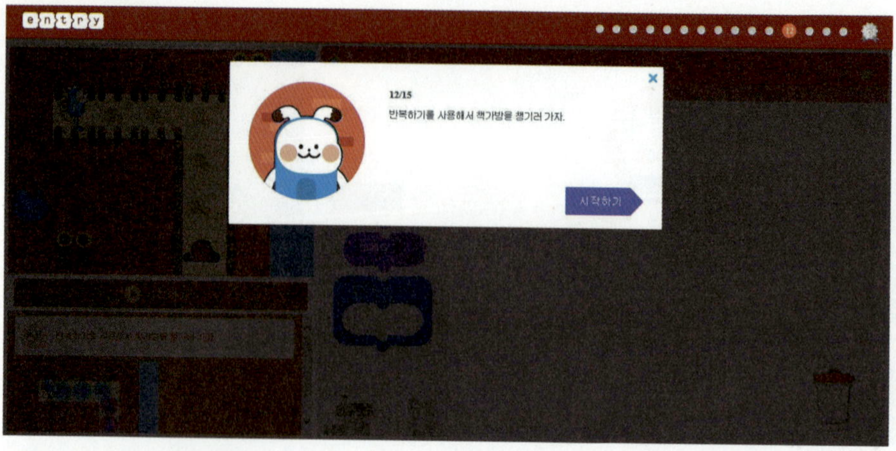

코드

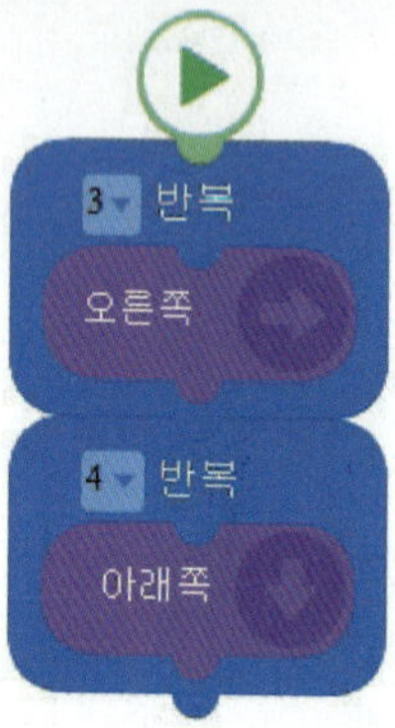

13단계

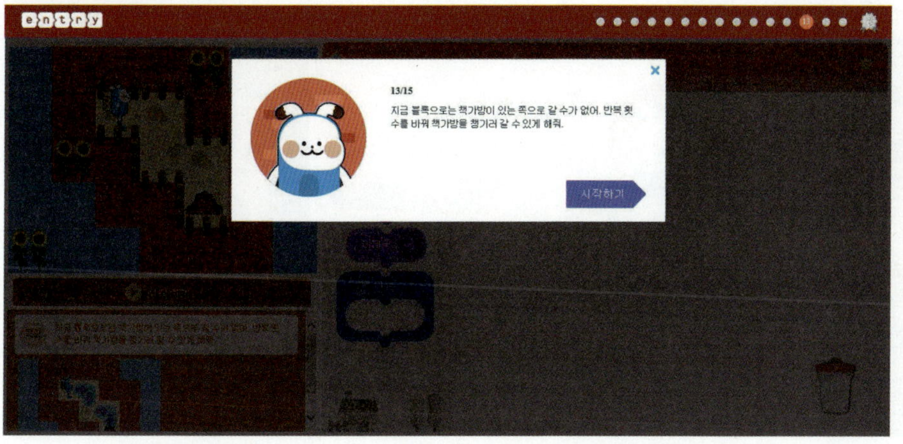
entry
13/15
지금 블록으로는 책가방이 있는 쪽으로 갈 수가 없어. 반복 횟수를 바꿔 책가방을 챙기러 갈 수 있게 해줘.
시작하기

코드

2 반복
오른쪽
아래쪽

14단계

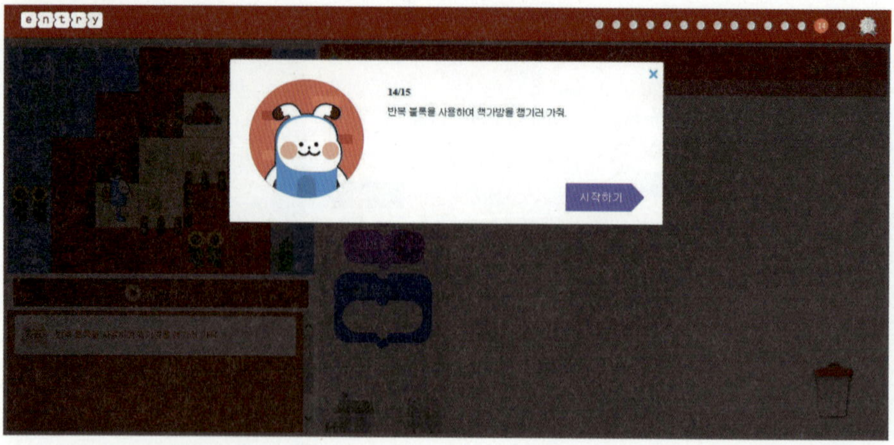

코드

15단계

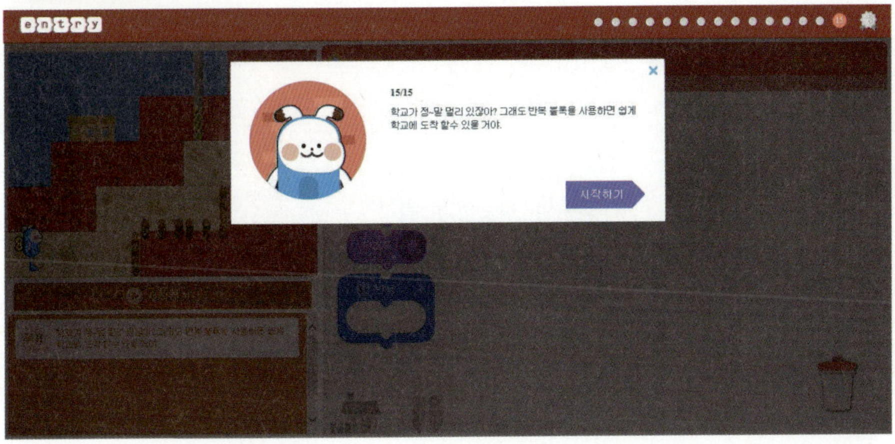

코드

1단계 목표 완성 인증서 받기

2.3.2.2 미션해결하기

엔트리 사이트 http://play-entry.com 접속 (크롬 브라우저 사용 권장)

▼

로그인

▼

상단의 '학습하기' 클릭

▼

엔트리 학습하기 클릭

▼

주제별 학습과정 '미션해결하기' 클릭

미션 해결하기 코스에는 '엔트리봇 학교 가는 길', '로봇 공장', '전기자동차', '숲속 탐험', '마을 탐험', '우주여행' 테마로 되어있고, 각 15단계, 12단계, 10단계, 8단계, 5단계, 10단계로 되어있다. 1단계 '엔트리봇 학교 가는 길'은 **처음 시작하는 사람들을 위한 엔트리 학습과정** 'STEP1 엔트리봇 학교 가는 길'과 같은 게임인 것을 참고하길 바란다. 그리고 미션 뒤 코드는 예시일 뿐 다른 여러 가지 블록 조합으로 미션을 해결할 수 있다. 블록을 더 적게 사용하여 미션을 해결해보도록 하자.

'로봇 공장'에서는 12단계로 순차와 반복을 익힐 수 있다.

[각 단계별 미션과 도움말, 예시코드]

1단계

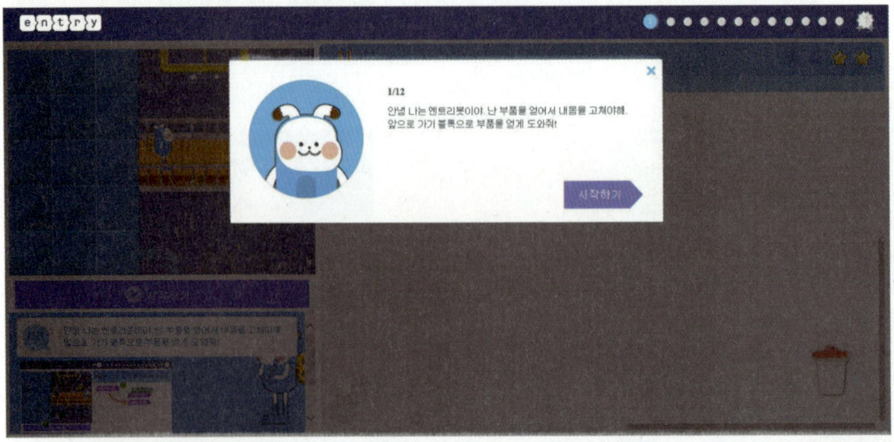

도움말

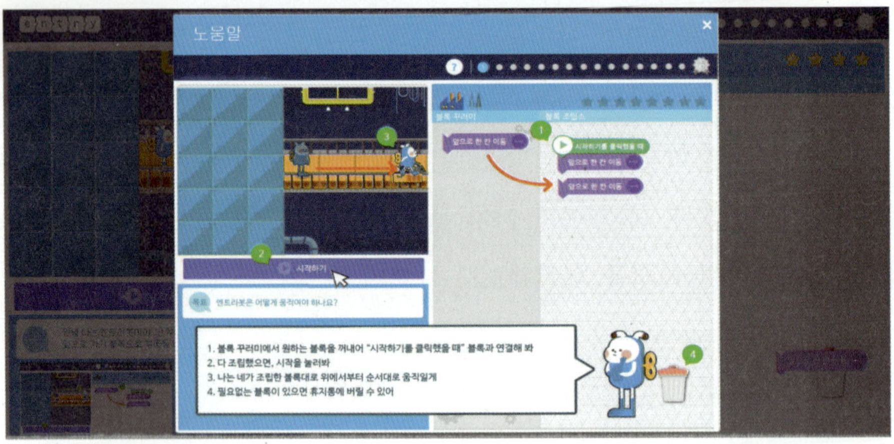

코드

2단계

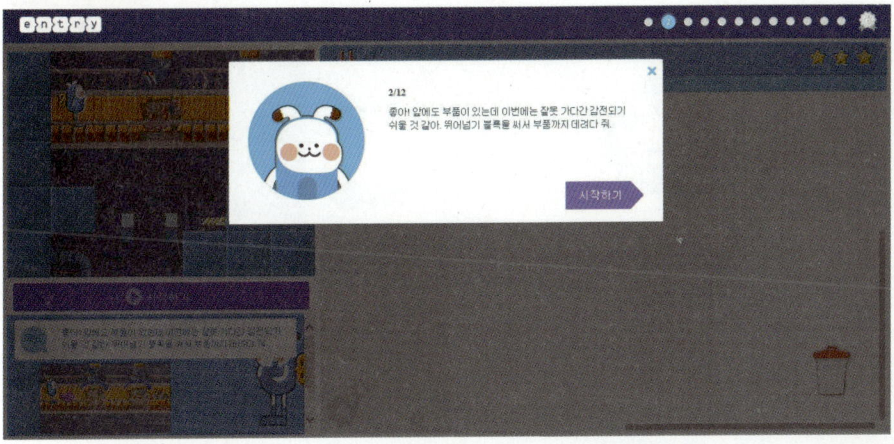
2/12
좋아! 앞에도 부품이 있는데 이번에는 잘못 가다간 감전되기 쉬울 것 같아. 뛰어넘기 블록을 써서 부품까지 데려다 줘.
시작하기

도움말

도움말
1
2
3

코드

시작하기를 클릭했을때
앞으로 한 칸 이동
뛰어넘기
뛰어넘기

3단계

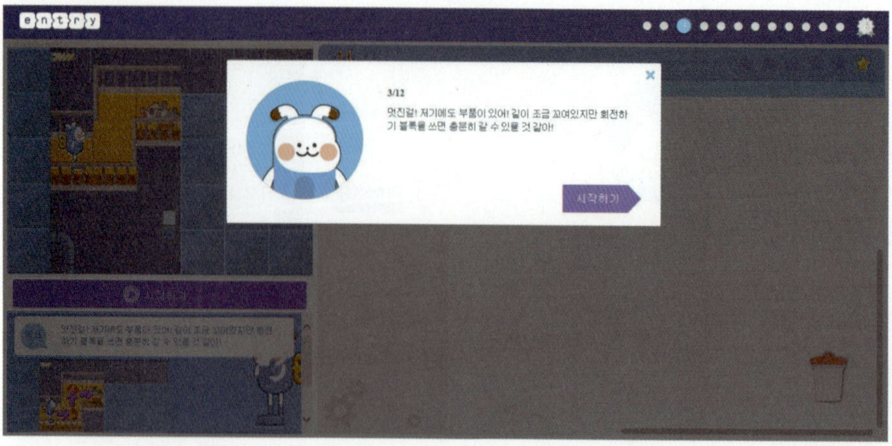
3/12
멋진걸! 저기에도 부품이 있어! 길이 조금 꼬여있지만 회전하기 블록을 쓰면 충분히 갈 수 있을 것 같아!
시작하기

도움말

도움말

코드

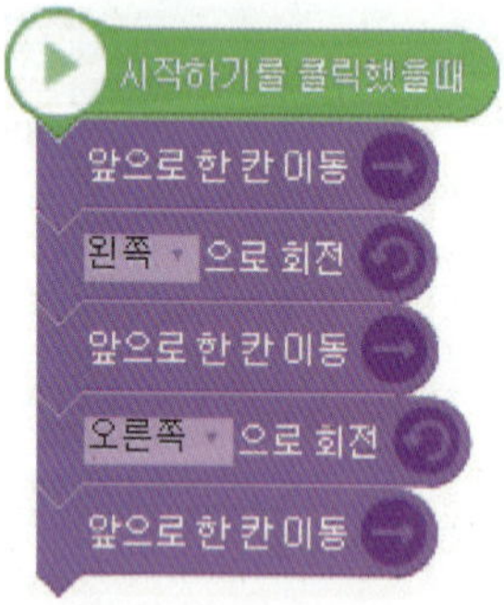
시작하기를 클릭했을때
앞으로 한 칸 이동
왼쪽 으로 회전
앞으로 한 칸 이동
오른쪽 으로 회전
앞으로 한 칸 이동

4단계

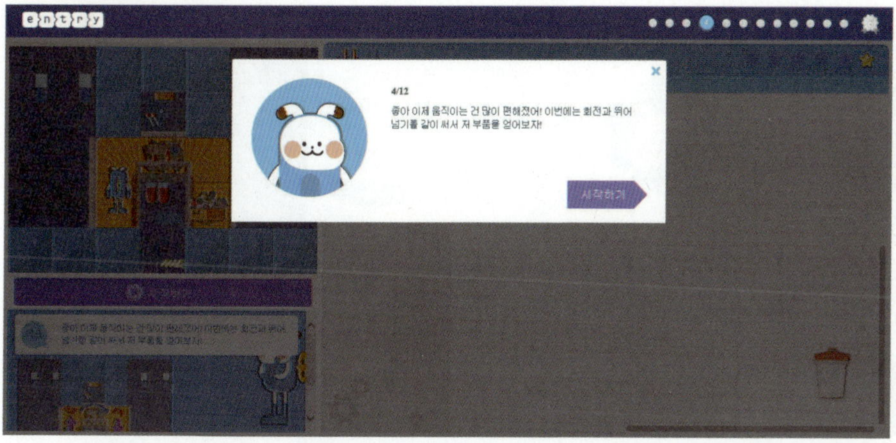
entry
4/12
좋아 이제 움직이는 건 많이 편해졌어! 이번에는 회전과 뛰어 넘기를 같이 써서 저 부품을 얻어보자!
시작하기

도움말

도움말

코드

시작하기를 클릭했을때
앞으로 한 칸 이동
오른쪽 으로 회전
뛰어넘기
오른쪽 으로 회전
앞으로 한 칸 이동

5단계

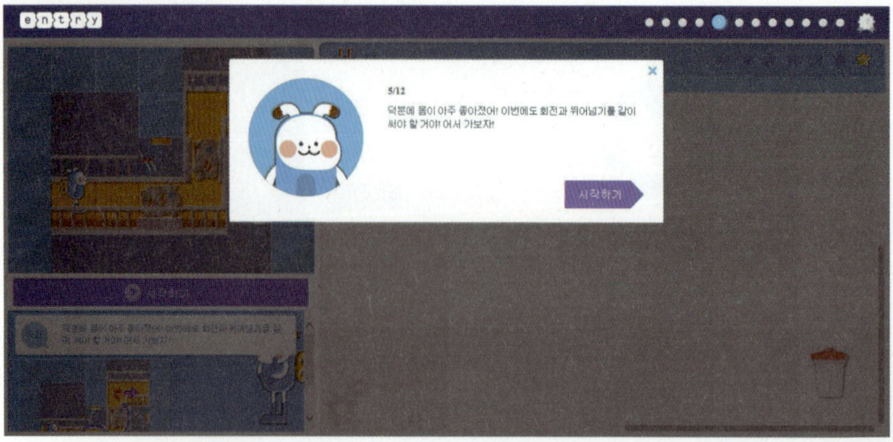
5/12
덕분에 몸이 아주 좋아졌어! 이번에도 회전과 뛰어넘기를 같이 써야 할 거야! 어서 가보자!
시작하기

도움말

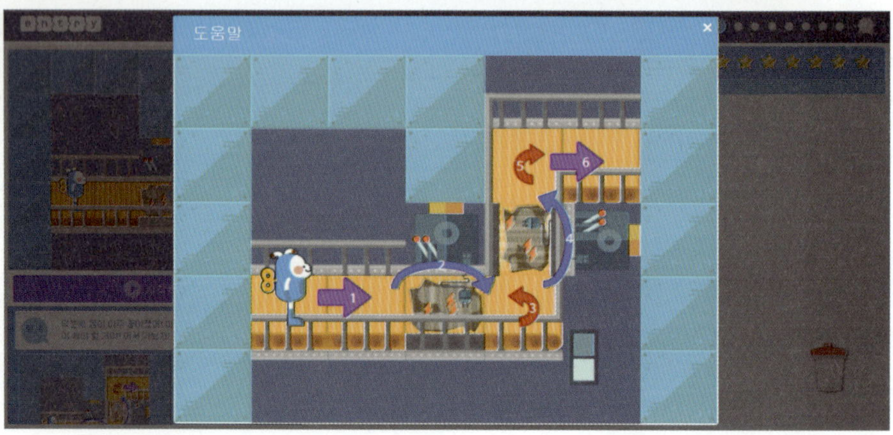
도움말

코드

시작하기를 클릭했을때
앞으로 한 칸 이동
뛰어넘기
왼쪽 으로 회전
뛰어넘기
오른쪽 으로 회전
앞으로 한 칸 이동

6단계

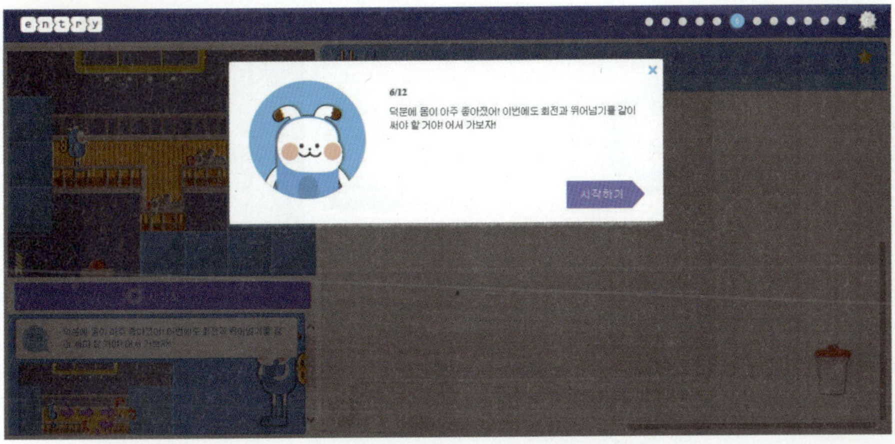
entry
6/12
덕분에 몸이 아주 좋아졌어! 이번에도 회전과 뛰어넘기를 같이 써야 할 거야! 어서 가보자!
시작하기

도움말

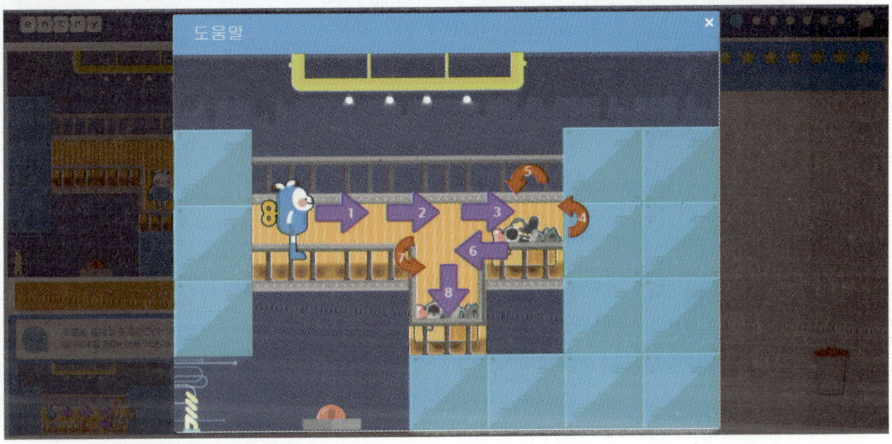
도움말
1
2
3
4
5
6
7
8

코드

시작하기를 클릭했을때
앞으로 한 칸 이동
앞으로 한 칸 이동
앞으로 한 칸 이동
왼쪽 으로 회전
왼쪽 으로 회전
앞으로 한 칸 이동
왼쪽 으로 회전
앞으로 한 칸 이동

7단계

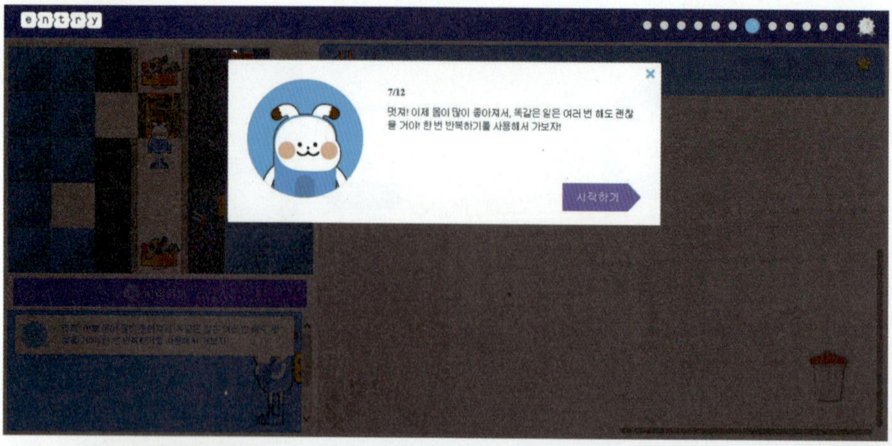
7/12
멋져! 이제 몸이 많이 좋아져서, 똑같은 일은 여러 번 해도 괜찮을 거야! 한 번 반복하기를 사용해서 가보자!
시작하기

도움말

도움말

코드

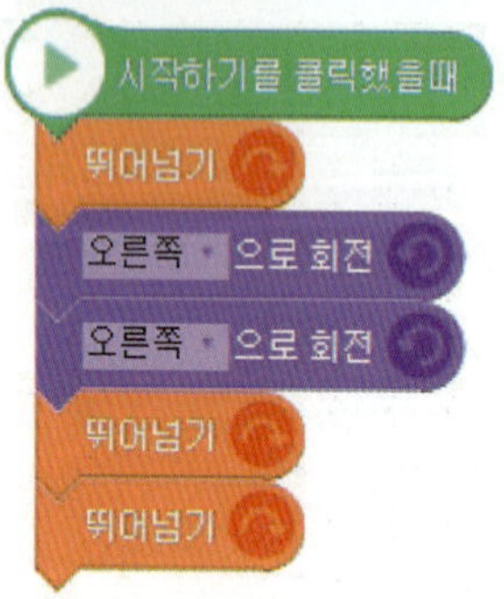
시작하기를 클릭했을때
뛰어넘기
오른쪽 으로 회전
오른쪽 으로 회전
뛰어넘기
뛰어넘기

8단계

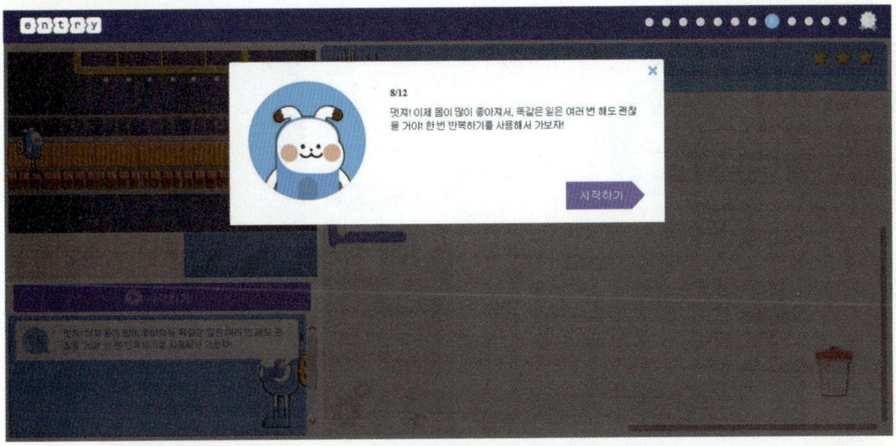
8/12
멋져! 이제 몸이 많이 좋아져서, 똑같은 일은 여러 번 해도 괜찮을 거야! 한 번 반복하기를 사용해서 가보자!
시작하기

도움말

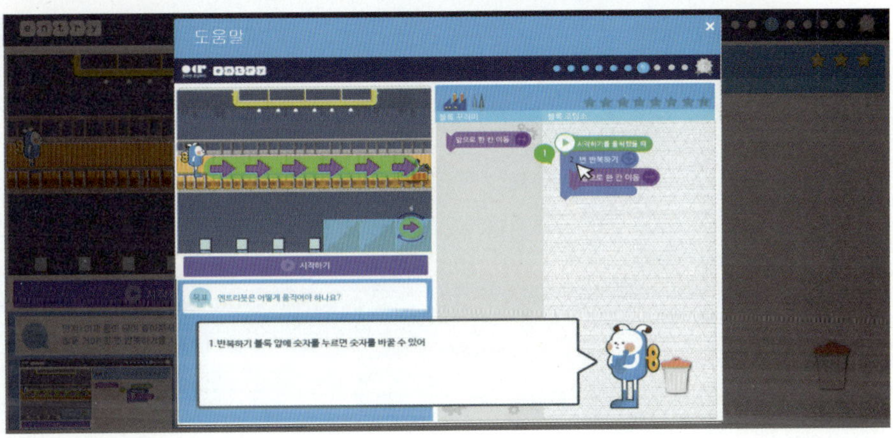
도움말
1. 반복하기 블록 앞에 숫자를 누르면 숫자를 바꿀 수 있어

코드

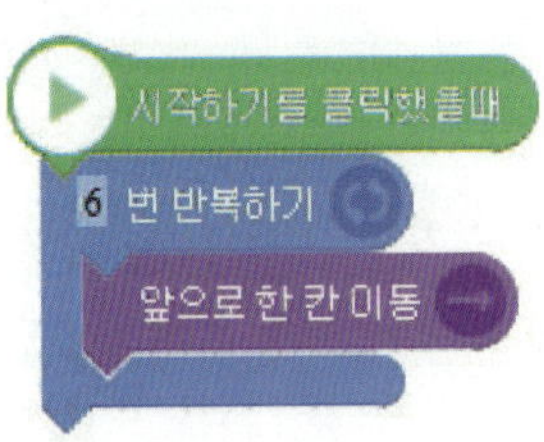
시작하기를 클릭했을 때
6 번 반복하기
앞으로 한 칸 이동

9단계

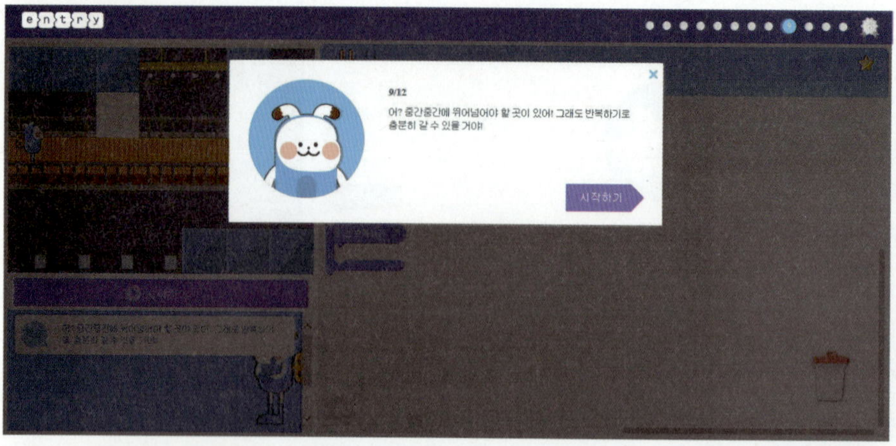
entry
9/12
어? 중간중간에 뛰어넘어야 할 곳이 있어! 그래도 반복하기로 충분히 갈 수 있을 거야!
시작하기

도움말

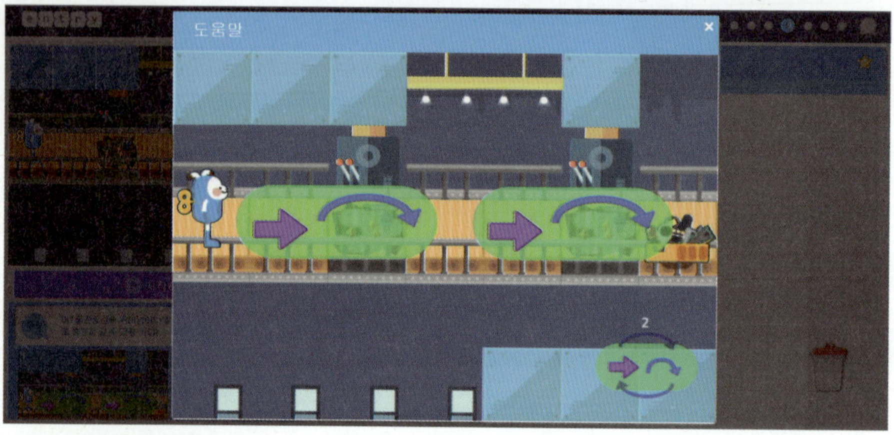
도움말
2

코드

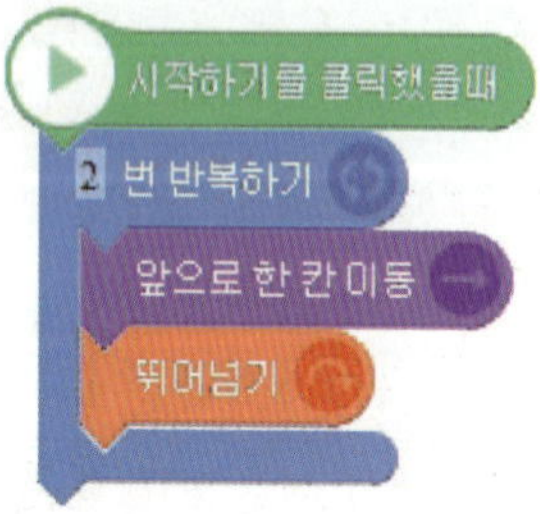
시작하기를 클릭했을때
2 번 반복하기
앞으로 한 칸 이동
뛰어넘기

10단계

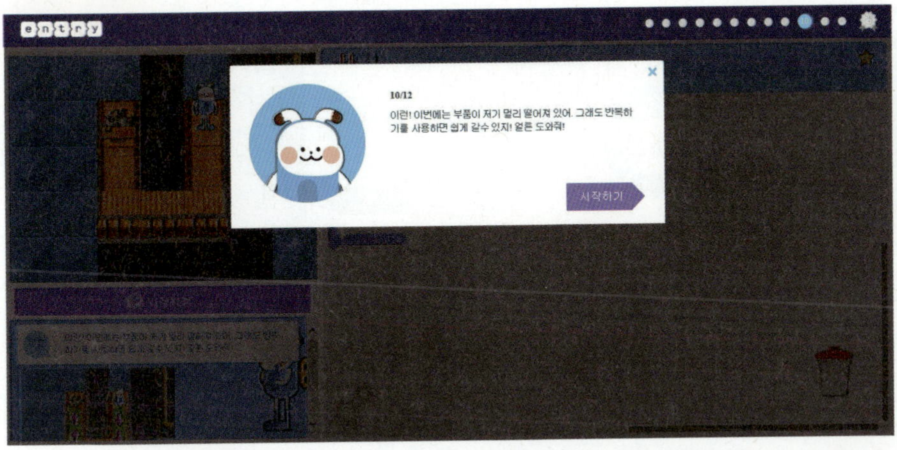
10/12
이런! 이번에는 부품이 저기 멀리 떨어져 있어. 그래도 반복하기를 사용하면 쉽게 갈 수 있지! 얼른 도와줘!
시작하기

도움말

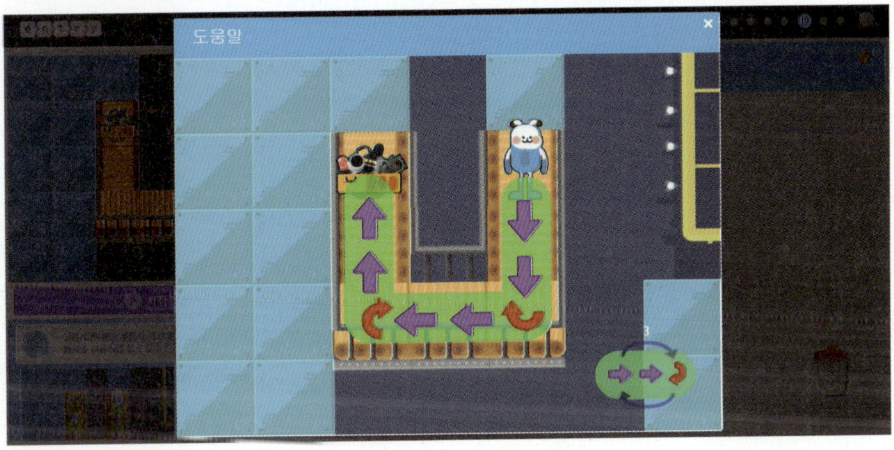
도움말

코드

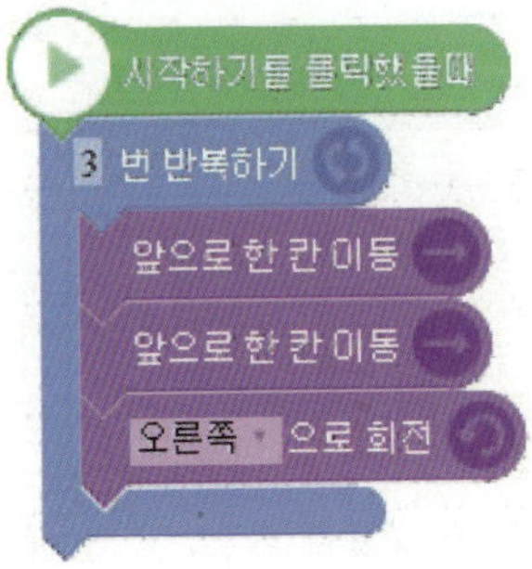
시작하기를 클릭했을 때
3 번 반복하기
앞으로 한 칸 이동
앞으로 한 칸 이동
오른쪽 으로 회전

11단계

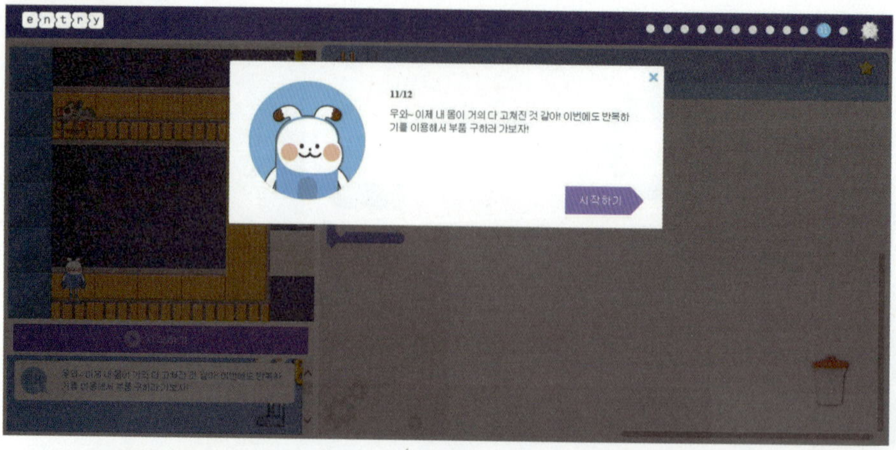

도움말

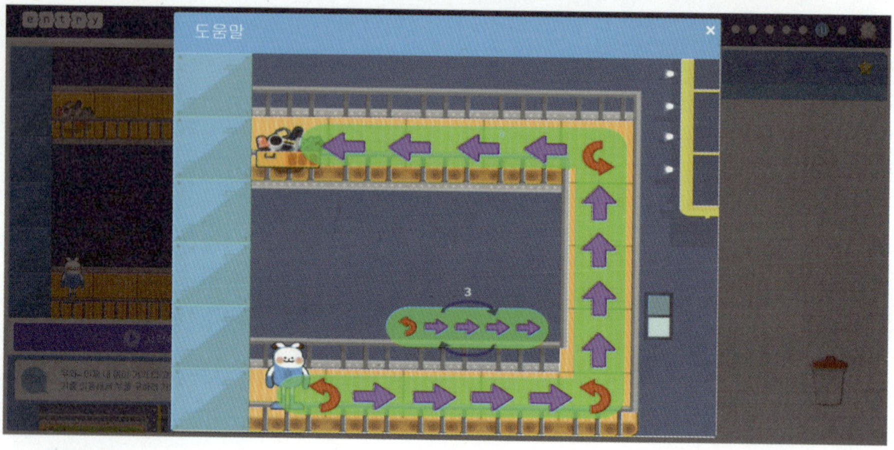

코드

```
시작하기를 클릭했을때
3 번 반복하기
    왼쪽 으로 회전
    앞으로 한 칸 이동
    앞으로 한 칸 이동
    앞으로 한 칸 이동
    앞으로 한 칸 이동
```

12단계

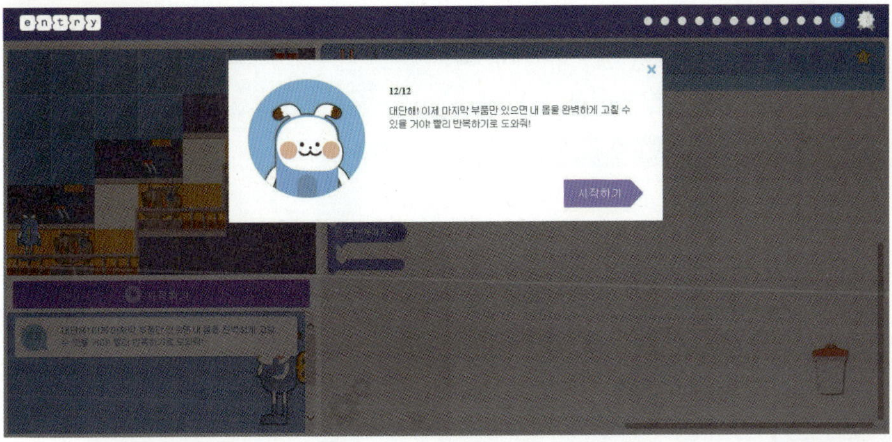

12/12
대단해! 이제 마지막 부품만 있으면 내 몸을 완벽하게 고칠 수 있을 거야! 빨리 반복하기로 도와줘!
시작하기

도움말

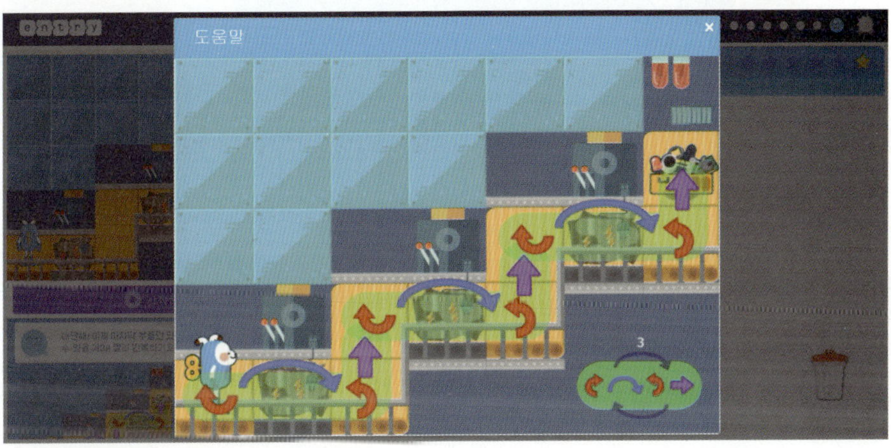

도움말
3

코드

시작하기를 클릭했을때
4 번 반복하기
오른쪽 으로 회전
뛰어넘기
왼쪽 으로 회전
앞으로 한 칸 이동

인증서

학습하기
만들기
공유하기
커뮤니티
축하 드립니다!
인증서
whybooks
위 사람은 엔트리 로봇 공장 과정에 참가하여
모든 과정을 정히 이수하였으므로 본 인증서를 수여함.
2016년 5월 29일
공유

'전기자동차'는 10단계로 순차, 반복, 선택을 익힐 수 있다.

[각 단계별 미션과 예시코드, 도움말]

1단계

도움말

코드

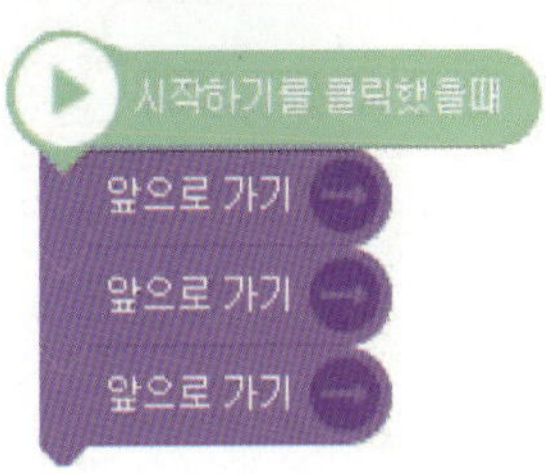

2단계

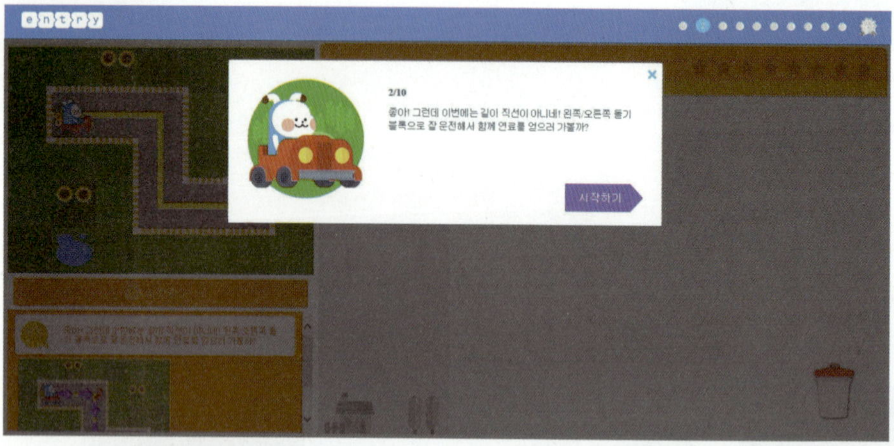
2/10
좋아! 그런데 이번에는 길이 직선이 아니네! 왼쪽/오른쪽 돌기 블록으로 잘 운전해서 함께 연료를 얻으러 가볼까?
시작하기

도움말

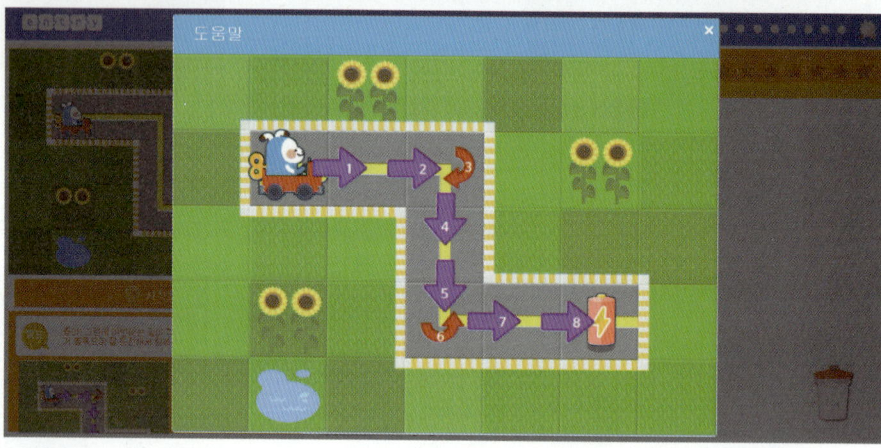
도움말
1
2
3
4
5
6
7
8

코드

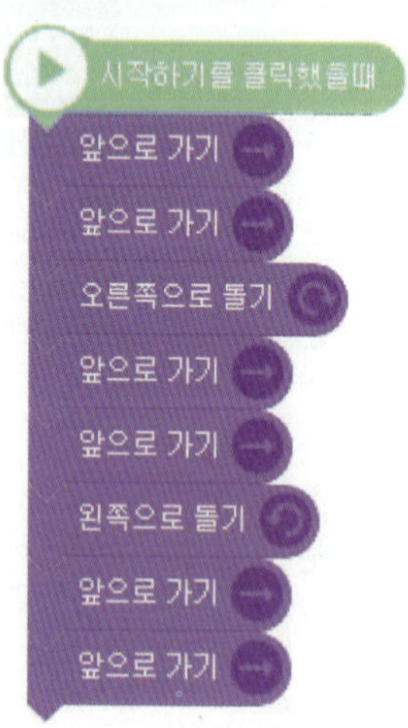
시작하기를 클릭했을때
앞으로 가기
앞으로 가기
오른쪽으로 돌기
앞으로 가기
앞으로 가기
왼쪽으로 돌기
앞으로 가기
앞으로 가기

3단계

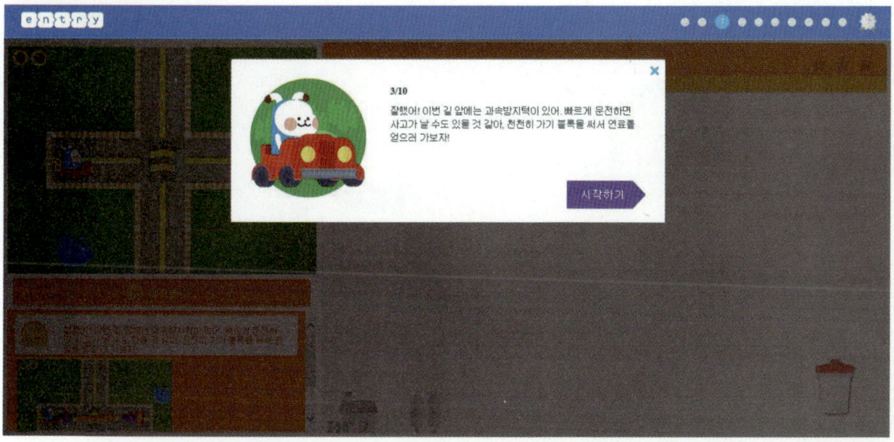
3/10
잘했어! 이번 길 앞에는 과속방지턱이 있어. 빠르게 운전하면 사고가 날 수도 있을 것 같아. 천천히 가기 블록을 써서 연료를 얻으러 가보자!
시작하기

도움말

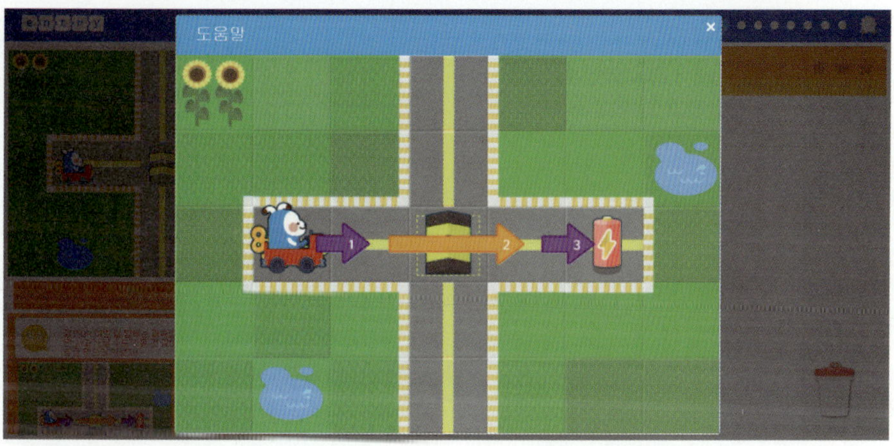
도움말
1
2
3

코드

시작하기를 클릭했을때
앞으로 가기
천천히 가기
앞으로 가기

4단계

entry
4/10
야호, 이제 운전이 한결 편해졌어! 이 도로에서는 반복하기 블록을 사용해서 연료를 채우러 가볼까?
시작하기

도움말

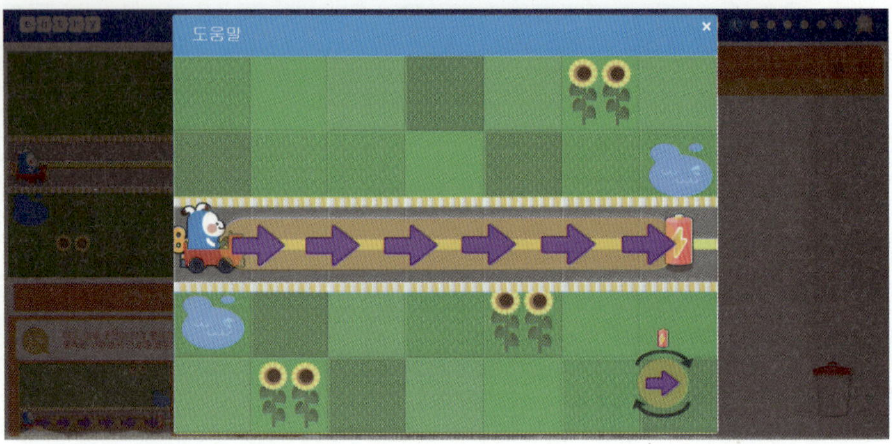
도움말

코드

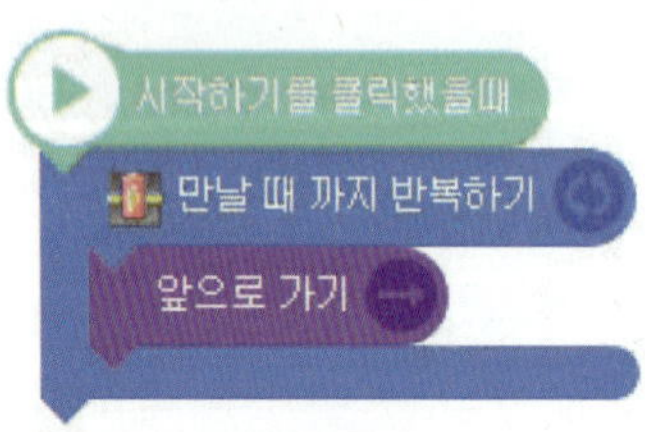
시작하기를 클릭했을때
만날 때 까지 반복하기
앞으로 가기

5단계

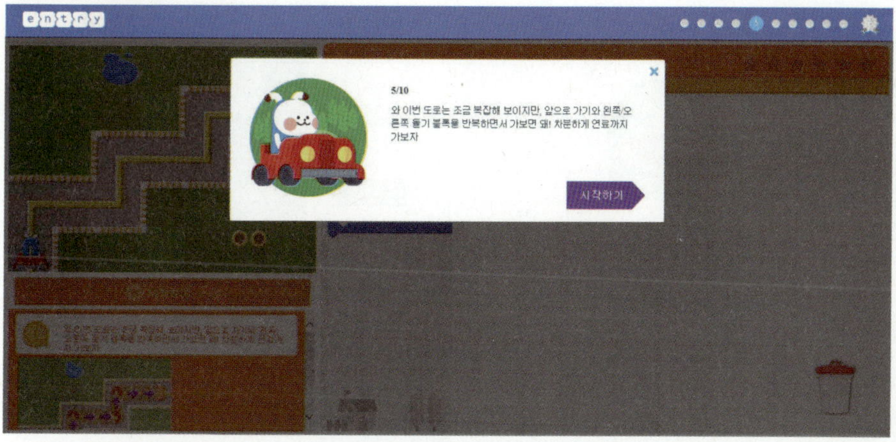
5/10
와 이번 도로는 조금 복잡해 보이지만, 앞으로 가기와 왼쪽/오른쪽 돌기 블록을 반복하면서 가보면 돼! 차분하게 연료까지 가보자
시작하기

도움말

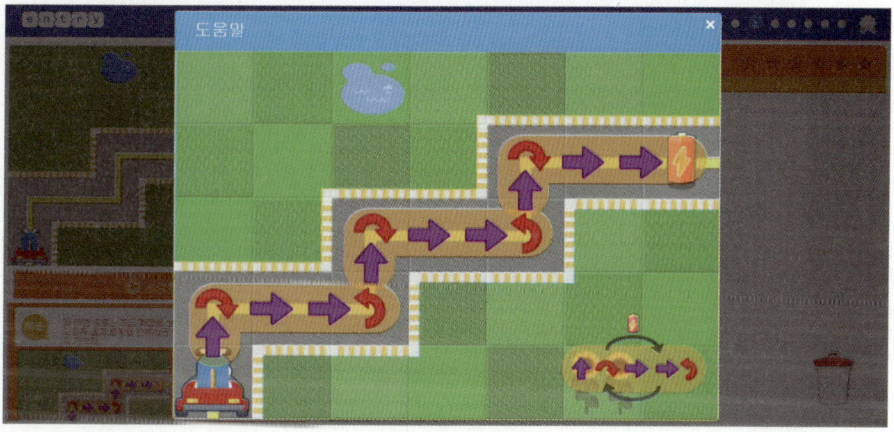
도움말

코드

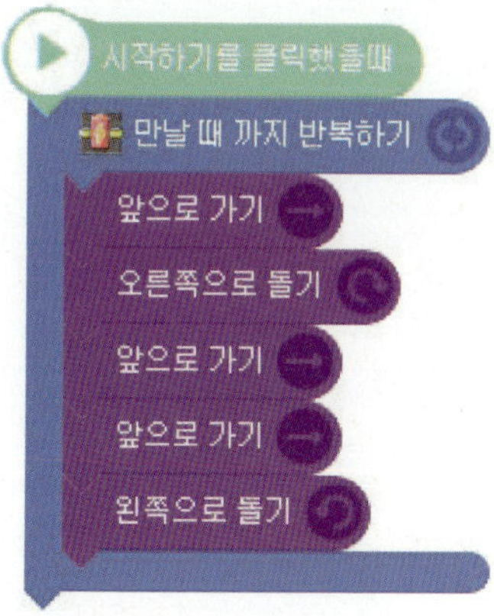
시작하기를 클릭했을때
만날 때 까지 반복하기
앞으로 가기
오른쪽으로 돌기
앞으로 가기
앞으로 가기
왼쪽으로 돌기

6단계

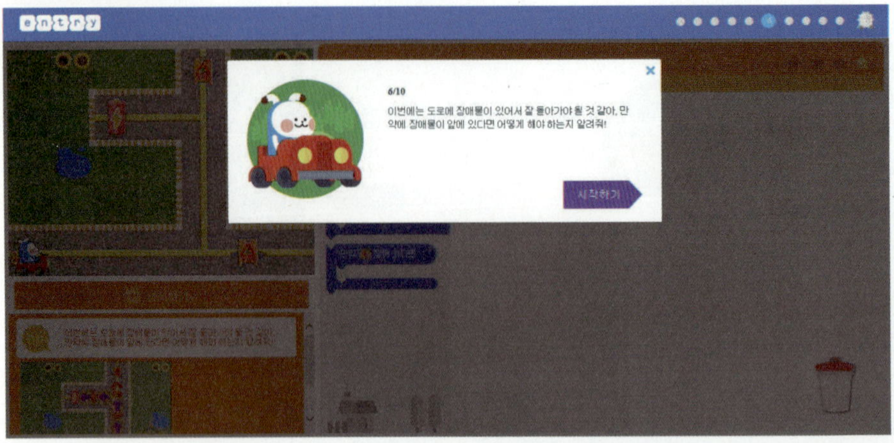
6/10
이번에는 도로에 장애물이 있어서 잘 돌아가야 될 것 같아. 만약에 장애물이 앞에 있다면 어떻게 해야 하는지 알려줘!
시작하기

도움말

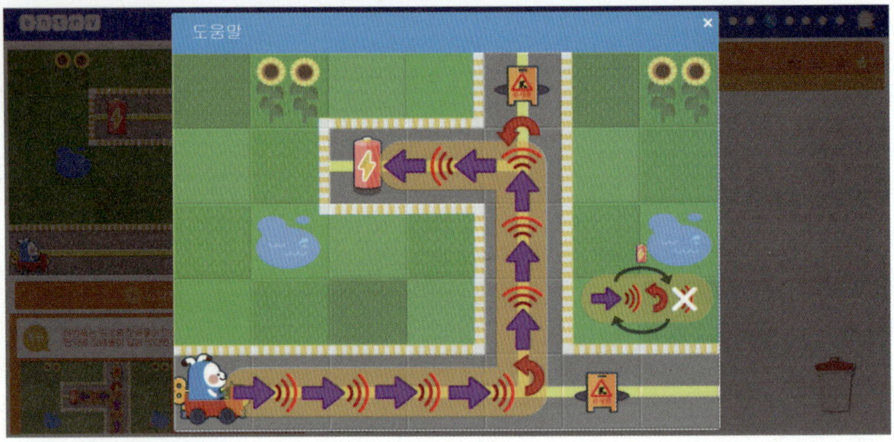
도움말

코드

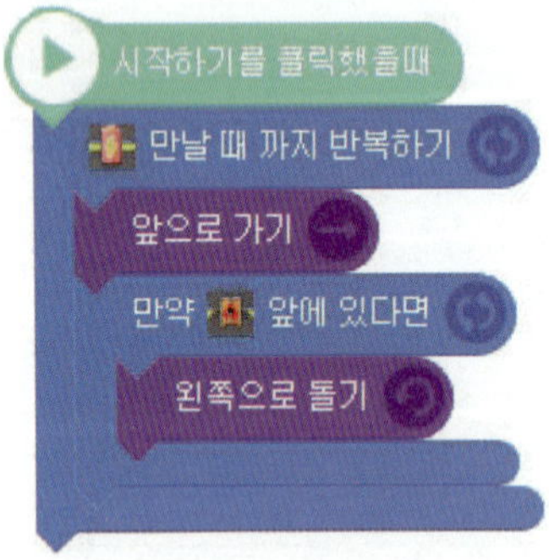
시작하기를 클릭했을때
만날 때 까지 반복하기
앞으로 가기
만약 앞에 있다면
왼쪽으로 돌기

7단계

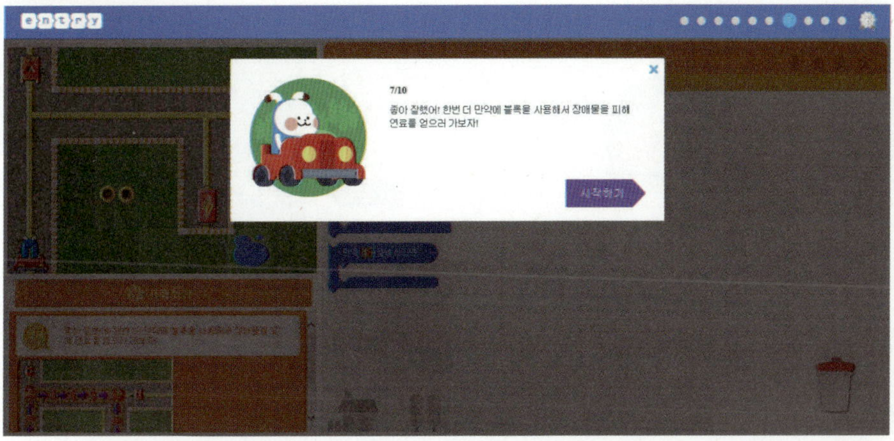
7/10
좋아 잘했어! 한번 더 만약에 블록을 사용해서 장애물을 피해 연료를 얻으러 가보자!
시작하기

도움말

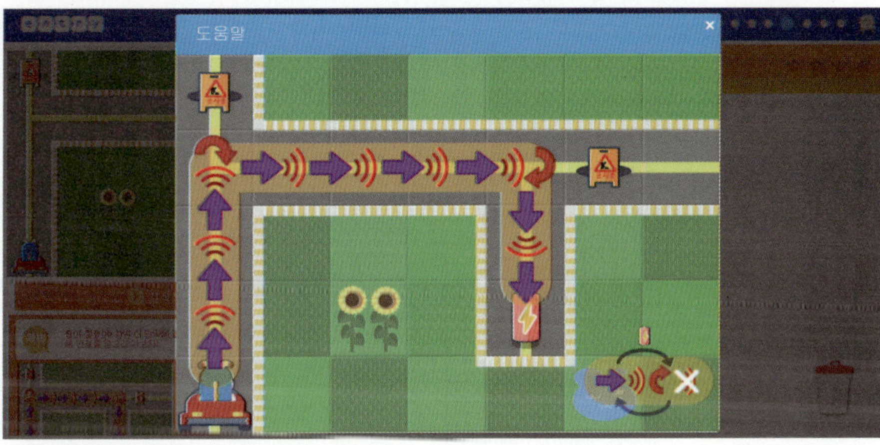
도움말

코드

시작하기를 클릭했을때
만날 때 까지 반복하기
앞으로 가기
만약 앞에 있다면
오른쪽으로 돌기

8단계

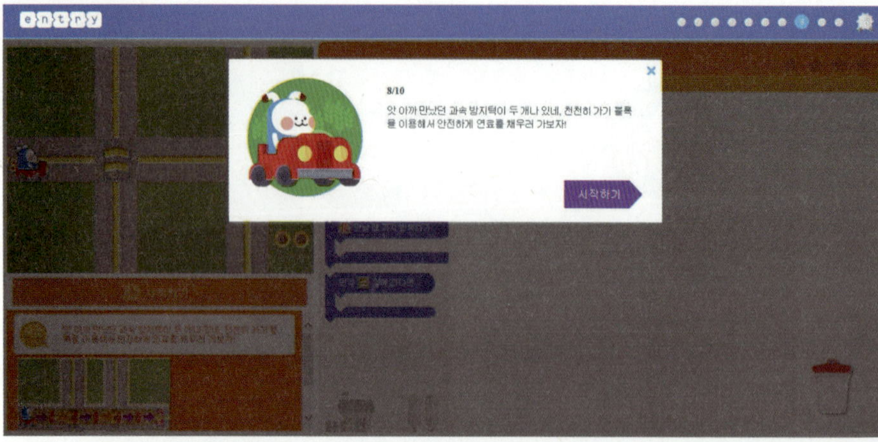
8/10
앗 아까 만났던 과속 방지턱이 두 개나 있네. 천천히 가기 블록을 이용해서 안전하게 연료를 채우러 가보자!
시작하기

도움말

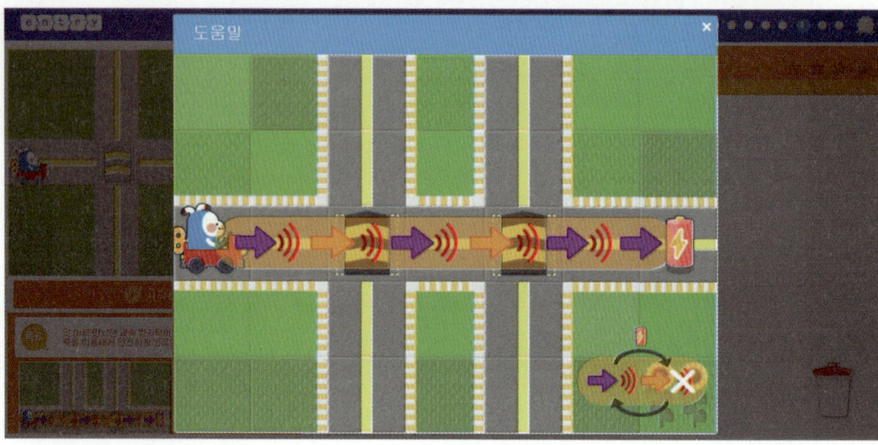
도움말

코드

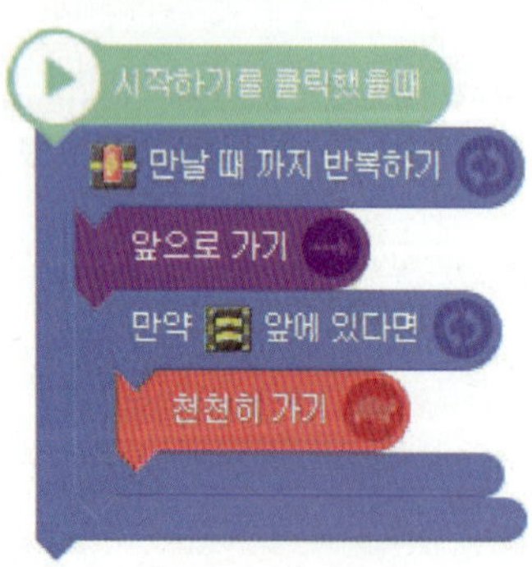
시작하기를 클릭했을때
만날 때 까지 반복하기
앞으로 가기
만약 앞에 있다면
천천히 가기

9단계

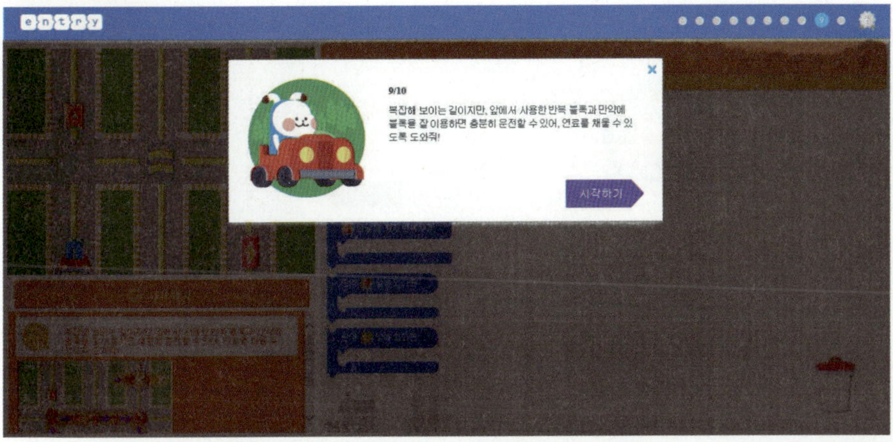
9/10
복잡해 보이는 길이지만, 앞에서 사용한 반복 블록과 만약에 블록을 잘 이용하면 충분히 운전할 수 있어. 연료를 채울 수 있도록 도와줘!
시작하기

도움말

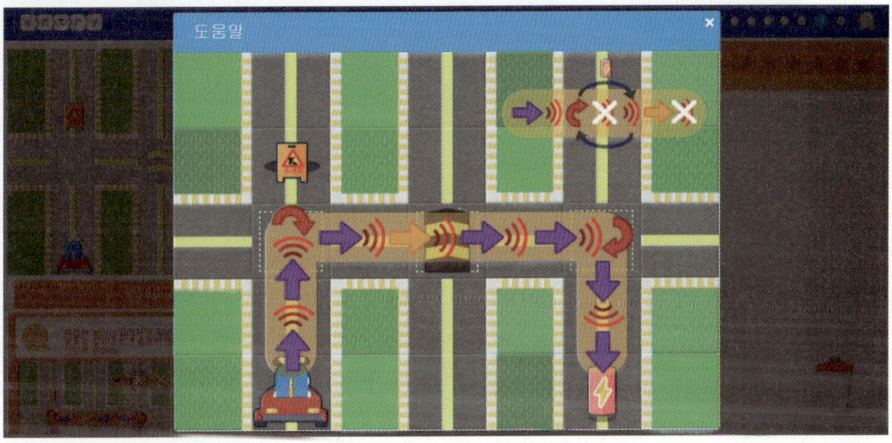
도움말

코드

시작하기를 클릭했을 때
만날 때 까지 반복하기
앞으로 가기
만약 앞에 있다면
오른쪽으로 돌기
만약 앞에 있다면
천천히 가기

10단계

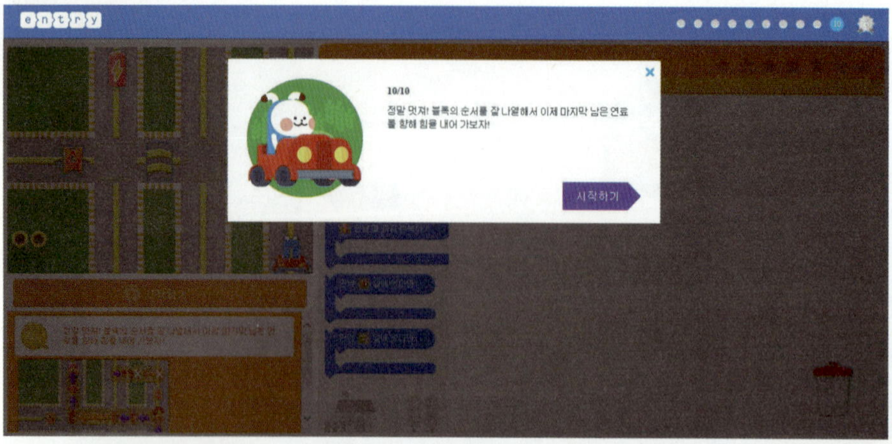
10/10
정말 멋져! 블록의 순서를 잘 나열해서 이제 마지막 남은 연료를 향해 힘을 내어 가보자!
시작하기

도움말

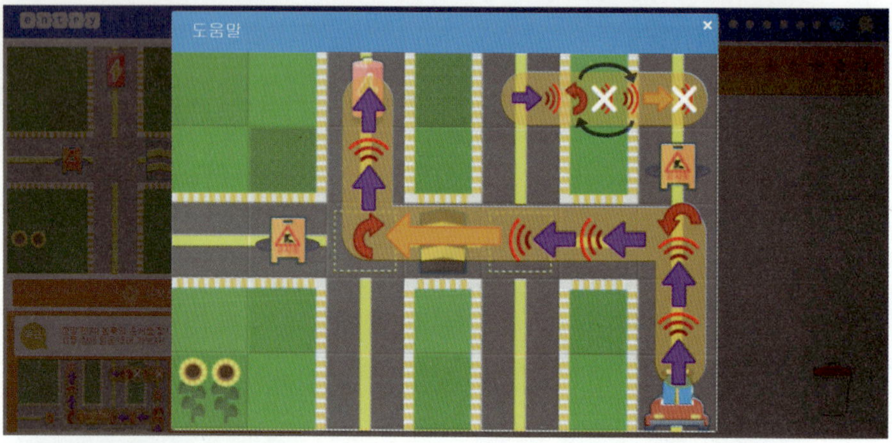
도움말

코드

시작하기를 클릭했을때
만날 때 까지 반복하기
앞으로 가기
만약 앞에 있다면
왼쪽으로 돌기
만약 앞에 있다면
천천히 가기
오른쪽으로 돌기

인증서

학습하기
만들기
공유하기
커뮤니티
로그인
회원가입
축하 드립니다!
인증서
whybooks
위 사람은 엔트리 전기 자동차 과정에 참가하여
모든 과정을 정히 이수하였으므로 본 인증서를 수여함.
2016년 5월 29일
entry
공유

'숲속 탐험'은 8단계로 횟수와 조건이 포함된 반복과 선택을 익힐 수 있다.

[각 단계별 미션과 도움말, 예시코드]

1단계

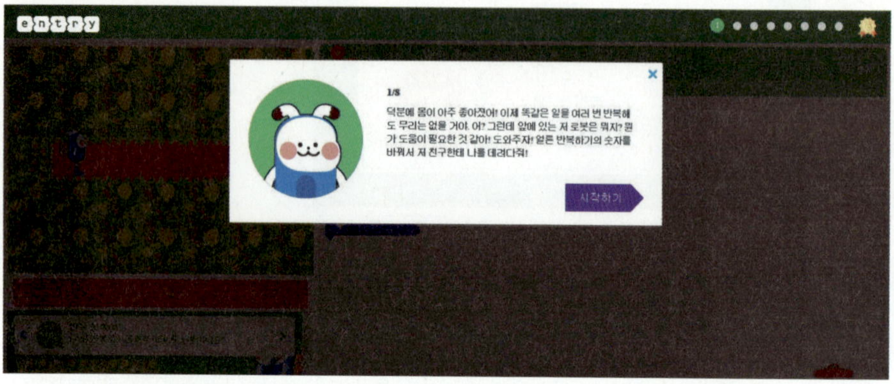

도움말

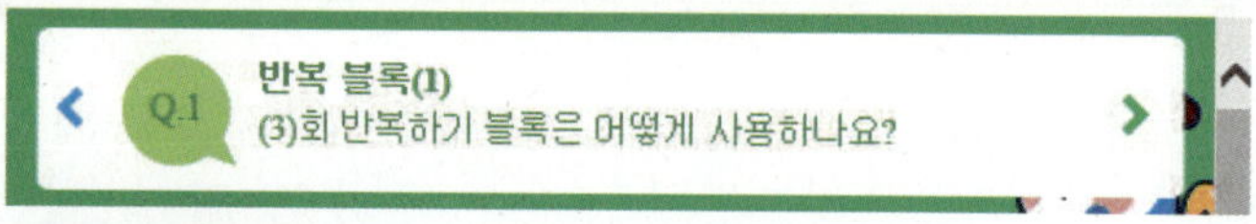

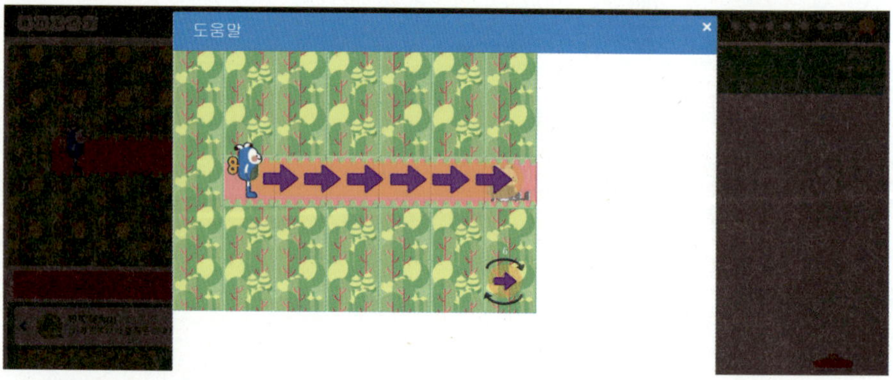

코드

2단계

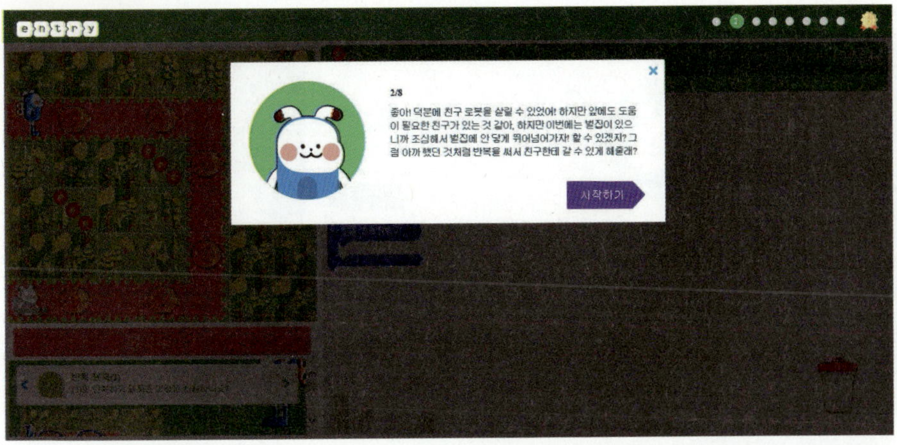
2/8
좋아! 덕분에 친구 로봇을 살릴 수 있었어! 하지만 앞에도 도움이 필요한 친구가 있는 것 같아. 하지만 이번에는 벌집이 있으니까 조심해서 벌집에 안 닿게 뛰어넘어가자! 할 수 있겠지? 그럼 아까 했던 것처럼 반복을 써서 친구한테 갈 수 있게 해줄래?
시작하기

도움말

Q.1
반복 블록(1)
(3)회 반복하기 블록은 어떻게 사용하나요?

도움말

코드

시작하기를 클릭했을 때
3 번 반복하기
뛰어넘기
뛰어넘기
오른쪽으로 회전

3단계

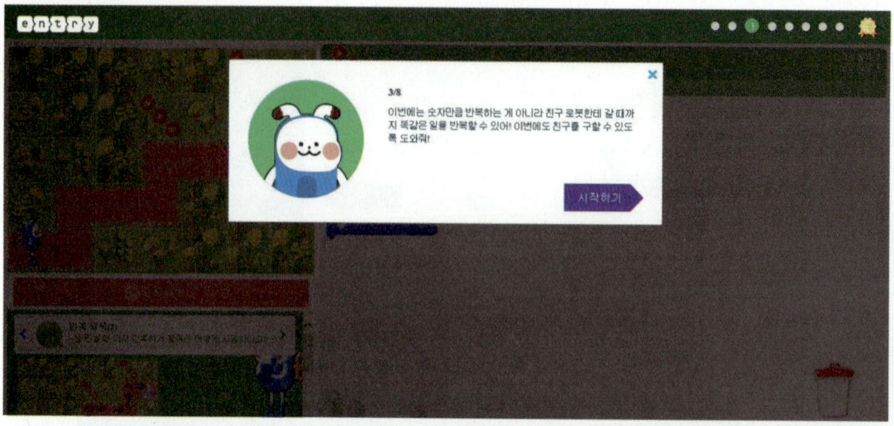
3/8
이번에는 숫자만큼 반복하는 게 아니라 친구 로봇한테 갈 때까지 똑같은 일을 반복할 수 있어! 이번에도 친구를 구할 수 있도록 도와줘!
시작하기

도움말

Q.1
반복 블록(2)
~를 만날 때 까지 반복하기 블록은 어떻게 사용하나요?

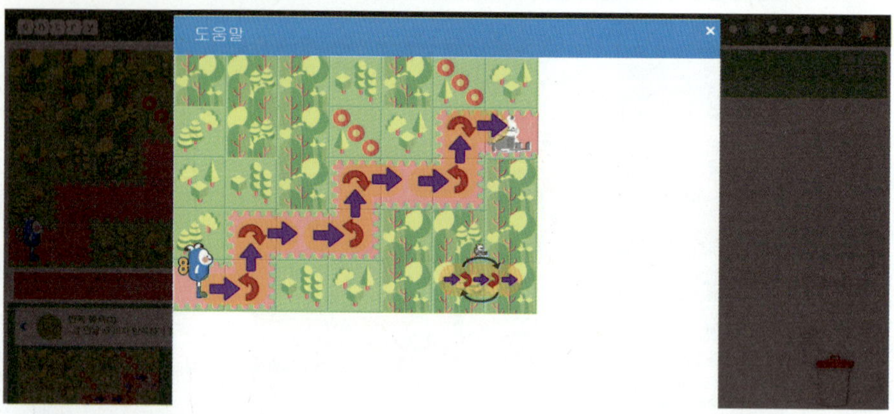
도움말

코드

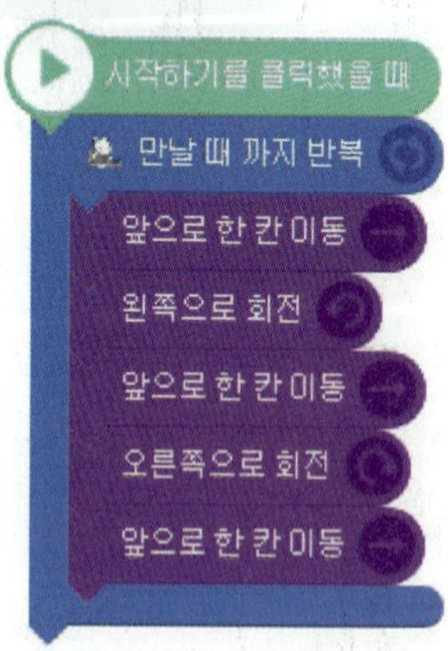
시작하기를 클릭했을 때
만날 때 까지 반복
앞으로 한 칸 이동
왼쪽으로 회전
앞으로 한 칸 이동
오른쪽으로 회전
앞으로 한 칸 이동

4단계

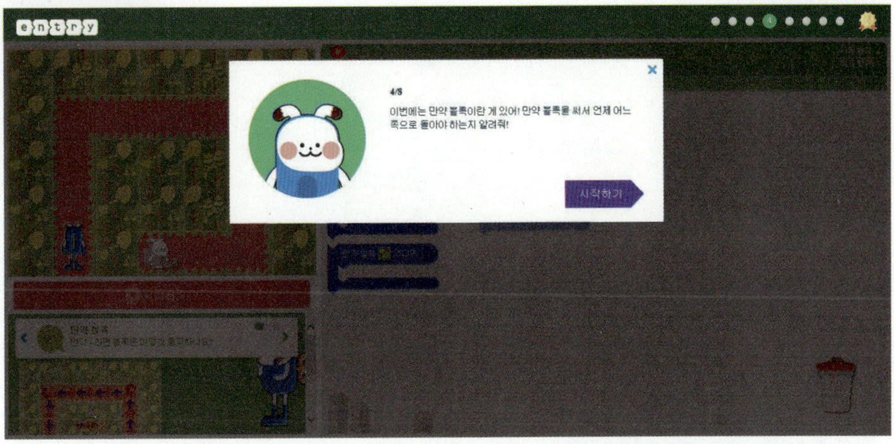

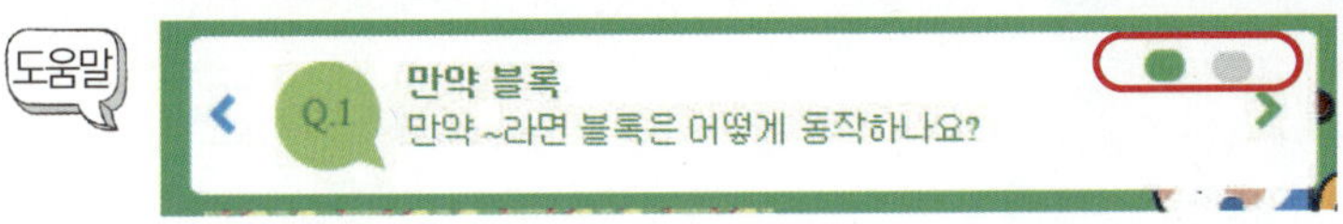

도움말이 여러 개인 미션은 위의 Box와 같이 표시된다.

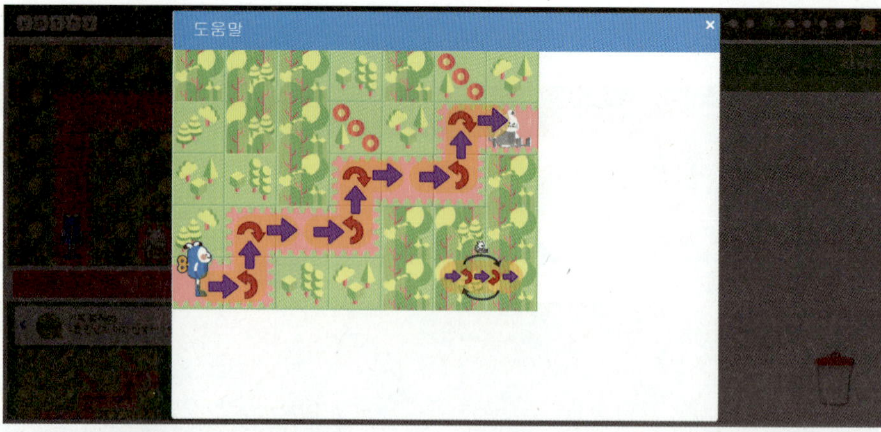

코드

5단계

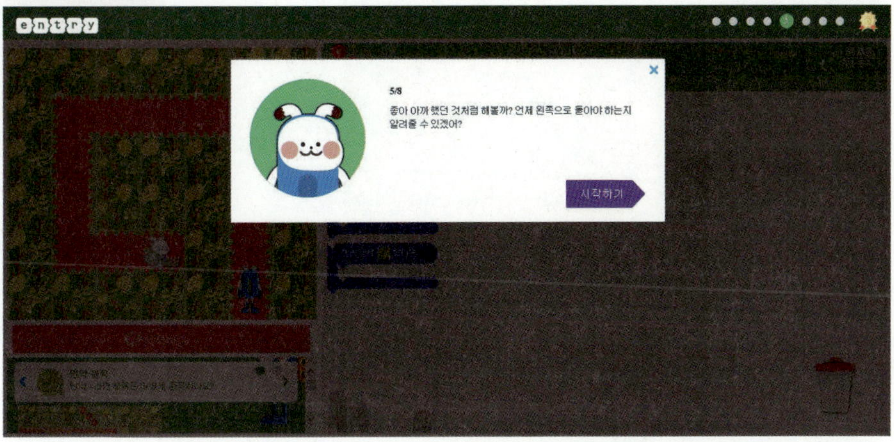

entry
5/8
좋아 아까 했던 것처럼 해볼까? 언제 왼쪽으로 돌아야 하는지 알려줄 수 있겠어?
시작하기

도움말

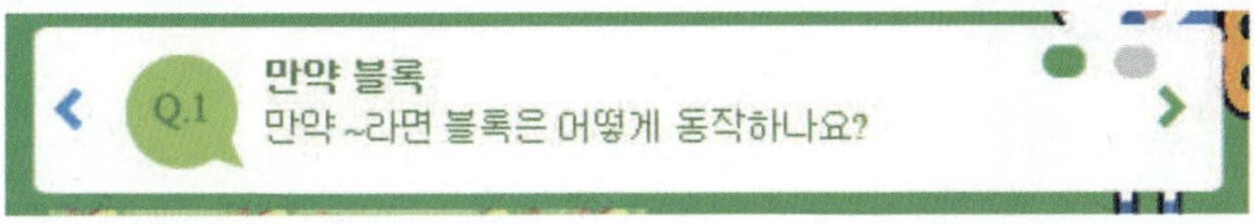

Q.1
만약 블록
만약 ~라면 블록은 어떻게 동작하나요?

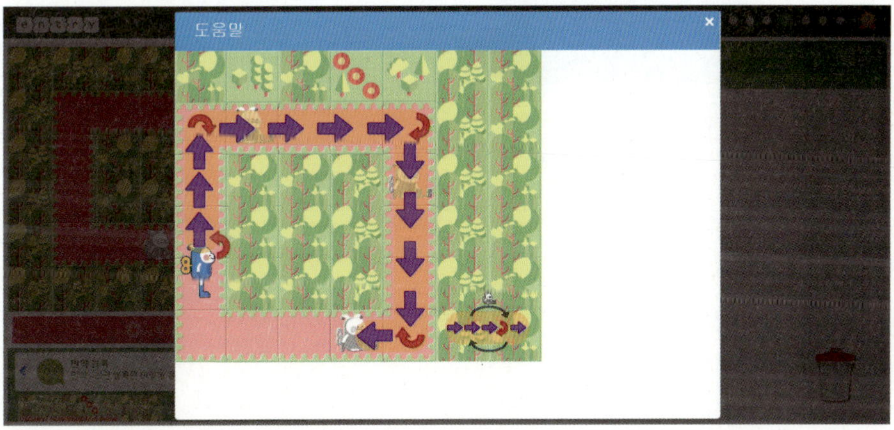

도움말

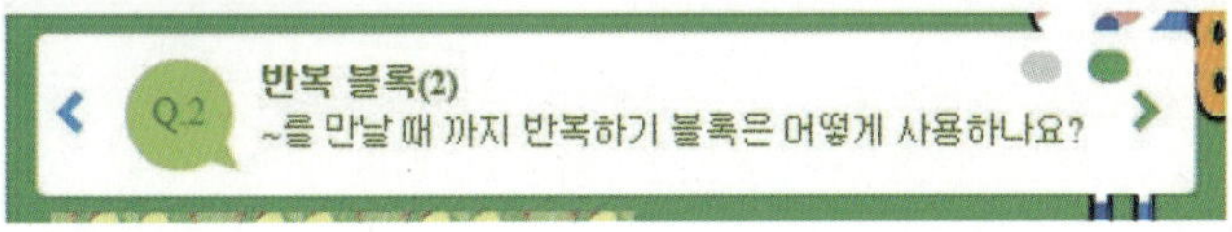

Q.2
반복 블록(2)
~를 만날 때 까지 반복하기 블록은 어떻게 사용하나요?

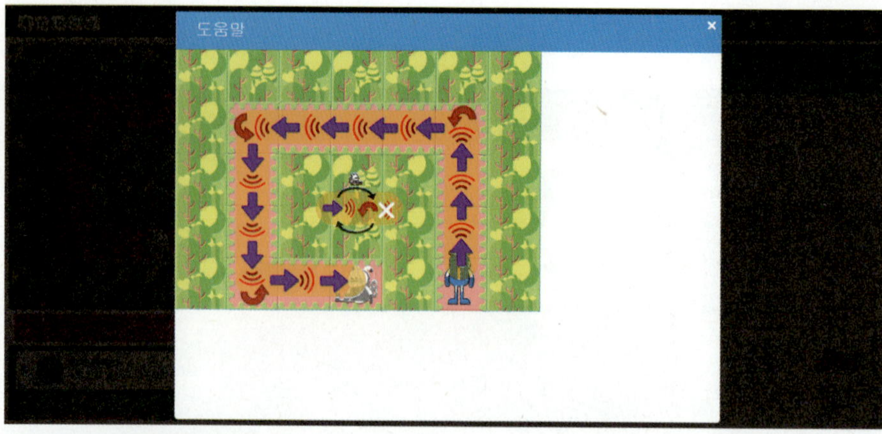

코드

6단계

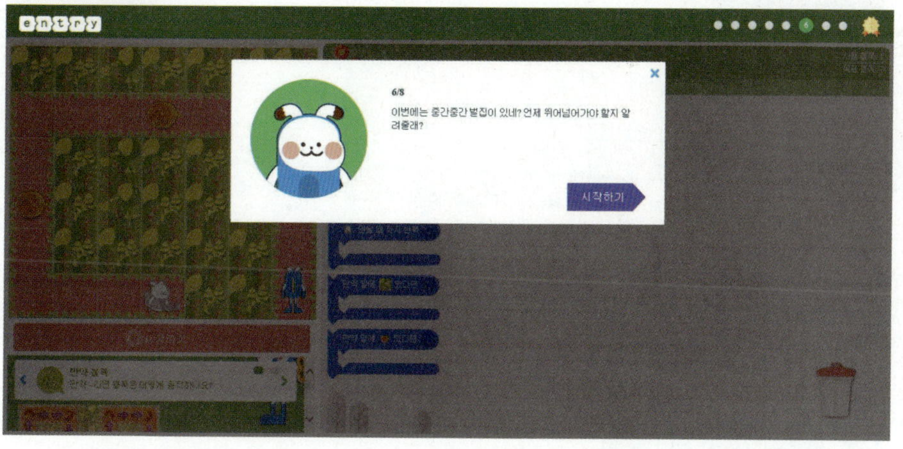
6/8
이번에는 중간중간 벌집이 있네? 언제 뛰어넘어가야 할지 알려줄래?
시작하기

도움말

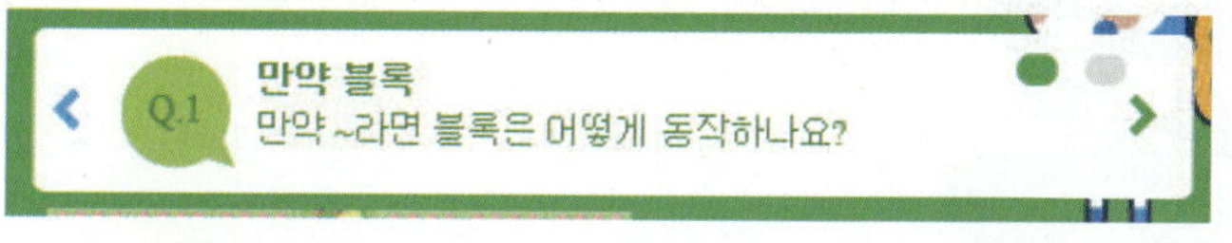
만약 블록
만약 ~라면 블록은 어떻게 동작하나요?

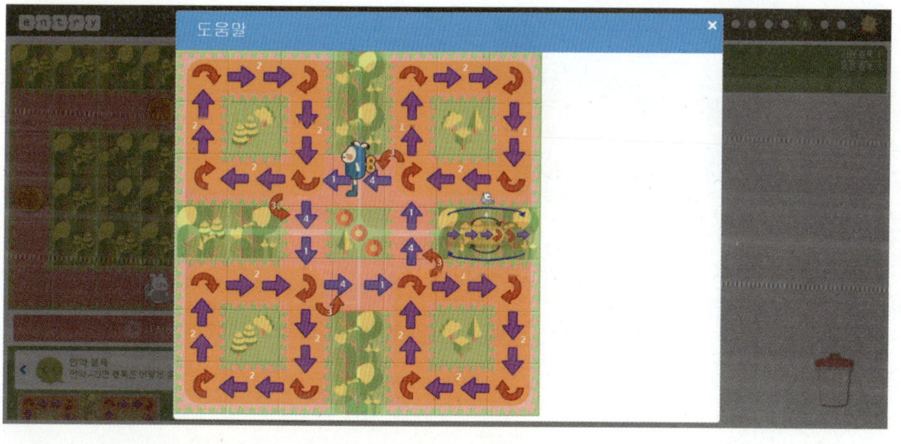
도움말

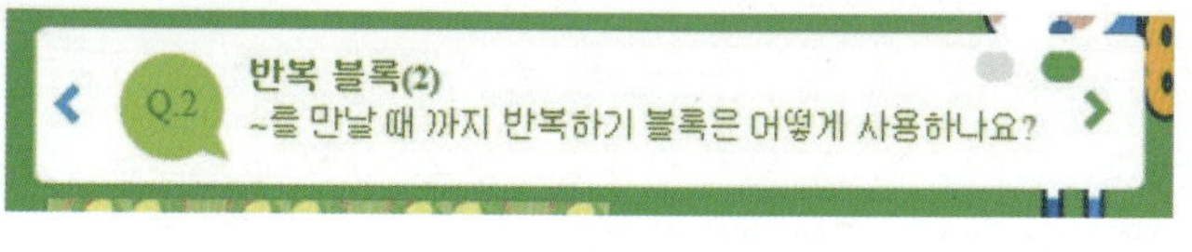
반복 블록(2)
~를 만날 때 까지 반복하기 블록은 어떻게 사용하나요?

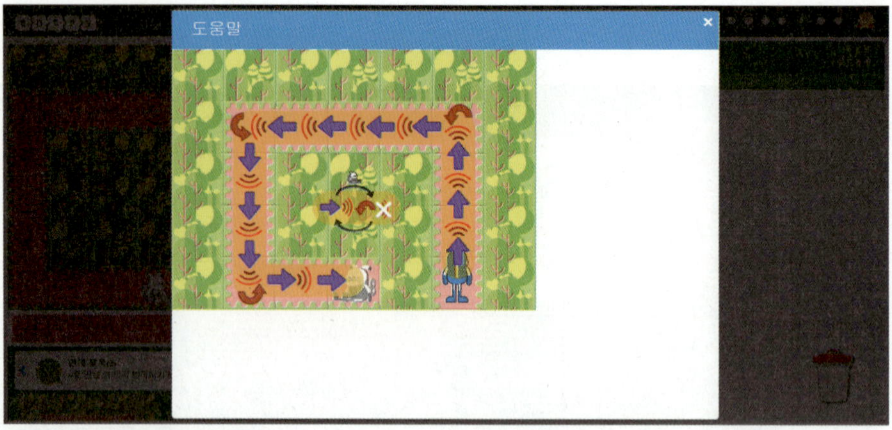
도움말

코드

시작하기를 클릭했을 때
만날 때 까지 반복
앞으로 한 칸 이동
만약 앞에 있다면
뛰어넘기
만약 앞에 있다면
왼쪽으로 회전

7단계

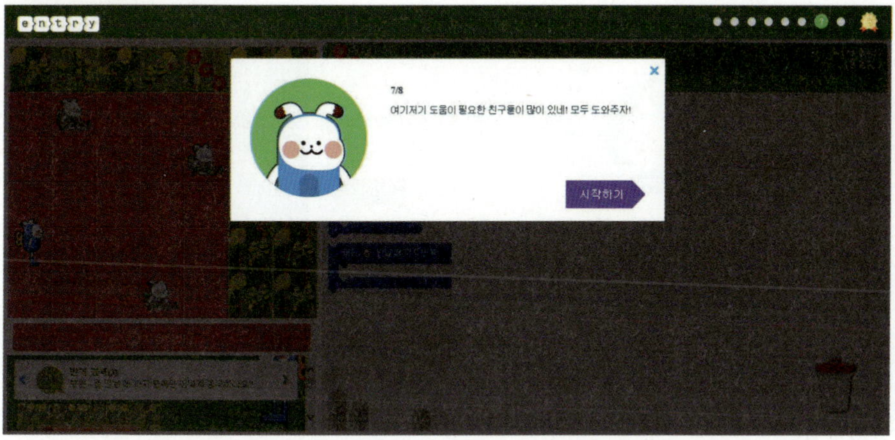
7/8
여기저기 도움이 필요한 친구들이 많이 있네! 모두 도와주자!
시작하기

도움말

반복 블록(3)
모든 ~를 만날 때 까지 블록은 어떻게 동작하나요?

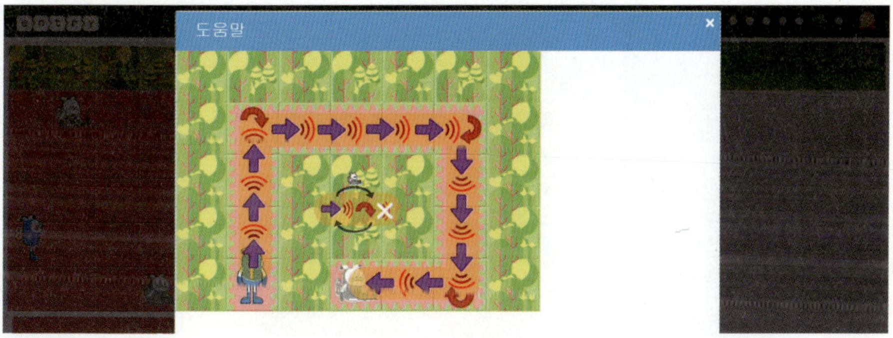
도움말

코드

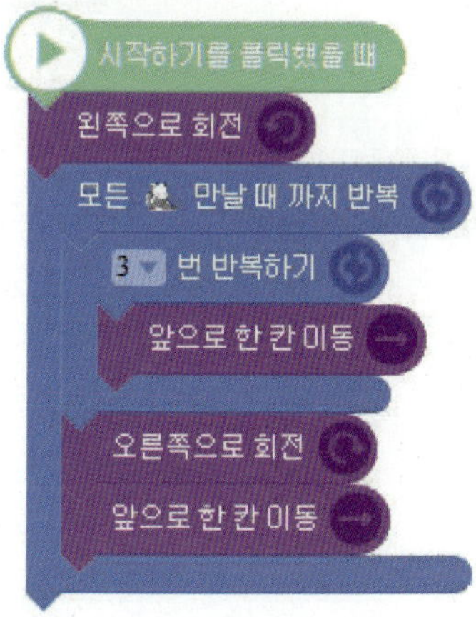
시작하기를 클릭했을 때
왼쪽으로 회전
모든 만날 때 까지 반복
3 번 반복하기
앞으로 한 칸 이동
오른쪽으로 회전
앞으로 한 칸 이동

8단계

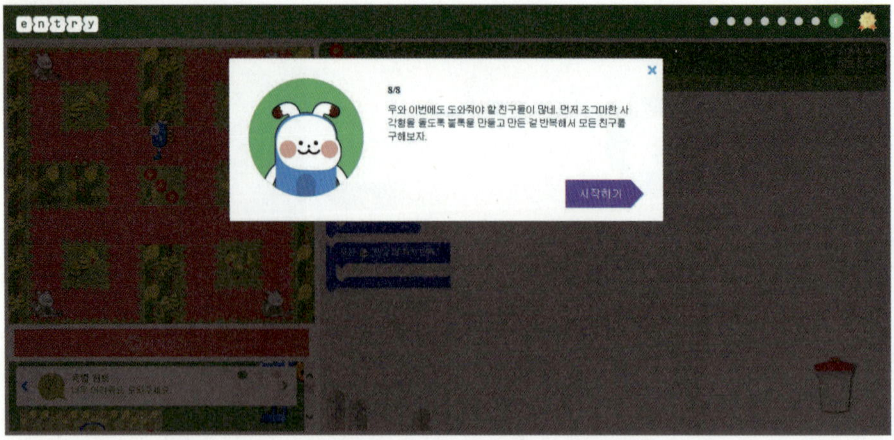
8/8
우와 이번에도 도와줘야 할 친구들이 많네. 먼저 조그마한 사각형을 돌도록 블록을 만들고 만든 걸 반복해서 모든 친구를 구해보자.
시작하기

도움말

Q.1
특별 힌트
너무 어려워요. 도와주세요.

도움말

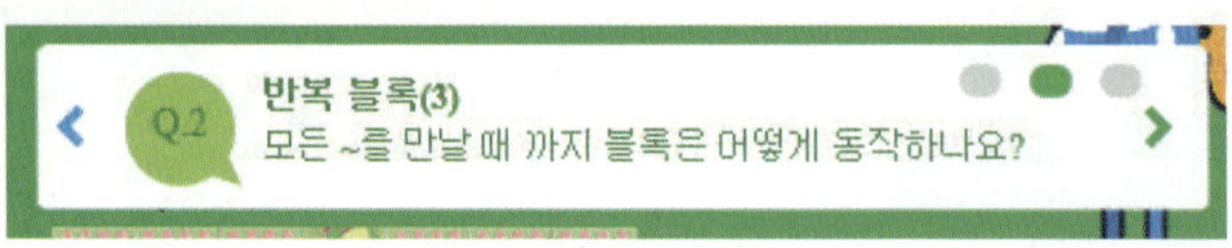
Q.2
반복 블록(3)
모든 ~를 만날 때 까지 블록은 어떻게 동작하나요?

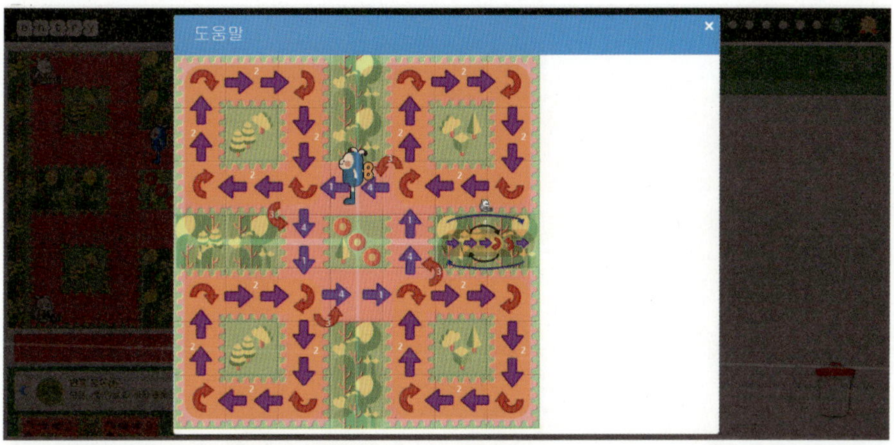
도움말

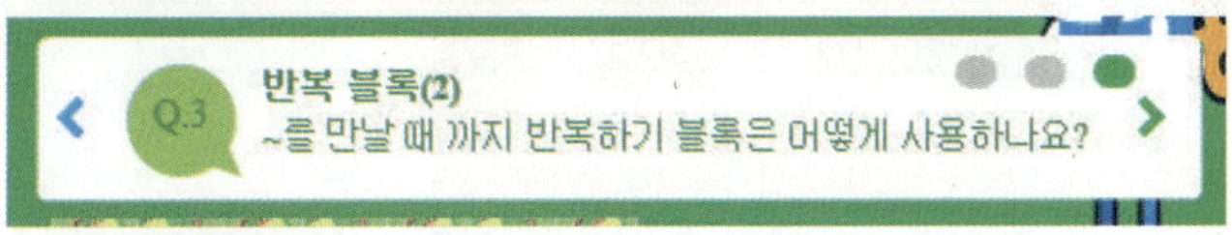
Q.3
반복 블록(2)
~를 만날 때 까지 반복하기 블록은 어떻게 사용하나요?

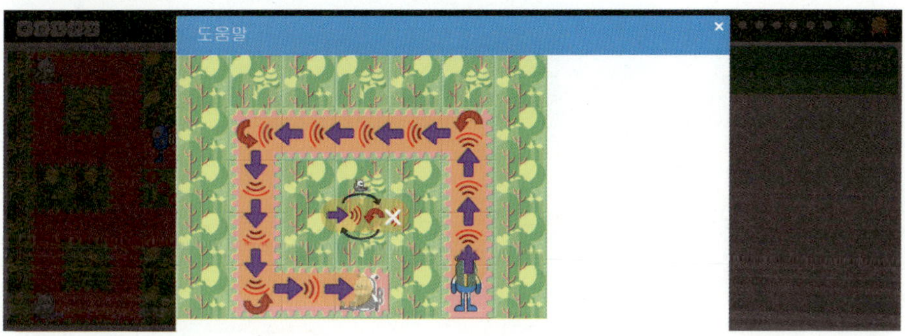
도움말

고드

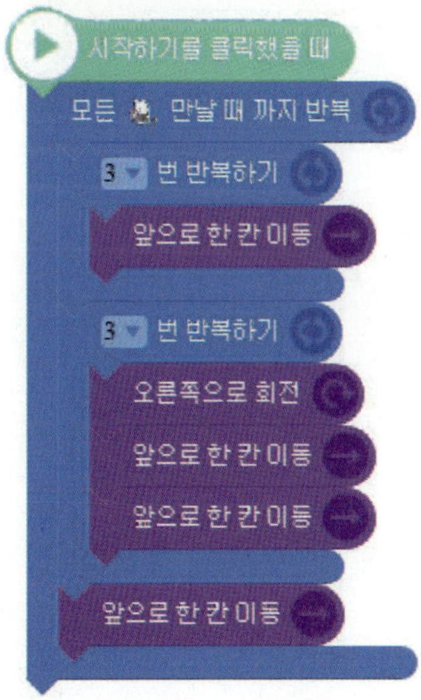
시작하기를 클릭했을 때
모든 만날 때 까지 반복
3 번 반복하기
앞으로 한 칸 이동
3 번 반복하기
오른쪽으로 회전
앞으로 한 칸 이동
앞으로 한 칸 이동
앞으로 한 칸 이동

인증서

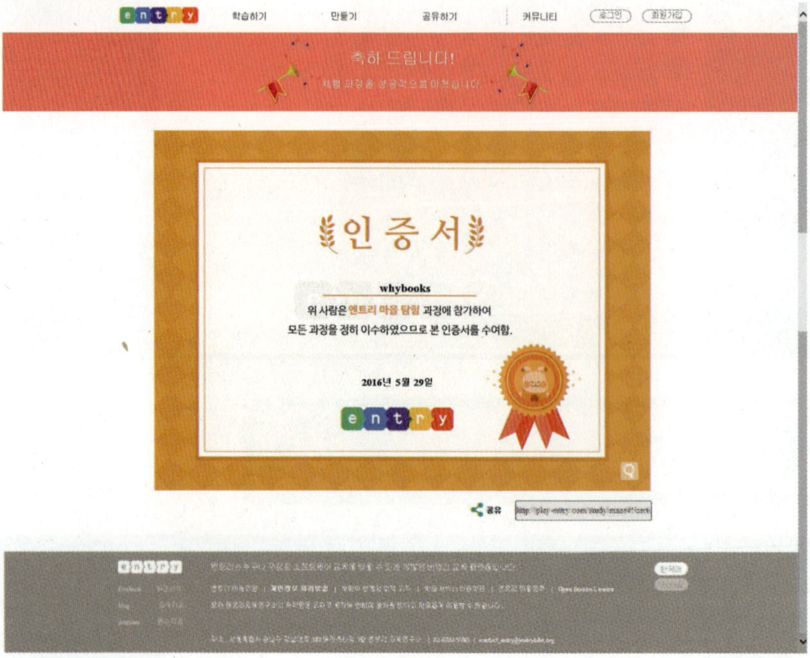
학습하기
만들기
공유하기
커뮤니티
로그인
회원가입
축하 드립니다!
인증서
whybooks
위 사람은 엔트리 마을 탐험 과정에 참가하여
모든 과정을 성실히 이수하였으므로 본 인증서를 수여함.
2016년 5월 29일
entry
공유

'마을 탐험'은 5단계로 함수를 익힐 수 있다.

[각 단계별 미션과 도움말, 예시코드]

1단계

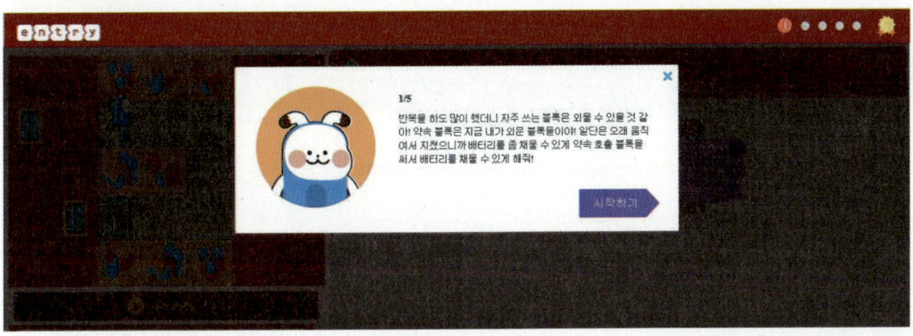

도움말

코드

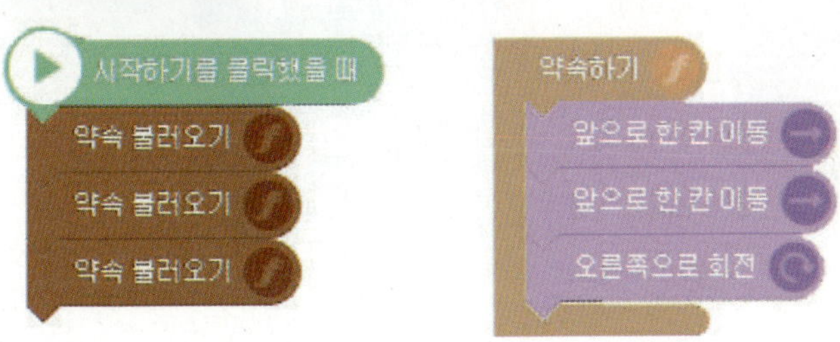

2단계

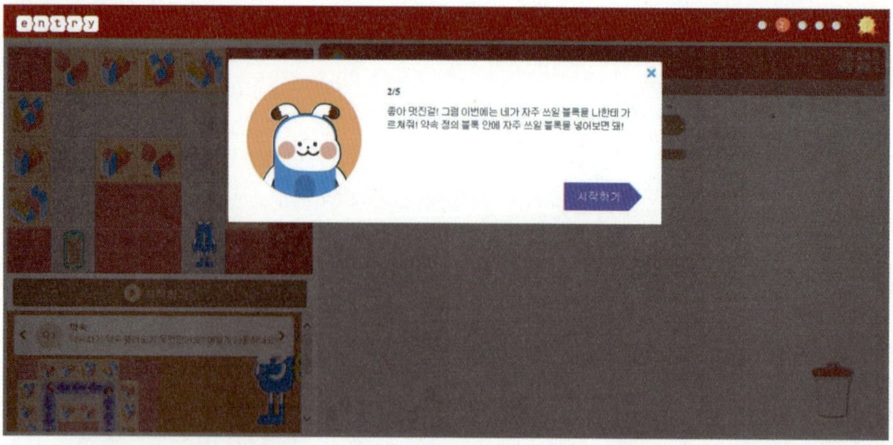
2/5
좋아 멋진걸! 그럼 이번에는 네가 자주 쓰일 블록을 나한테 가르쳐줘! 약속 정의 블록 안에 자주 쓰일 블록을 넣어보면 돼!
시작하기

도움말

Q.1
약속
약속하기/약속 불러오기 무엇인가요? 어떻게 사용하나요?

도움말

코드

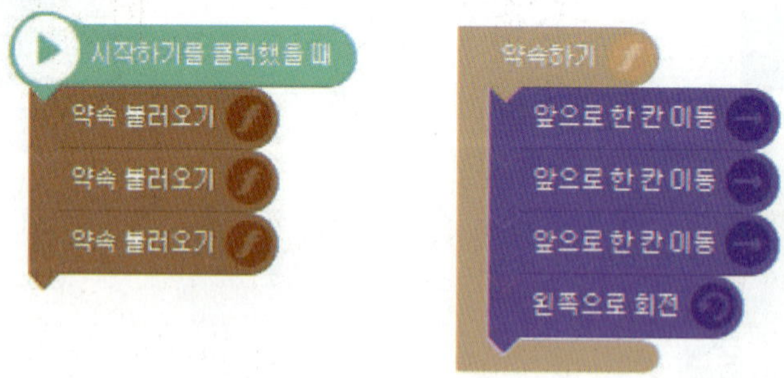
시작하기를 클릭했을 때
약속 불러오기
약속 불러오기
약속 불러오기
약속하기
앞으로 한 칸 이동
앞으로 한 칸 이동
앞으로 한 칸 이동
왼쪽으로 회전

3단계

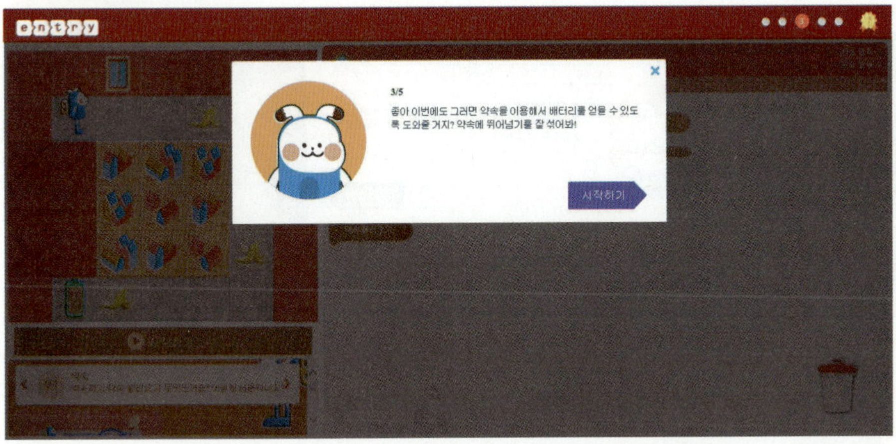
3/5
좋아 이번에도 그러면 약속을 이용해서 배터리를 얻을 수 있도록 도와줄 거지? 약속에 뛰어넘기를 잘 섞어봐!
시작하기

도움말

Q.1
약속
약속하기/약속 불러오기 무엇인가요? 어떻게 사용하나요?

도움말

코드

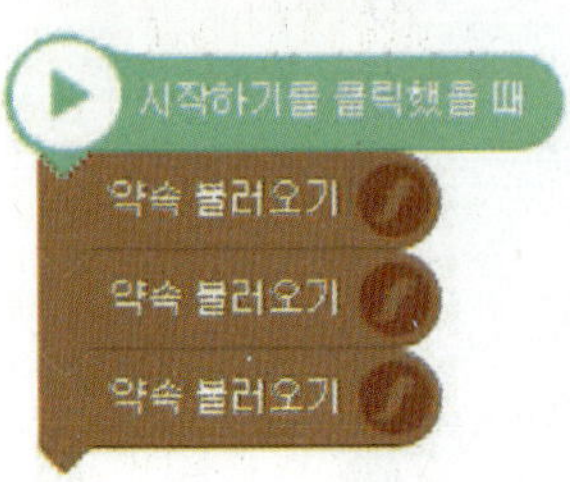
시작하기를 클릭했을 때
약속 불러오기
약속 불러오기
약속 불러오기

약속하기
앞으로 한 칸 이동
앞으로 한 칸 이동
뛰어넘기
오른쪽으로 회전

4단계

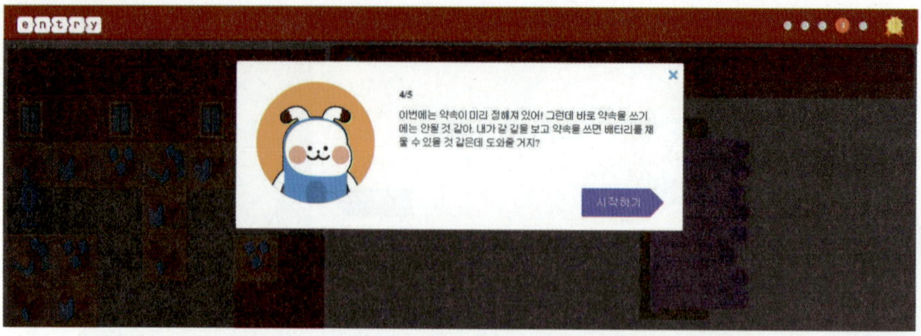

4/5
이번에는 약속이 미리 정해져 있어! 그런데 바로 약속을 쓰기에는 안될 것 같아. 내가 갈 길을 보고 약속을 쓰면 배터리를 채울 수 있을 것 같은데 도와줄 거지?
시작하기

도움말

Q.1
약속
약속하기/약속 불러오기 무엇인가요? 어떻게 사용하나요?

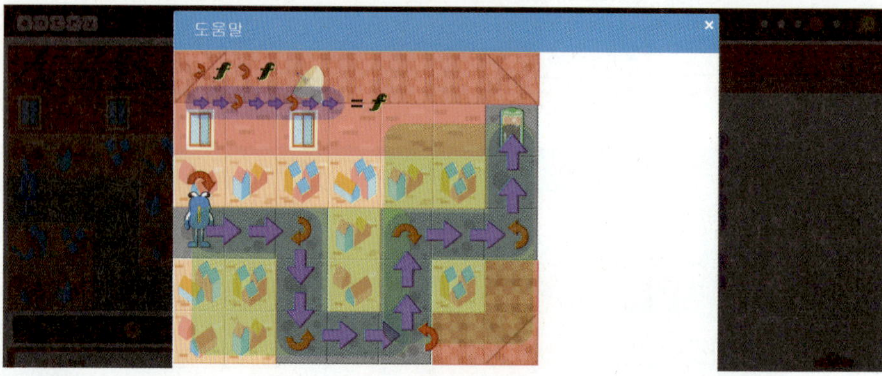

도움말

코드

시작하기를 클릭했을 때
오른쪽으로 회전
약속 불러오기
약속 불러오기

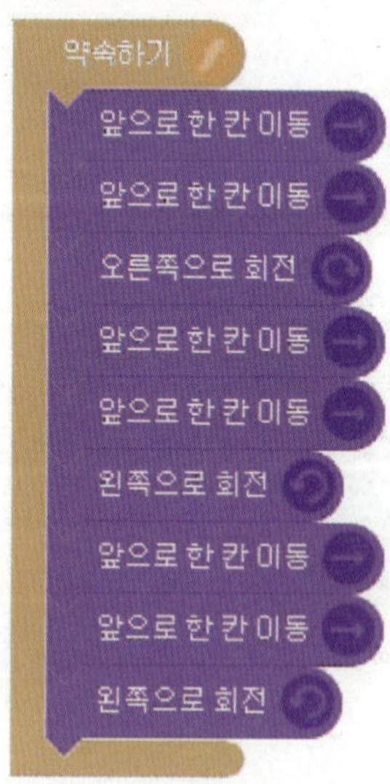

약속하기
앞으로 한 칸 이동
앞으로 한 칸 이동
오른쪽으로 회전
앞으로 한 칸 이동
앞으로 한 칸 이동
왼쪽으로 회전
앞으로 한 칸 이동
앞으로 한 칸 이동
왼쪽으로 회전

5단계

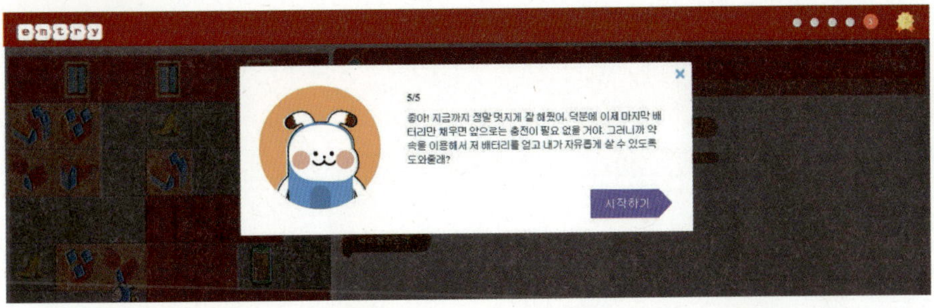

5/5
좋아! 지금까지 정말 멋지게 잘 해줬어. 덕분에 이제 마지막 배터리만 채우면 앞으로는 충전이 필요 없을 거야. 그러니까 약속을 이용해서 저 배터리를 얻고 내가 자유롭게 살 수 있도록 도와줄래?
시작하기

도움말

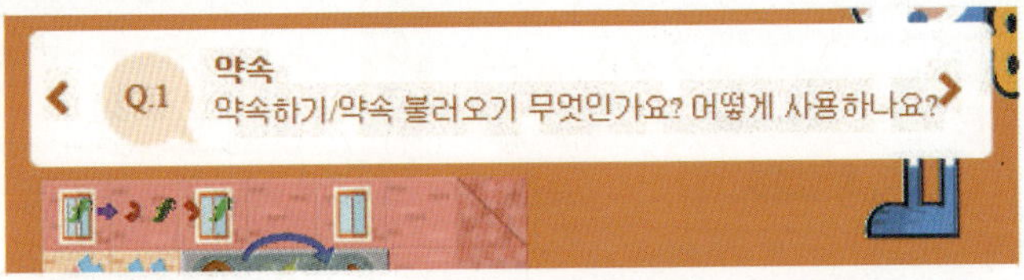

Q.1
약속
약속하기/약속 불러오기 무엇인가요? 어떻게 사용하나요?

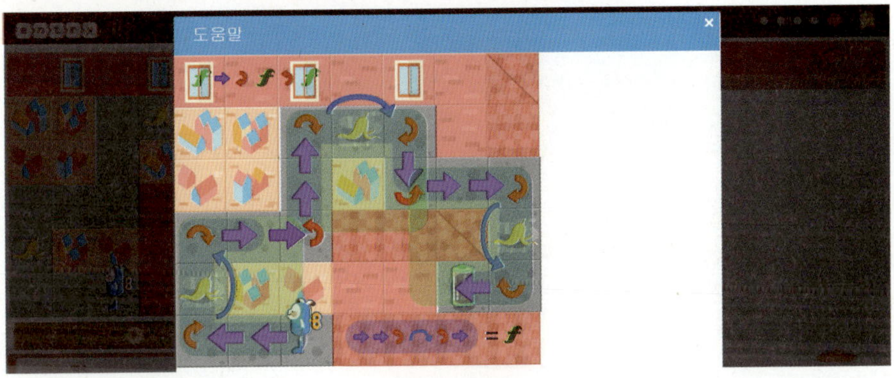

도움말

코드

시작하기를 클릭했을 때
오른쪽으로 회전
약속 불러오기
약속 불러오기

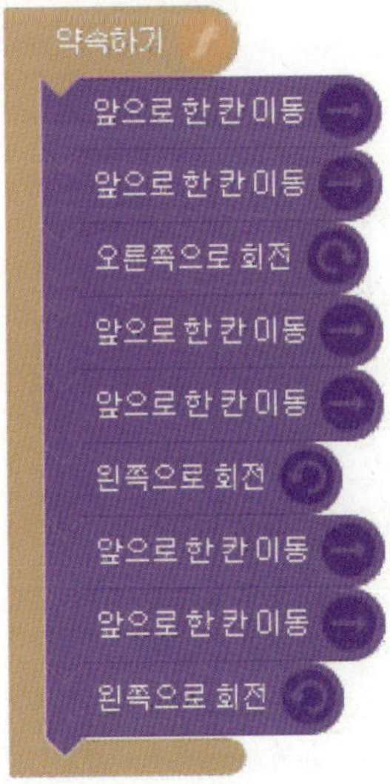

약속하기
앞으로 한 칸 이동
앞으로 한 칸 이동
오른쪽으로 회전
앞으로 한 칸 이동
앞으로 한 칸 이동
왼쪽으로 회전
앞으로 한 칸 이동
앞으로 한 칸 이동
왼쪽으로 회전

인증서

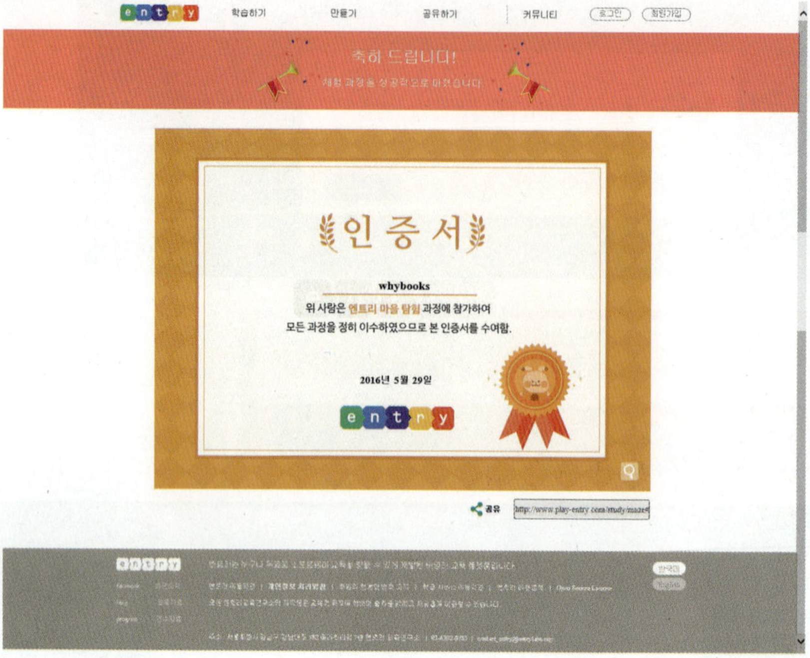

학습하기
만들기
공유하기
커뮤니티
로그인
회원가입
축하 드립니다!
인증서
whybooks
위 사람은 엔트리 마을 탐험 과정에 참가하여
모든 과정을 정히 이수하였으므로 본 인증서를 수여함.
2016년 5월 29일
공유

'우주여행'은 10단계로 순차, 반복, 선택, 비교연산을 익힐 수 있다.

[각 단계별 미션과 예시코드, 도움말]

1단계

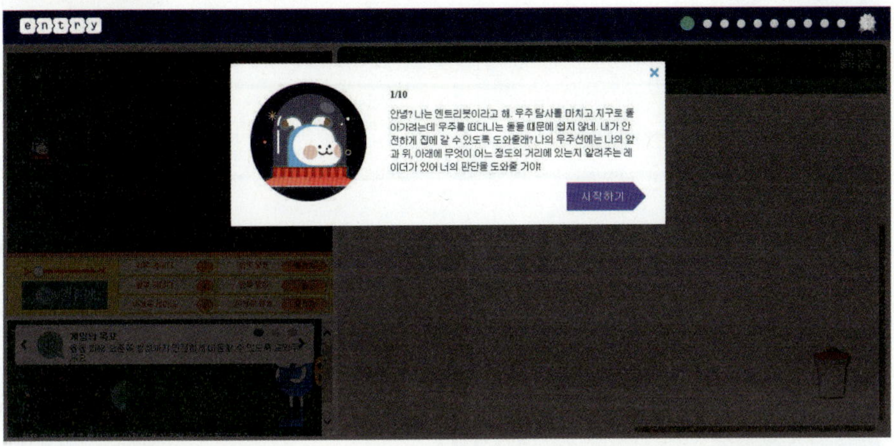

도움말

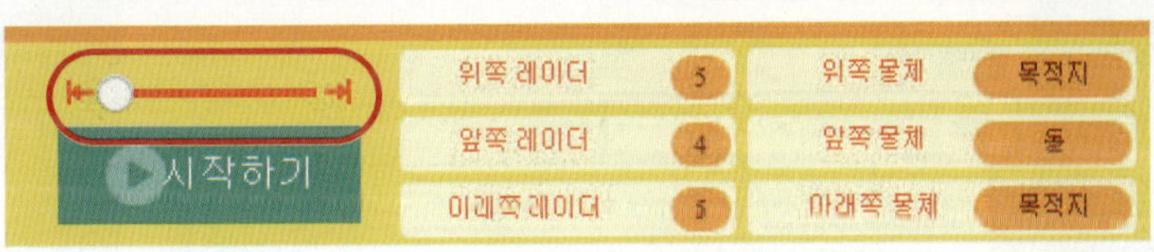

실행 창의 스크롤바로 전체 화면의 구성을 볼 수 있다.

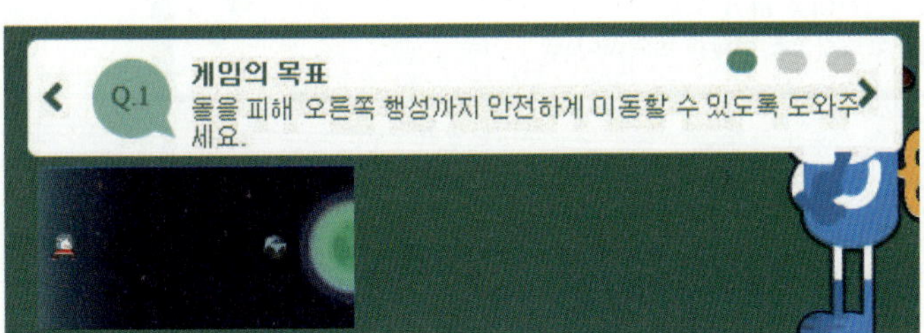

도움말
오른쪽의 파란색영역은 내가 도달해야 할 곳이야.
세 칸 중에서 아무 칸에나 도착하기만 하면 돼.

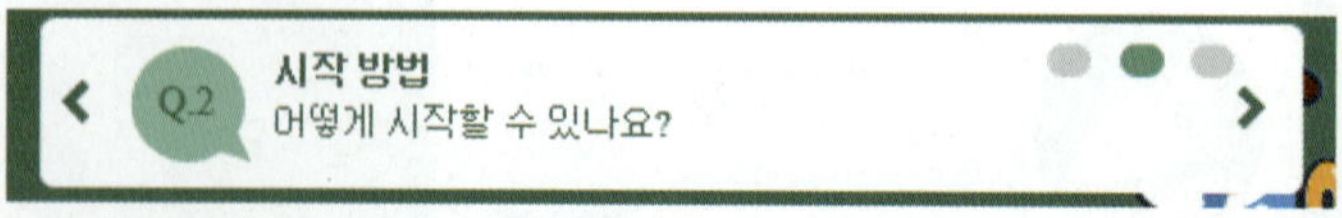
Q.2
시작 방법
어떻게 시작할 수 있나요?

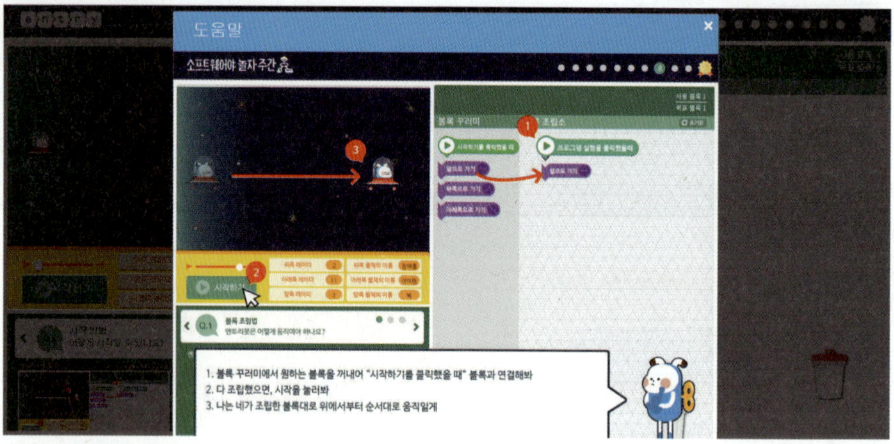
도움말
1. 블록 꾸러미에서 원하는 블록을 꺼내어 "시작하기를 클릭했을 때" 블록과 연결해봐
2. 다 조립했으면, 시작을 눌러봐
3. 나는 네가 조립한 블록대로 위에서부터 순서대로 움직일게

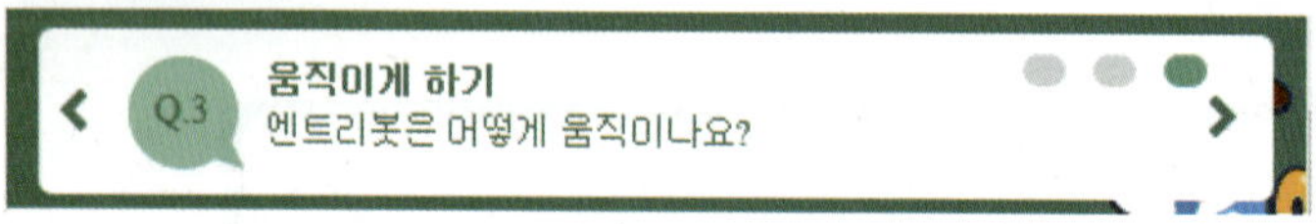
Q.3
움직이게 하기
엔트리봇은 어떻게 움직이나요?

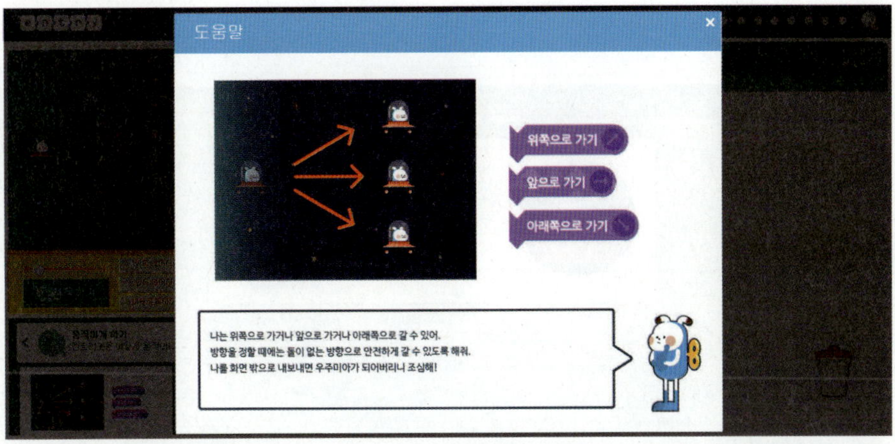
도움말
위쪽으로 가기
앞으로 가기
아래쪽으로 가기
나는 위쪽으로 가거나 앞으로 가거나 아래쪽으로 갈 수 있어.
방향을 정할 때에는 돌이 없는 방향으로 안전하게 갈 수 있도록 해줘.
나를 화면 밖으로 내보내면 우주미아가 되어버리니 조심해!

코드

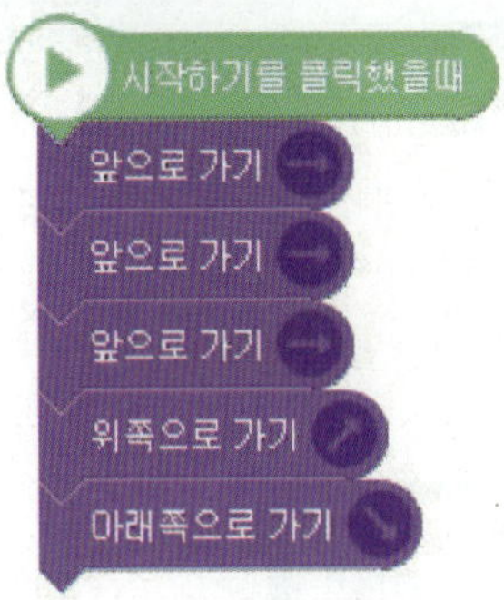
시작하기를 클릭했을때
앞으로 가기
앞으로 가기
앞으로 가기
위쪽으로 가기
아래쪽으로 가기

2단계

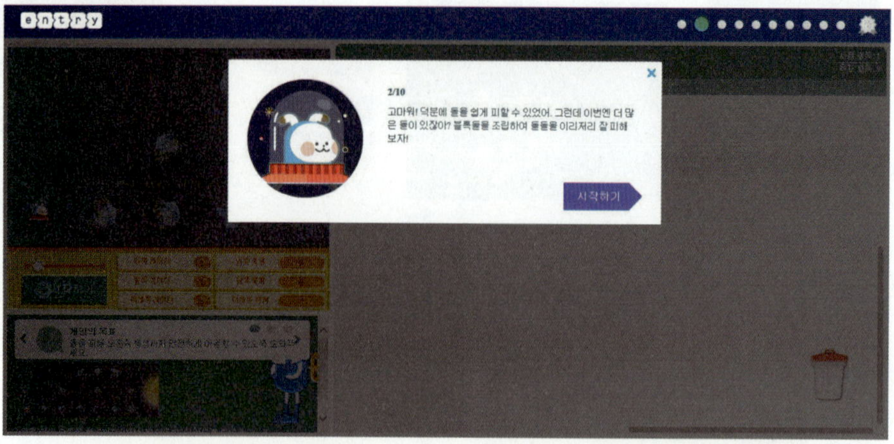
2/10
고마워! 덕분에 돌을 쉽게 피할 수 있었어. 그런데 이번엔 더 많은 돌이 있잖아? 블록들을 조립하여 돌들을 이리저리 잘 피해 보자!
시작하기

도움말

시작하기
위쪽 레이더 2
앞쪽 레이더 1
아래쪽 레이더 0
위쪽 물체 돌
앞쪽 물체 돌
아래쪽 물체 벽

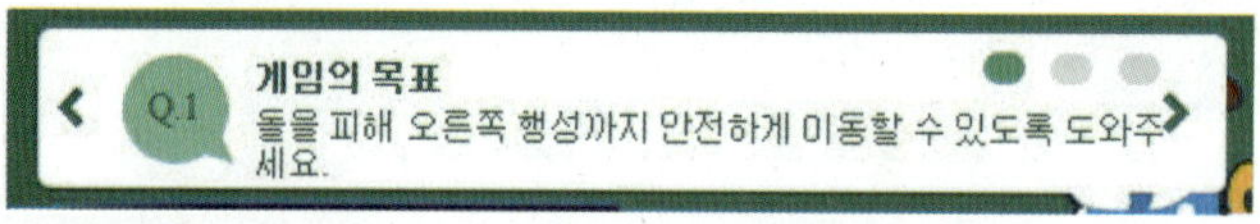
Q.1
게임의 목표
돌을 피해 오른쪽 행성까지 안전하게 이동할 수 있도록 도와주세요.

도움말
오른쪽의 파란색영역은 내가 도달해야 할 곳이야.
세 칸 중에서 아무 칸에나 도착하기만 하면 돼.

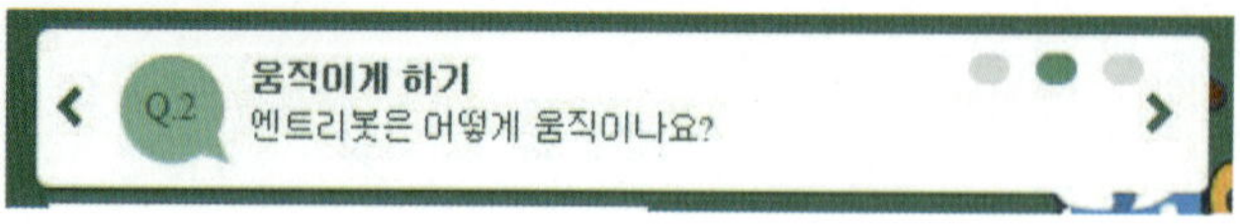
Q.2
움직이게 하기
엔트리봇은 어떻게 움직이나요?

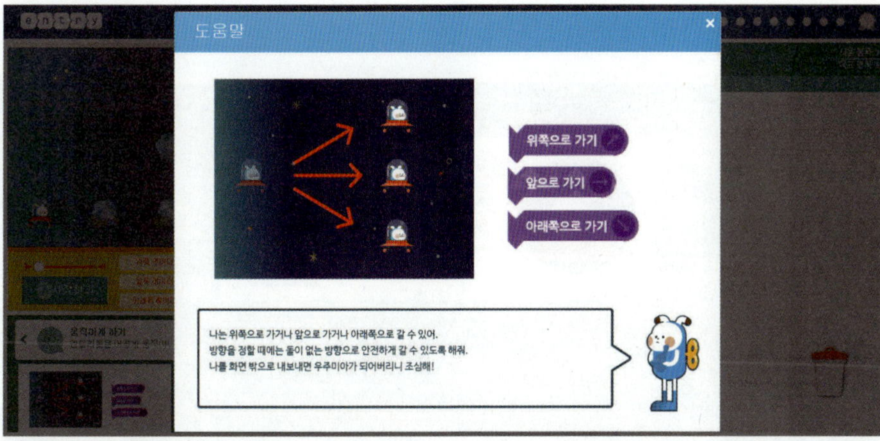
도움말
위쪽으로 가기
앞으로 가기
아래쪽으로 가기
나는 위쪽으로 가거나 앞으로 가거나 아래쪽으로 갈 수 있어.
방향을 정할 때에는 돌이 없는 방향으로 안전하게 갈 수 있도록 해줘.
나를 화면 밖으로 내보내면 우주미아가 되어버리니 조심해!

Q.3
시작 방법
어떻게 시작할 수 있나요?

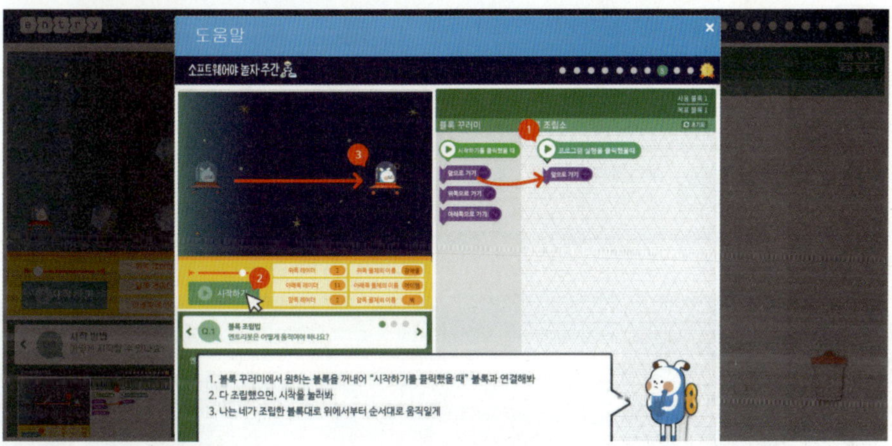
도움말
소프트웨어야 놀자 주간
1. 블록 꾸러미에서 원하는 블록을 꺼내어 "시작하기를 클릭했을 때" 블록과 연결해봐
2. 다 조립했으면, 시작을 눌러봐
3. 나는 네가 조립한 블록대로 위에서부터 순서대로 움직일게

코드

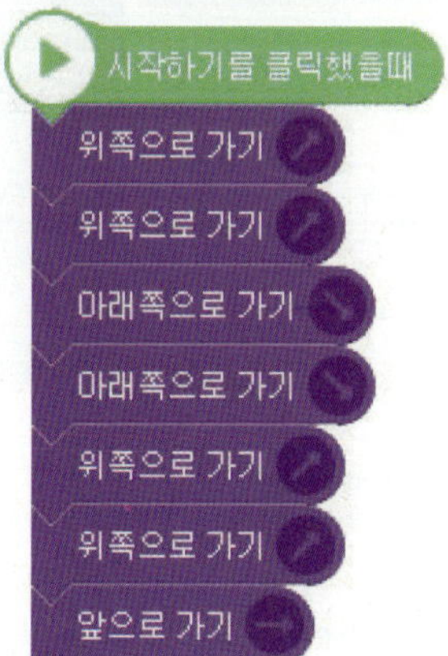
시작하기를 클릭했을때
위쪽으로 가기
위쪽으로 가기
아래쪽으로 가기
아래쪽으로 가기
위쪽으로 가기
위쪽으로 가기
앞으로 가기

3단계

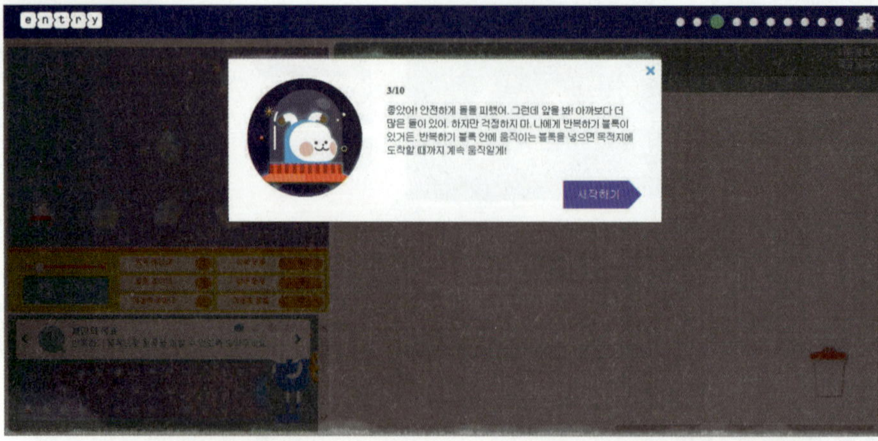
3/10
좋았어! 안전하게 돌을 피했어. 그런데 앞을 봐! 아까보다 더 많은 돌이 있어. 하지만 걱정하지 마. 나에게 반복하기 블록이 있거든. 반복하기 블록 안에 움직이는 블록을 넣으면 목적지에 도착할 때까지 계속 움직일게!
시작하기

도움말

시작하기
위쪽 레이더 2
위쪽 물체 돌
앞쪽 레이더 1
앞쪽 물체 돌
아래쪽 레이더 0
아래쪽 물체 벽

Q.1
게임의 목표
반복하기 블록으로 돌들을 피할 수 있도록 도와주세요.

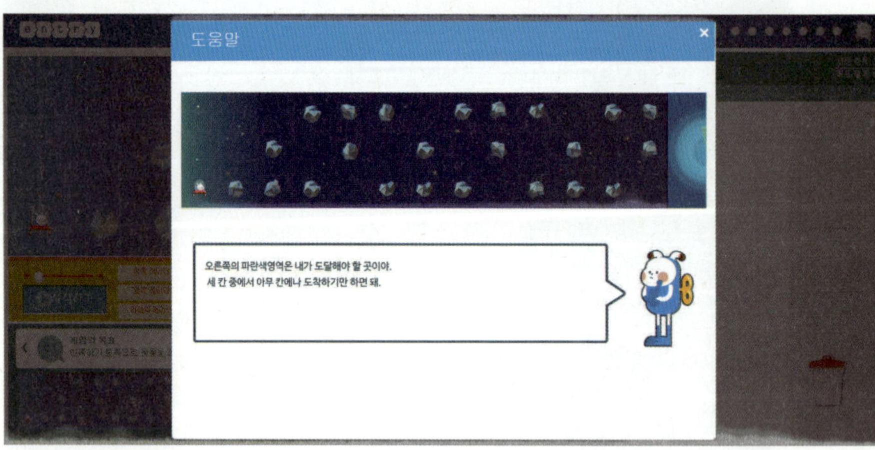
도움말
오른쪽의 파란색영역은 내가 도달해야 할 곳이야.
세 칸 중에서 아무 칸에나 도착하기만 하면 돼.

Q.2
반복 블록
반복 블록은 무슨 블록인가요?

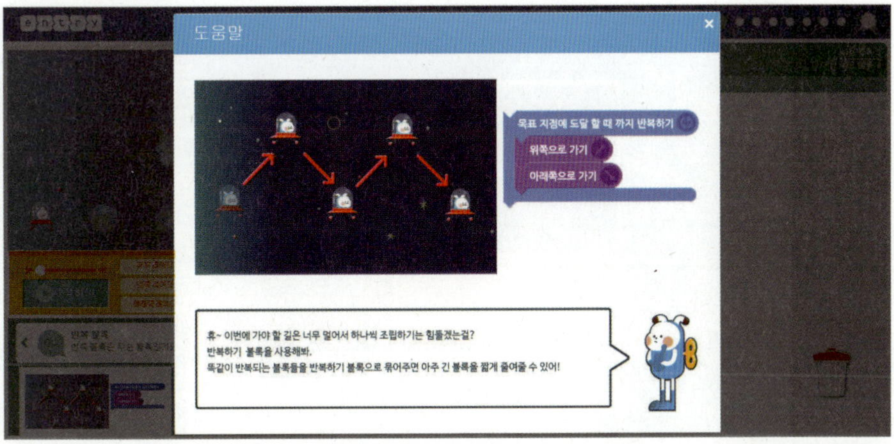
도움말
목표 지점에 도달 할 때 까지 반복하기
위쪽으로 가기
아래쪽으로 가기
휴~ 이번에 가야 할 길은 너무 멀어서 하나씩 조립하기는 힘들겠는걸?
반복하기 블록을 사용해봐.
똑같이 반복되는 블록들을 반복하기 블록으로 묶어주면 아주 긴 블록을 짧게 줄여줄 수 있어!

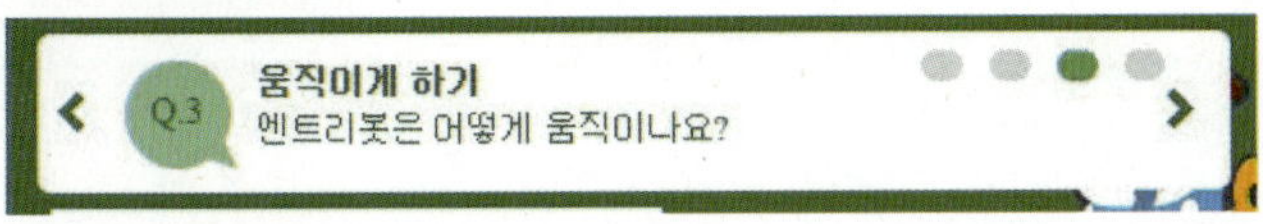
Q.3
움직이게 하기
엔트리봇은 어떻게 움직이나요?

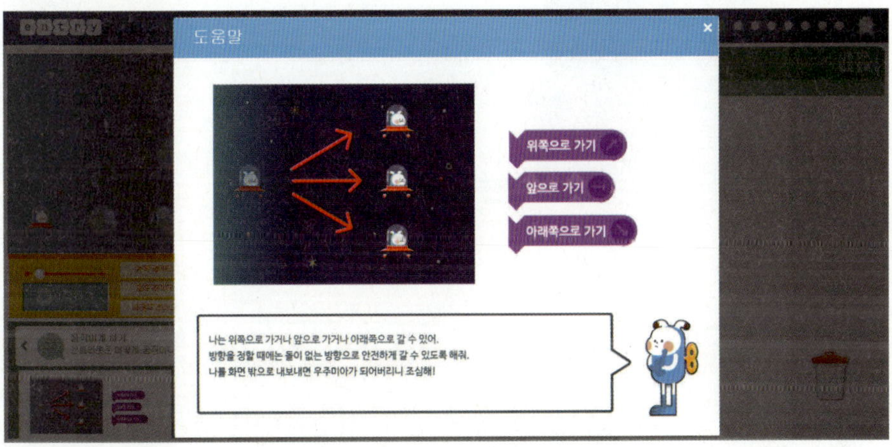
도움말
위쪽으로 가기
앞으로 가기
아래쪽으로 가기
나는 위쪽으로 가거나 앞으로 가거나 아래쪽으로 갈 수 있어.
방향을 정할 때에는 돌이 없는 방향으로 안전하게 갈 수 있도록 해줘.
나를 화면 밖으로 내보내면 우주미아가 되어버리니 조심해!

Q.4
시작 방법
어떻게 시작할 수 있나요?

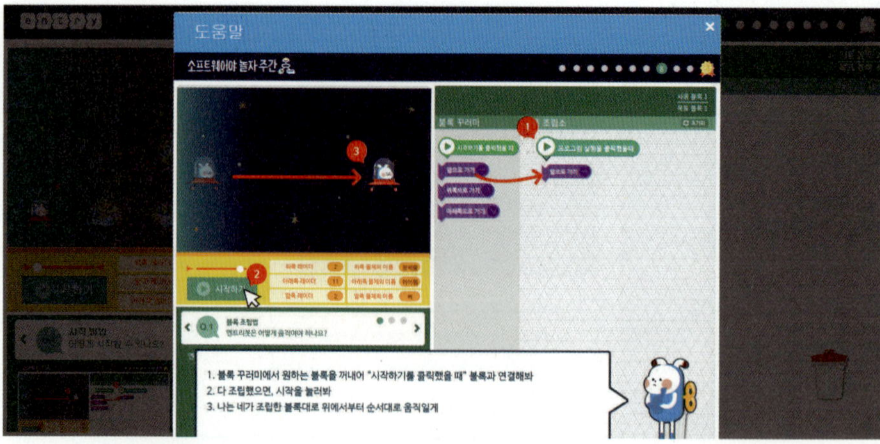
도움말
소프트웨어야 놀자 주간
블록 꾸러미
조립소
1. 블록 꾸러미에서 원하는 블록을 꺼내어 "시작하기를 클릭했을 때" 블록과 연결해봐
2. 다 조립했으면, 시작을 눌러봐
3. 나는 네가 조립한 블록대로 위에서부터 순서대로 움직일게

코드

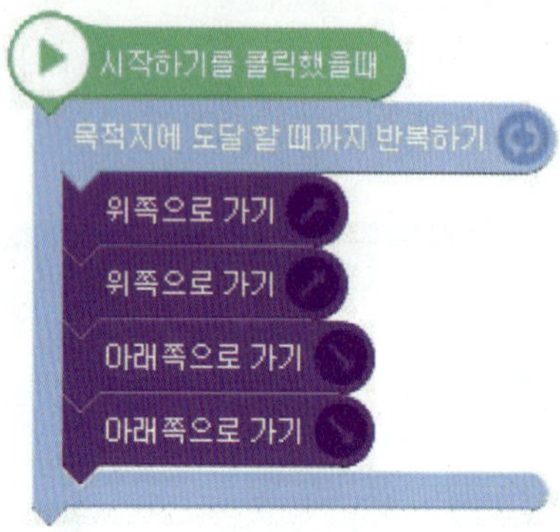
시작하기를 클릭했을때
목적지에 도달 할 때까지 반복하기
위쪽으로 가기
위쪽으로 가기
아래쪽으로 가기
아래쪽으로 가기

4단계

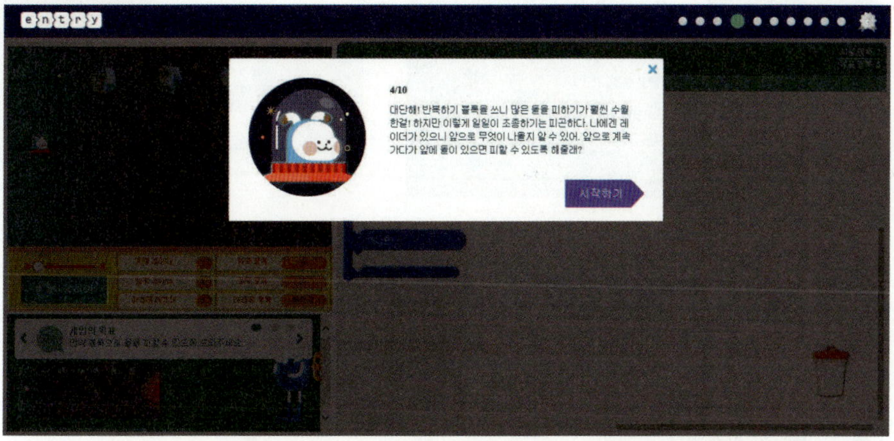

4/10
대단해! 반복하기 블록을 쓰니 많은 돌을 피하기가 훨씬 수월한걸! 하지만 이렇게 일일이 조종하기는 피곤하다. 나에겐 레이더가 있으니 앞으로 무엇이 나올지 알 수 있어. 앞으로 계속 가다가 앞에 돌이 있으면 피할 수 있도록 해줄래?
시작하기

도움말

시작하기
위쪽 레이더 1
앞쪽 레이더 4
아래쪽 레이더 6
위쪽 물체 돌
앞쪽 물체 돌
아래쪽 물체 목적지

Q.1
게임의 목표
만약 블록으로 돌을 피할 수 있도록 도와주세요.

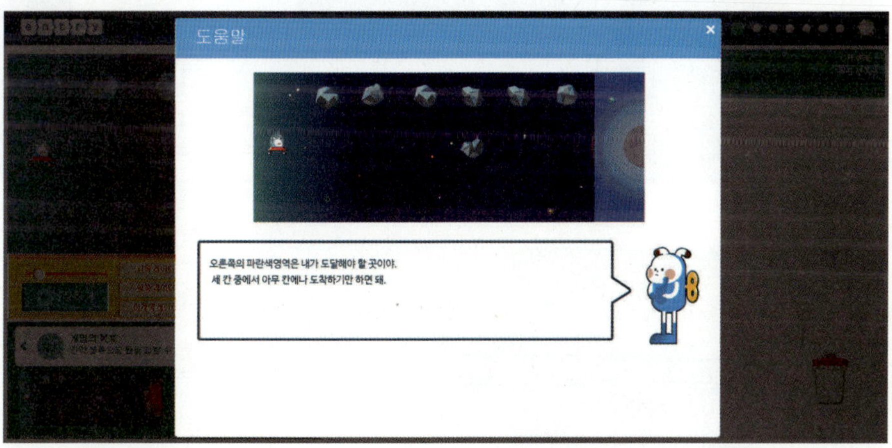

도움말
오른쪽의 파란색영역은 내가 도달해야 할 곳이야.
세 칸 중에서 아무 칸에나 도착하기만 하면 돼.

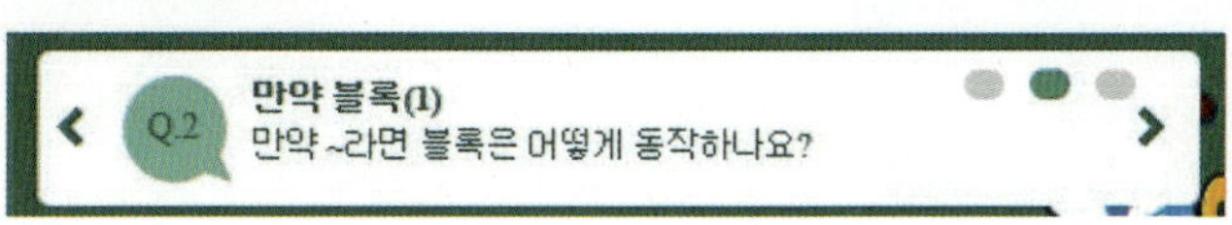

Q.2
만약 블록(1)
만약 ~라면 블록은 어떻게 동작하나요?

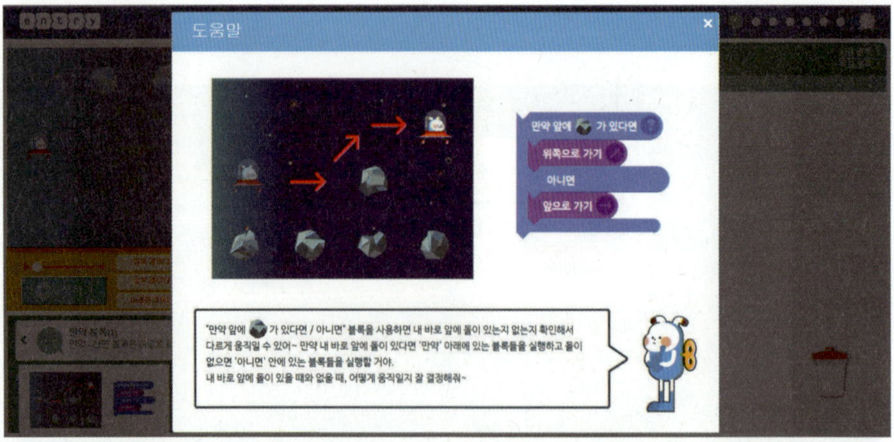
도움말
만약 앞에 가 있다면
위쪽으로 가기
아니면
앞으로 가기
"만약 앞에 가 있다면 / 아니면" 블록을 사용하면 내 바로 앞에 돌이 있는지 없는지 확인해서 다르게 움직일 수 있어~ 만약 내 바로 앞에 돌이 있다면 '만약' 아래에 있는 블록들을 실행하고 돌이 없으면 '아니면' 안에 있는 블록들을 실행할 거야.
내 바로 앞에 돌이 있을 때와 없을 때, 어떻게 움직일지 잘 결정해줘~

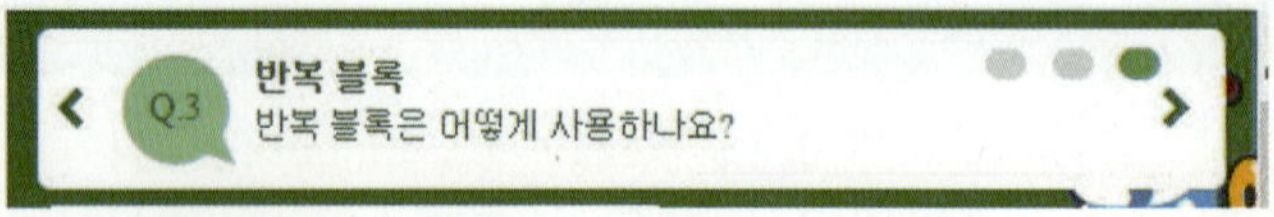
Q.3
반복 블록
반복 블록은 어떻게 사용하나요?

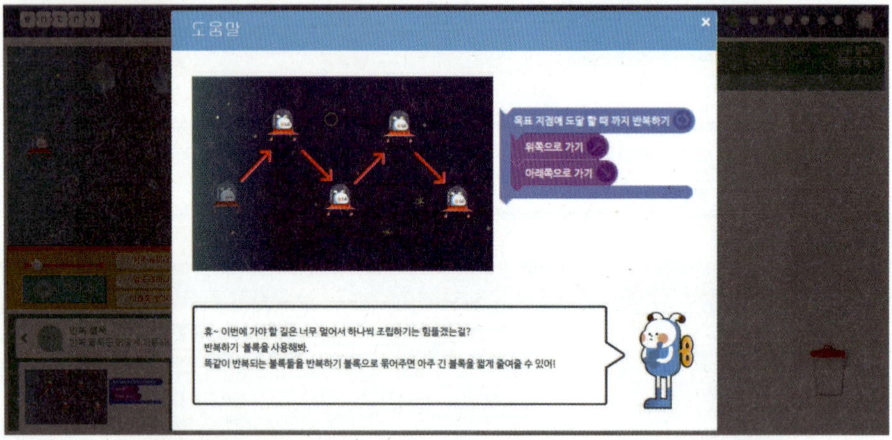
도움말
목표 지점에 도달 할 때 까지 반복하기
위쪽으로 가기
아래쪽으로 가기
휴~ 이번에 가야 할 길은 너무 멀어서 하나씩 조립하기는 힘들겠는걸?
반복하기 블록을 사용해봐.
똑같이 반복되는 블록들을 반복하기 블록으로 묶어주면 아주 긴 블록을 짧게 줄여줄 수 있어!

코드

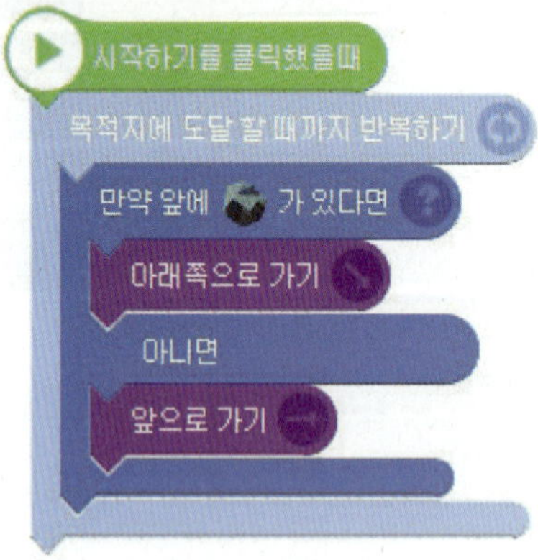
시작하기를 클릭했을때
목적지에 도달 할 때까지 반복하기
만약 앞에 가 있다면
아래쪽으로 가기
아니면
앞으로 가기

5단계

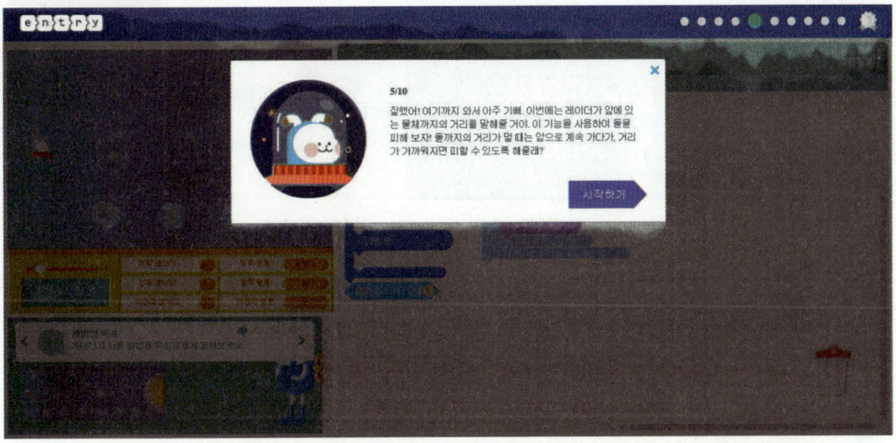
5/10
잘했어! 여기까지 와서 아주 기뻐. 이번에는 레이더가 앞에 있는 물체까지의 거리를 말해줄 거야. 이 기능을 사용하여 돌을 피해 보자! 돌까지의 거리가 멀 때는 앞으로 계속 가다가, 거리가 가까워지면 피할 수 있도록 해줄래?
시작하기

도움말

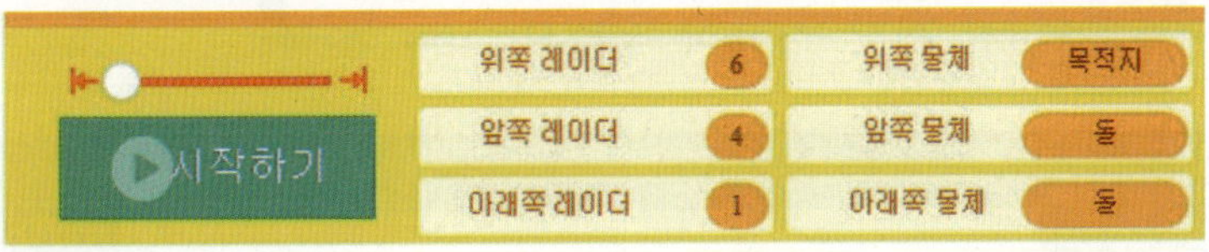
시작하기
위쪽 레이더 6
앞쪽 레이더 4
아래쪽 레이더 1
위쪽 물체 목적지
앞쪽 물체 돌
아래쪽 물체 돌

Q.1
게임의 목표
레이더의 사용 방법을 익히고 돌을 피해보세요.

도움말
오른쪽의 파란색영역은 내가 도달해야 할 곳이야.
세 칸 중에서 아무 칸에나 도착하기만 하면 돼.

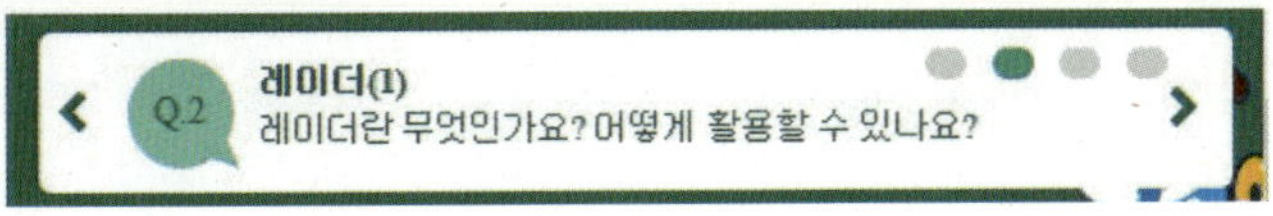
Q.2
레이더(1)
레이더란 무엇인가요? 어떻게 활용할 수 있나요?

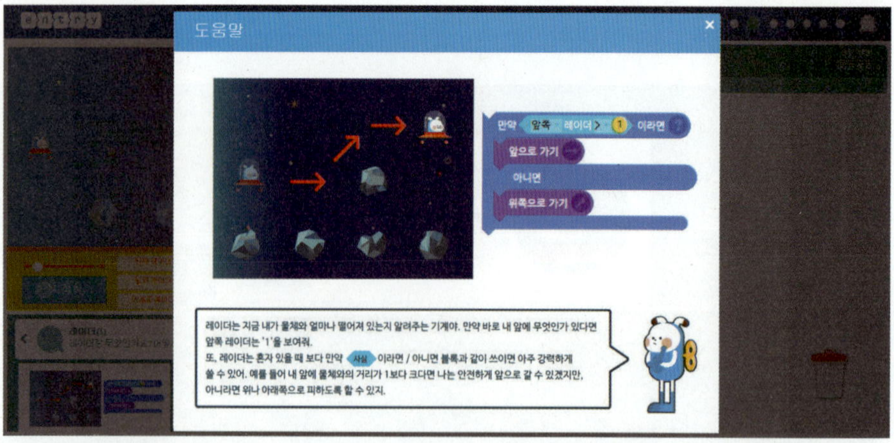
도움말
만약 앞쪽 레이더 > 1 이라면
앞으로 가기
아니면
위쪽으로 가기
레이더는 지금 내가 물체와 얼마나 떨어져 있는지 알려주는 기계야. 만약 바로 내 앞에 무엇인가 있다면 앞쪽 레이더는 '1'을 보여줘.
또, 레이더는 혼자 있을 때 보다 만약 사실 이라면 / 아니면 블록과 같이 쓰이면 아주 강력하게 쓸 수 있어. 예를 들어 내 앞에 물체와의 거리가 1보다 크다면 나는 안전하게 앞으로 갈 수 있겠지만, 아니라면 위나 아래쪽으로 피하도록 할 수 있지.

만약 블록(2)
Q.3
만약 <사실>이라면 블록은 어떻게 사용하나요?

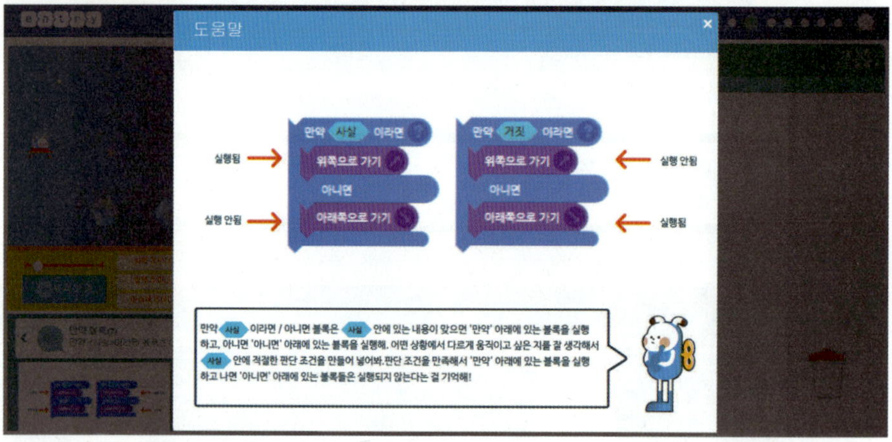
도움말
만약 사실 이라면
위쪽으로 가기
아니면
아래쪽으로 가기
실행됨
실행 안됨
만약 거짓 이라면
위쪽으로 가기
아니면
아래쪽으로 가기
실행 안됨
실행됨
만약 사실 이라면 / 아니면 블록은 사실 안에 있는 내용이 맞으면 '만약' 아래에 있는 블록을 실행하고, 아니면 '아니면' 아래에 있는 블록을 실행해. 어떤 상황에서 다르게 움직이고 싶은 지를 잘 생각해서 사실 안에 적절한 판단 조건을 만들어 넣어봐.판단 조건을 만족해서 '만약' 아래에 있는 블록을 실행하고 나면 '아니면' 아래에 있는 블록들은 실행되지 않는다는 걸 기억해!

반복 블록
Q.4
반복 블록은 무슨 블록인가요?

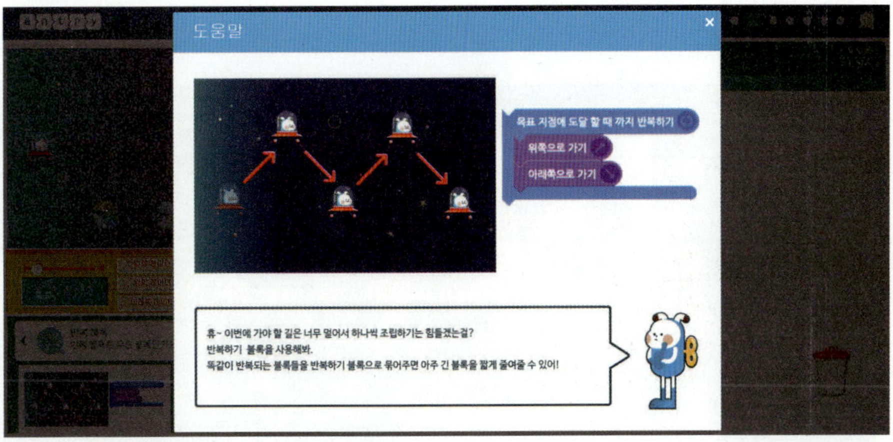
도움말
목표 지점에 도달 할 때 까지 반복하기
위쪽으로 가기
아래쪽으로 가기
휴~ 이번에 가야 할 길은 너무 멀어서 하나씩 조립하기는 힘들겠는걸?
반복하기 블록을 사용해봐.
똑같이 반복되는 블록들을 반복하기 블록으로 묶어주면 아주 긴 블록을 짧게 줄여줄 수 있어!

코드

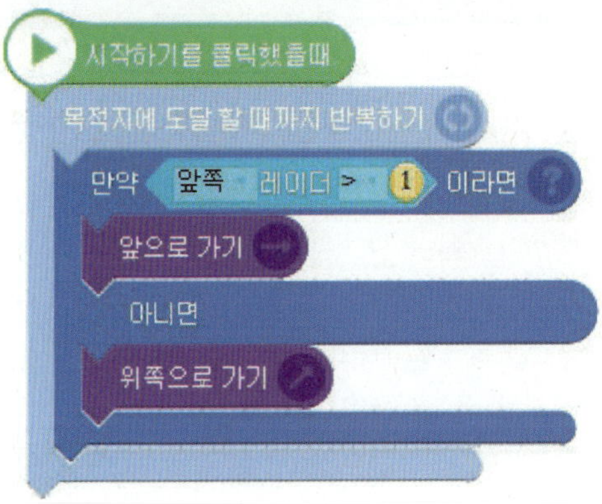
시작하기를 클릭했을때
목적지에 도달 할 때까지 반복하기
만약 앞쪽 레이더 > 1 이라면
앞으로 가기
아니면
위쪽으로 가기

6단계

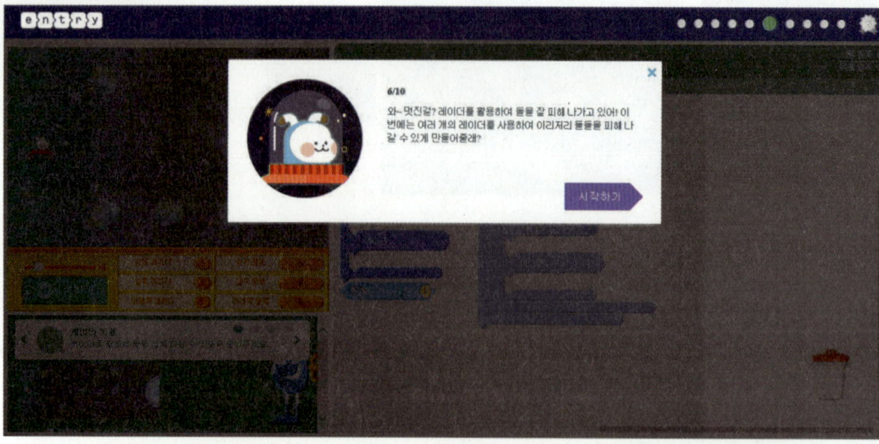
6/10
와~ 멋진걸? 레이더를 활용하여 돌을 잘 피해 나가고 있어! 이 번에는 여러 개의 레이더를 사용하여 이리저리 돌들을 피해 나갈 수 있게 만들어줄래?
시작하기

도움말

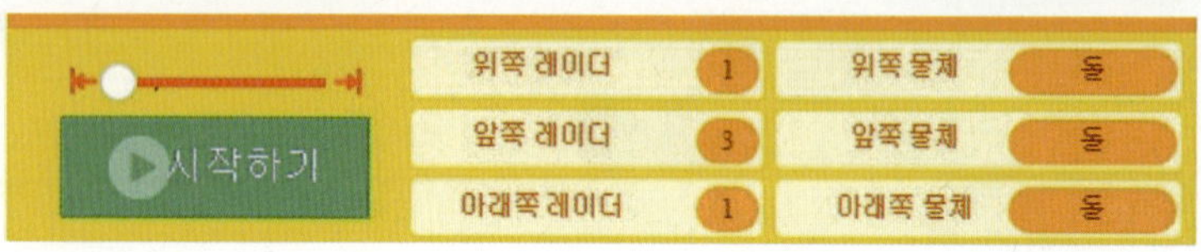
시작하기
위쪽 레이더 1
위쪽 물체 돌
앞쪽 레이더 3
앞쪽 물체 돌
아래쪽 레이더 1
아래쪽 물체 돌

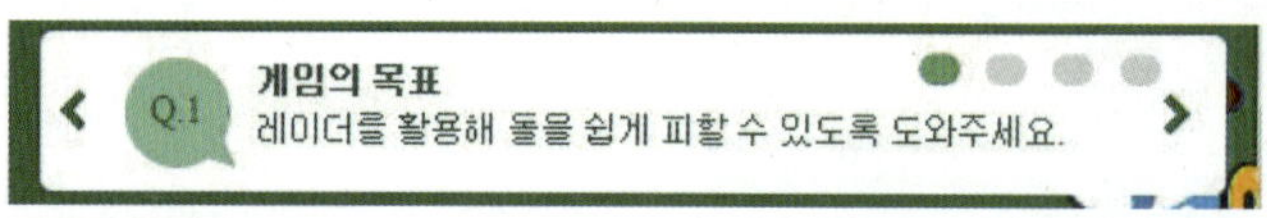
Q.1
게임의 목표
레이더를 활용해 돌을 쉽게 피할 수 있도록 도와주세요.

도움말
오른쪽의 파란색영역은 내가 도달해야 할 곳이야.
세 칸 중에서 아무 칸에나 도착하기만 하면 돼.

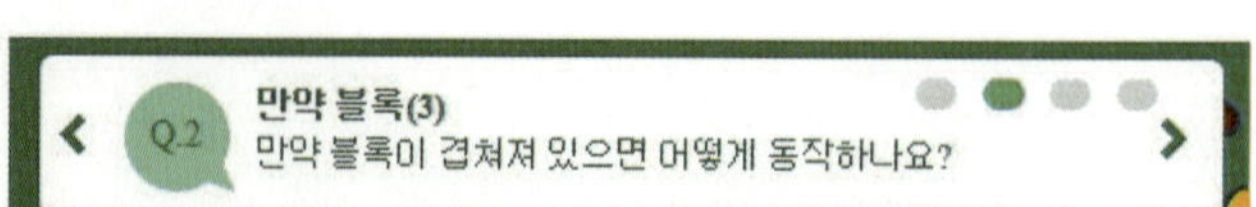
Q.2
만약 블록(3)
만약 블록이 겹쳐져 있으면 어떻게 동작하나요?

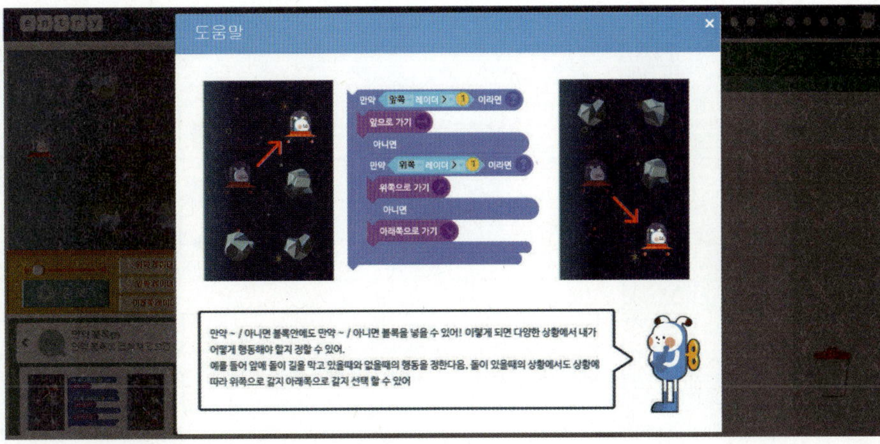
도움말
만약 앞쪽 레이더 > 1 이라면
앞으로 가기
아니면
만약 위쪽 레이더 > 1 이라면
위쪽으로 가기
아니면
아래쪽으로 가기
만약 ~ / 아니면 블록안에도 만약 ~ / 아니면 블록을 넣을 수 있어! 이렇게 되면 다양한 상황에서 내가 어떻게 행동해야 할지 정할 수 있어.
예를 들어 앞에 돌이 길을 막고 있을때와 없을때의 행동을 정한다음, 돌이 있을때의 상황에서도 상황에 따라 위쪽으로 갈지 아래쪽으로 갈지 선택 할 수 있어

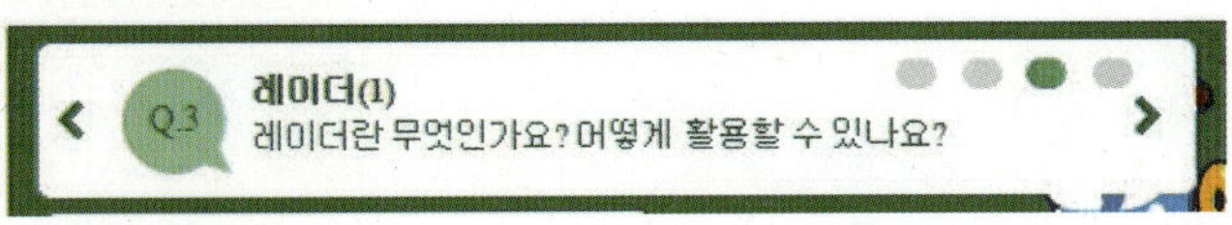
Q.3
레이더(1)
레이더란 무엇인가요? 어떻게 활용할 수 있나요?

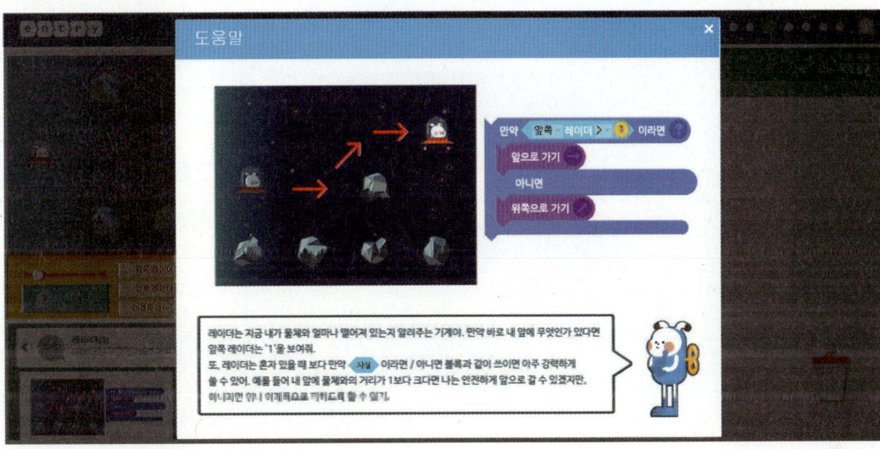
도움말
만약 앞쪽 레이더 > 1 이라면
앞으로 가기
아니면
위쪽으로 가기
레이더는 지금 내가 물체와 얼마나 떨어져 있는지 알려주는 기계야. 만약 바로 내 앞에 무엇인가 있다면 앞쪽 레이더는 '1'을 보여줘.
또, 레이더는 혼자 있을 때 보다 만약 사실 이라면 / 아니면 블록과 같이 쓰이면 아주 강력하게 쓸 수 있어. 예를 들어 내 앞에 물체와의 거리가 1보다 크다면 나는 안전하게 앞으로 갈 수 있겠지만,

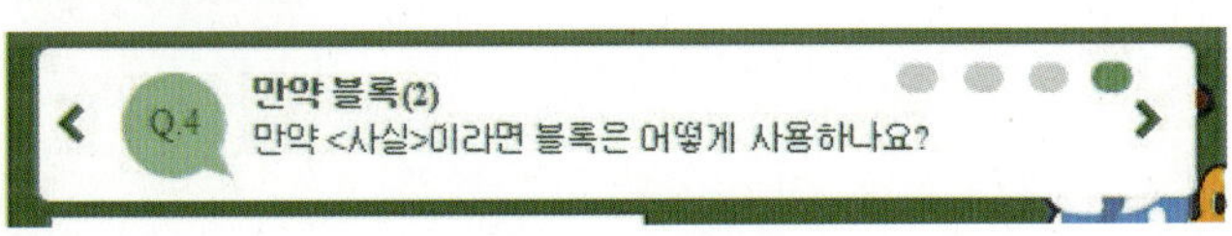
Q.4
만약 블록(2)
만약 <사실>이라면 블록은 어떻게 사용하나요?

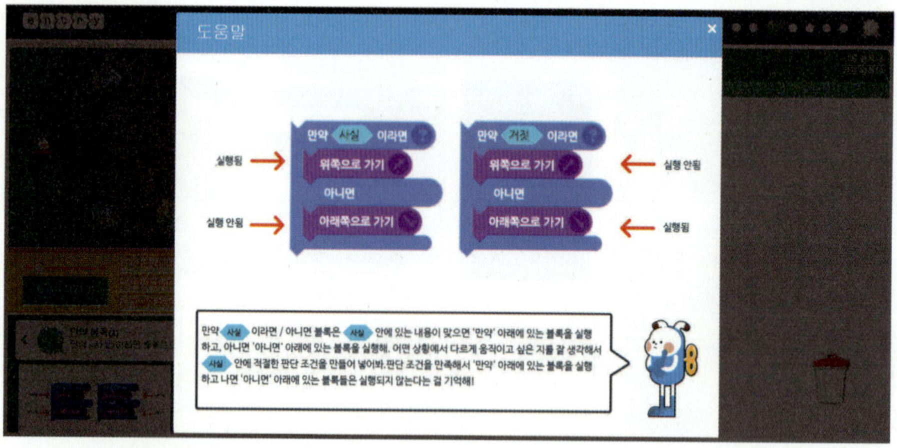
도움말
만약 사실 이라면
위쪽으로 가기
아니면
아래쪽으로 가기
실행됨
실행 안됨
만약 거짓 이라면
위쪽으로 가기
아니면
아래쪽으로 가기
실행 안됨
실행됨
만약 사실 이라면 / 아니면 블록은 사실 안에 있는 내용이 맞으면 '만약' 아래에 있는 블록을 실행하고, 아니면 '아니면' 아래에 있는 블록을 실행해. 어떤 상황에서 다르게 움직이고 싶은 지를 잘 생각해서 사실 안에 적절한 판단 조건을 만들어 넣어봐.판단 조건을 만족해서 '만약' 아래에 있는 블록을 실행하고 나면 '아니면' 아래에 있는 블록들은 실행되지 않는다는 걸 기억해!

코드

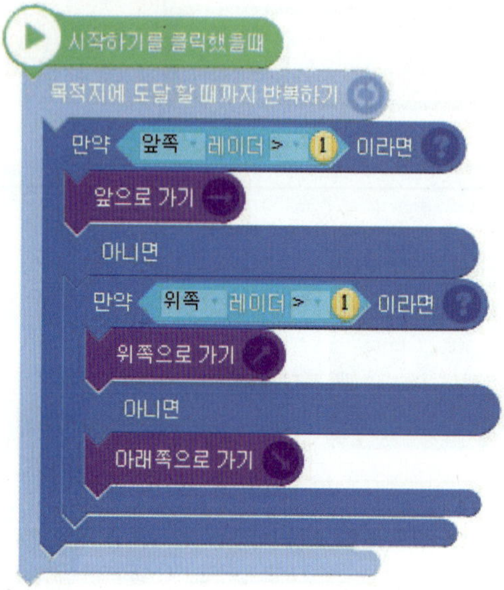
시작하기를 클릭했을때
목적지에 도달 할 때까지 반복하기
만약 앞쪽 레이더 > 1 이라면
앞으로 가기
아니면
만약 위쪽 레이더 > 1 이라면
위쪽으로 가기
아니면
아래쪽으로 가기

7단계

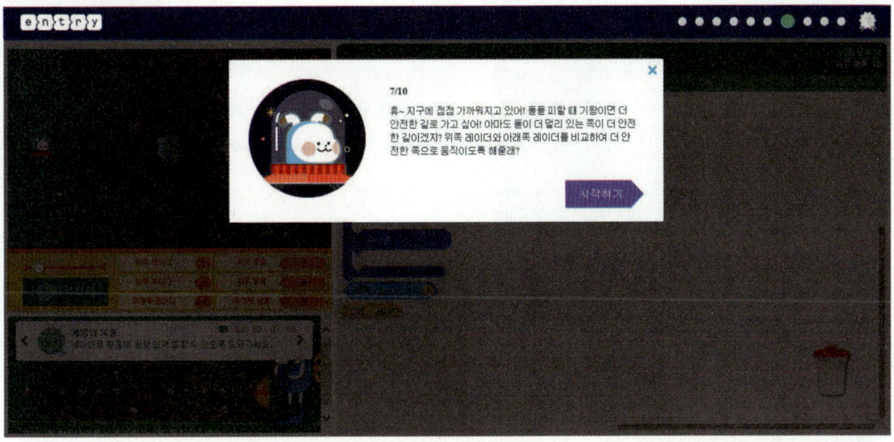
7/10
휴~ 지구에 점점 가까워지고 있어! 돌을 피할 때 기왕이면 더 안전한 길로 가고 싶어! 아마도 돌이 더 멀리 있는 쪽이 더 안전한 길이겠지? 위쪽 레이더와 아래쪽 레이더를 비교하여 더 안전한 쪽으로 움직이도록 해줄래?
시작하기

도움말

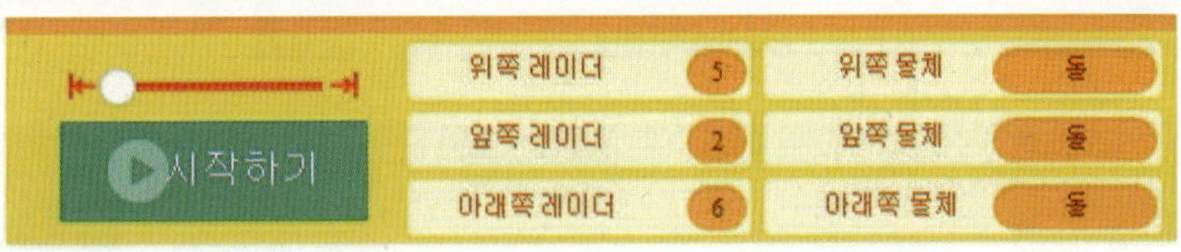
시작하기
위쪽 레이더
5
앞쪽 레이더
2
아래쪽 레이더
6
위쪽 물체
돌
앞쪽 물체
돌
아래쪽 물체
돌

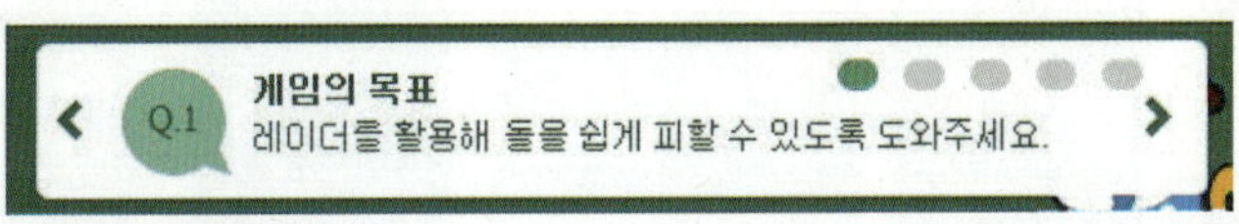
Q.1
게임의 목표
레이더를 활용해 돌을 쉽게 피할 수 있도록 도와주세요.

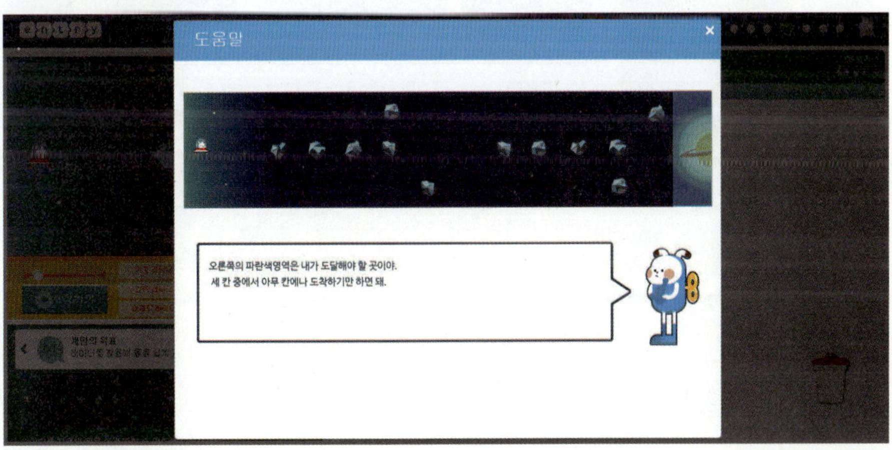
도움말
오른쪽의 파란색영역은 내가 도달해야 할 곳이야.
세 칸 중에서 아무 칸에나 도착하기만 하면 돼.

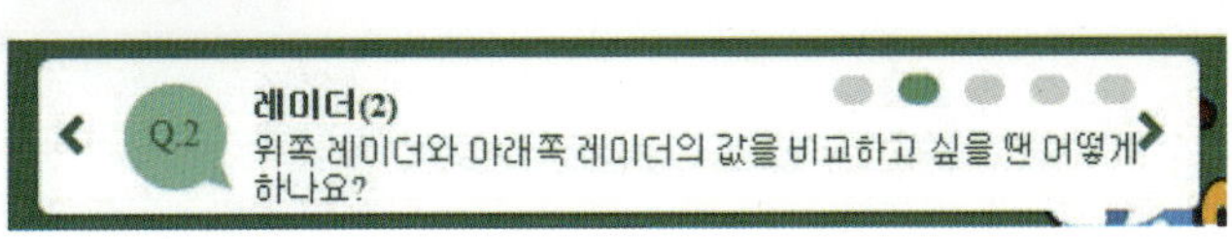
Q.2
레이더(2)
위쪽 레이더와 아래쪽 레이더의 값을 비교하고 싶을 땐 어떻게 하나요?

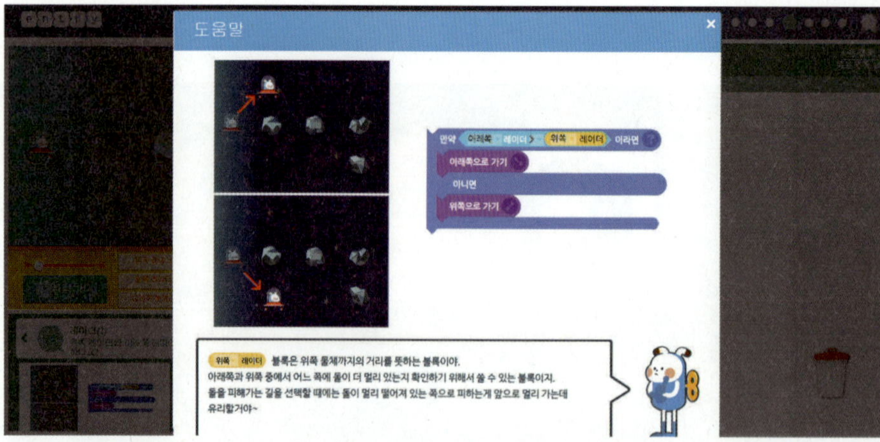
도움말
만약 아래쪽 레이더 > 위쪽 레이더 이라면
아래쪽으로 가기
아니면
위쪽으로 가기
위쪽 레이더 블록은 위쪽 물체까지의 거리를 뜻하는 블록이야.
아래쪽과 위쪽 중에서 어느 쪽에 돌이 더 멀리 있는지 확인하기 위해서 쓸 수 있는 블록이지.
돌을 피해가는 길을 선택할 때에는 돌이 멀리 떨어져 있는 쪽으로 피하는게 앞으로 멀리 가는데 유리할거야~

Q.3
만약 블록(3)
만약 블록이 겹쳐져 있으면 어떻게 동작하나요?

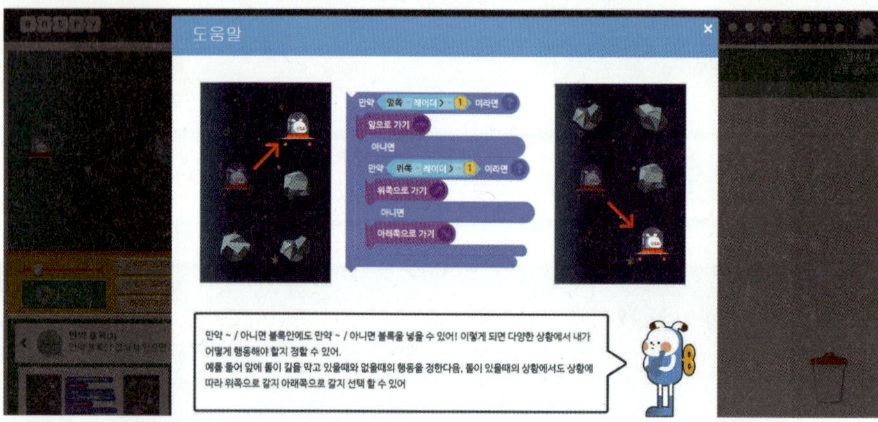
도움말
만약 앞쪽 레이더 > 1 이라면
앞으로 가기
아니면
만약 위쪽 레이더 > 1 이라면
위쪽으로 가기
아니면
아래쪽으로 가기
만약 ~ / 아니면 블록안에도 만약 ~ / 아니면 블록을 넣을 수 있어! 이렇게 되면 다양한 상황에서 내가 어떻게 행동해야 할지 정할 수 있어.
예를 들어 앞에 돌이 길을 막고 있을때와 없을때의 행동을 정한다음, 돌이 있을때의 상황에서도 상황에 따라 위쪽으로 갈지 아래쪽으로 갈지 선택 할 수 있어

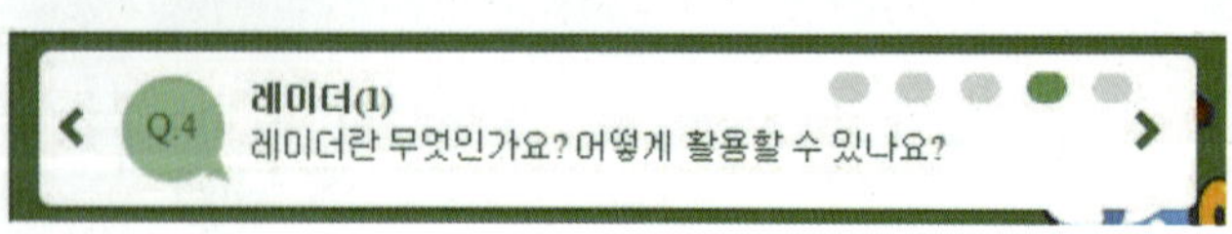
Q.4
레이더(1)
레이더란 무엇인가요? 어떻게 활용할 수 있나요?

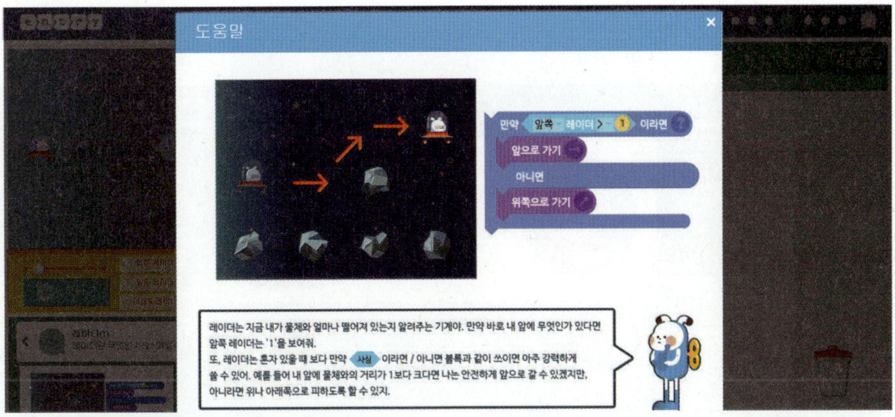
도움말
만약 앞쪽 레이더 > 1 이라면
앞으로 가기
아니면
위쪽으로 가기
레이더는 지금 내가 물체와 얼마나 떨어져 있는지 알려주는 기계야. 만약 바로 내 앞에 무엇인가 있다면 앞쪽 레이더는 '1'을 보여줘.
또, 레이더는 혼자 있을 때 보다 만약 사실 이라면 / 아니면 블록과 같이 쓰이면 아주 강력하게 쓸 수 있어. 예를 들어 내 앞에 물체와의 거리가 1보다 크다면 나는 안전하게 앞으로 갈 수 있겠지만, 아니라면 위나 아래쪽으로 피하도록 할 수 있지.

만약 블록(2)
Q.5
새로운 만약 블록은 어떻게 사용하나요?

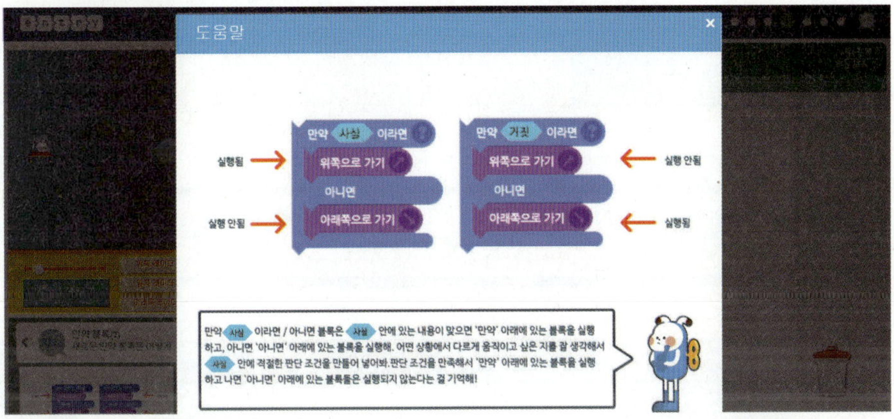
도움말
만약 사실 이라면
실행됨
위쪽으로 가기
아니면
실행 안됨
아래쪽으로 가기
만약 거짓 이라면
위쪽으로 가기
실행 안됨
아니면
아래쪽으로 가기
실행됨
만약 사실 이라면 / 아니면 블록은 사실 안에 있는 내용이 맞으면 '만약' 아래에 있는 블록을 실행하고, 아니면 '아니면' 아래에 있는 블록을 실행해. 어떤 상황에서 다르게 움직이고 싶은 지를 잘 생각해서 사실 안에 적절한 판단 조건을 만들어 넣어봐.판단 조건을 만족해서 '만약' 아래에 있는 블록을 실행하고 나면 '아니면' 아래에 있는 블록들은 실행되지 않는다는 걸 기억해!

코드

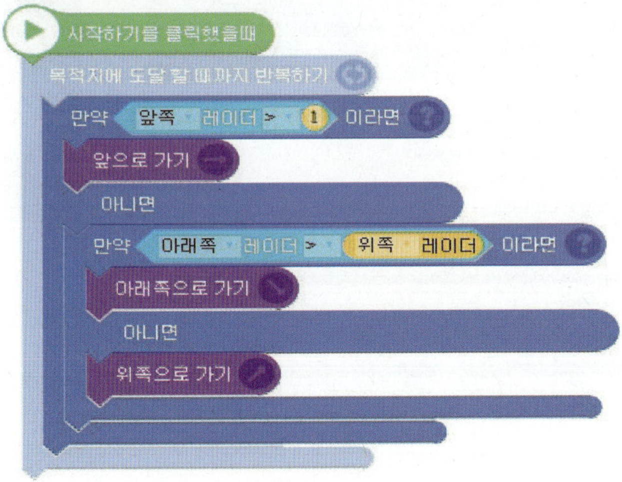
시작하기를 클릭했을때
목적지에 도달 할 때까지 반복하기
만약 앞쪽 레이더 > 1 이라면
앞으로 가기
아니면
만약 아래쪽 레이더 > 위쪽 레이더 이라면
아래쪽으로 가기
아니면
위쪽으로 가기

8단계

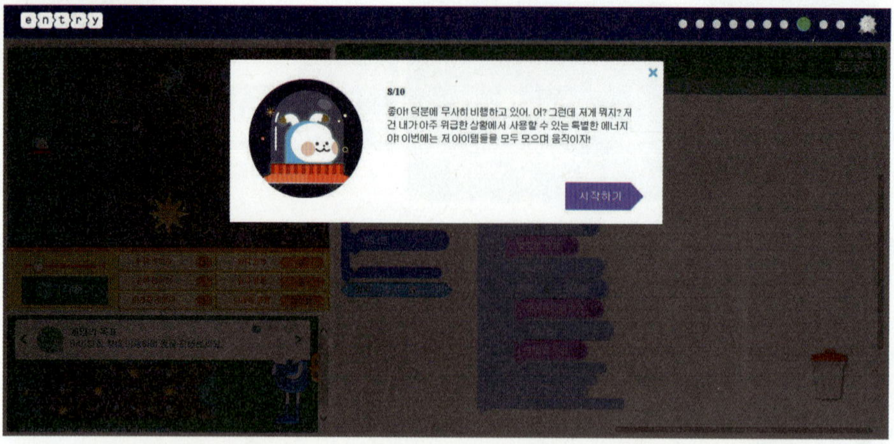
entry
8/10
좋아! 덕분에 무사히 비행하고 있어. 어? 그런데 저게 뭐지? 저건 내가 아주 위급한 상황에서 사용할 수 있는 특별한 에너지야! 이번에는 저 아이템들을 모두 모으며 움직이자!
시작하기

도움말

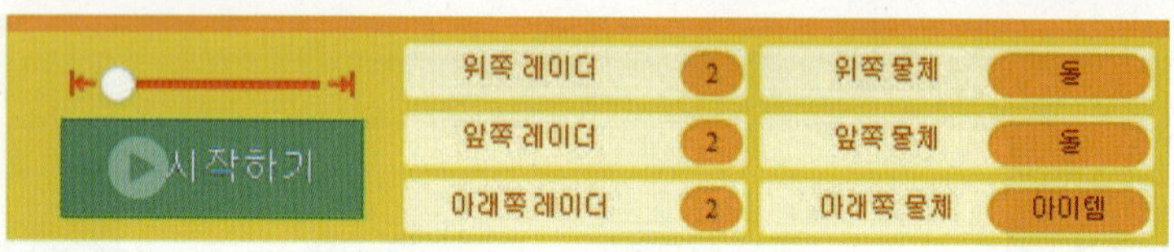
시작하기
위쪽 레이더 2
앞쪽 레이더 2
아래쪽 레이더 2
위쪽 물체 돌
앞쪽 물체 돌
아래쪽 물체 아이템

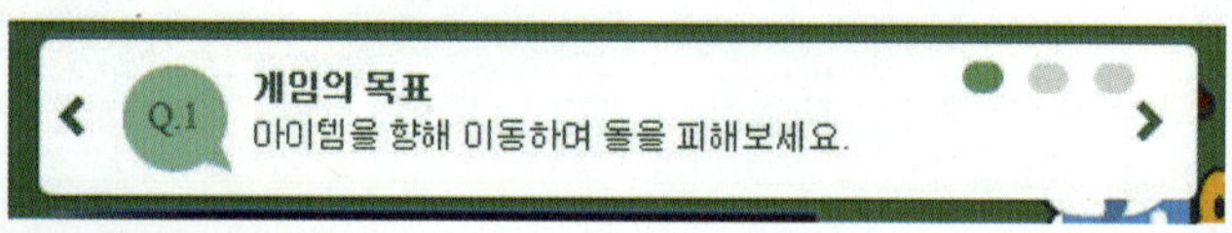
Q.1
게임의 목표
아이템을 향해 이동하며 돌을 피해보세요.

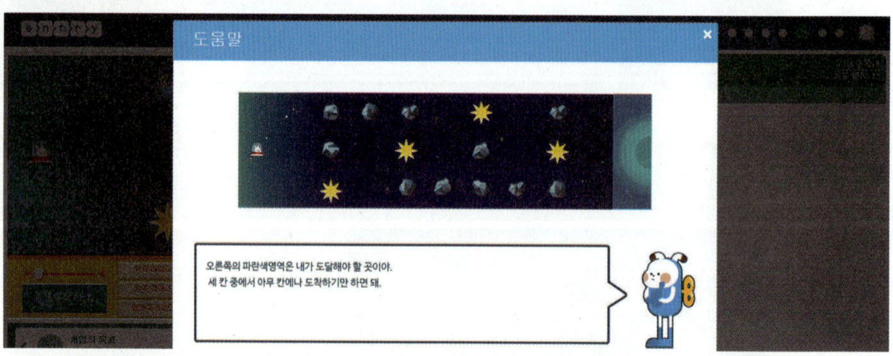
도움말
오른쪽의 파란색영역은 내가 도달해야 할 곳이야.
세 칸 중에서 아무 칸에나 도착하기만 하면 돼.

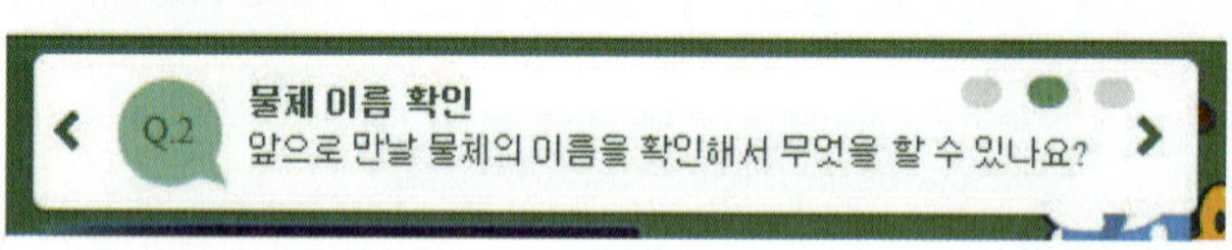
Q.2
물체 이름 확인
앞으로 만날 물체의 이름을 확인해서 무엇을 할 수 있나요?

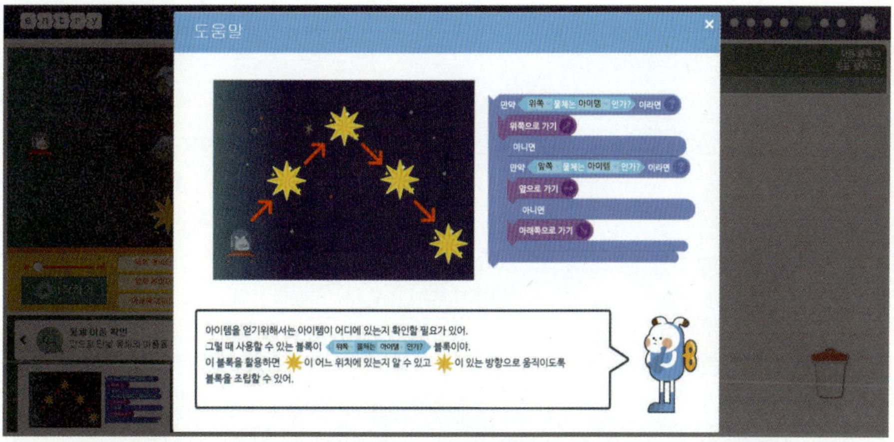
도움말
만약 위쪽 물체는 아이템 인가? 이라면
위쪽으로 가기
아니면
만약 앞쪽 물체는 아이템 인가? 이라면
앞으로 가기
아니면
아래쪽으로 가기
아이템을 얻기위해서는 아이템이 어디에 있는지 확인할 필요가 있어.
그럴 때 사용할 수 있는 블록이 위쪽 물체는 아이템 인가? 블록이야.
이 블록을 활용하면 이 어느 위치에 있는지 알 수 있고 이 있는 방향으로 움직이도록
블록을 조립할 수 있어.

만약 블록(3)
Q.3
만약 블록이 겹쳐져 있을 수도 있나요?

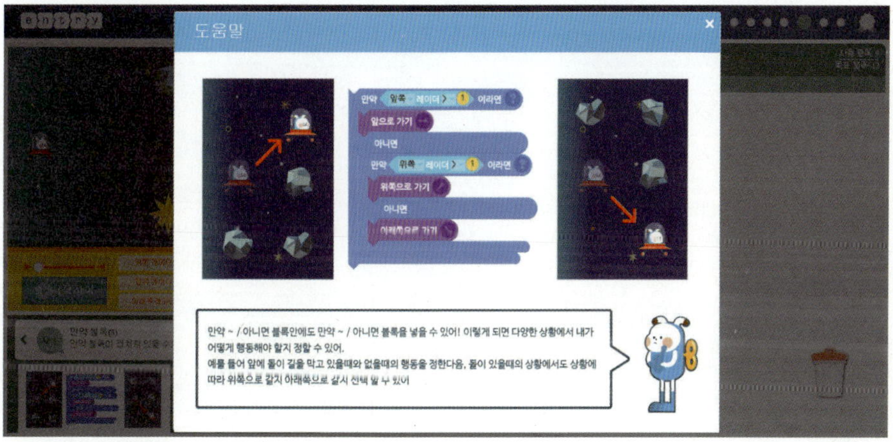
도움말
만약 앞쪽 레이더 > 1 이라면
앞으로 가기
아니면
만약 위쪽 레이더 > 1 이라면
위쪽으로 가기
아니면
만약 ~ / 아니면 블록안에도 만약 ~ / 아니면 블록을 넣을 수 있어! 이렇게 되면 다양한 상황에서 내가
어떻게 행동해야 할지 정할 수 있어.
예를 들어 앞에 돌이 길을 막고 있을때와 없을때의 행동을 정한다음, 돌이 있을때의 상황에서도 상황에
따라 위쪽으로 갈지 아래쪽으로 갈지 선택 할 수 있어

코드

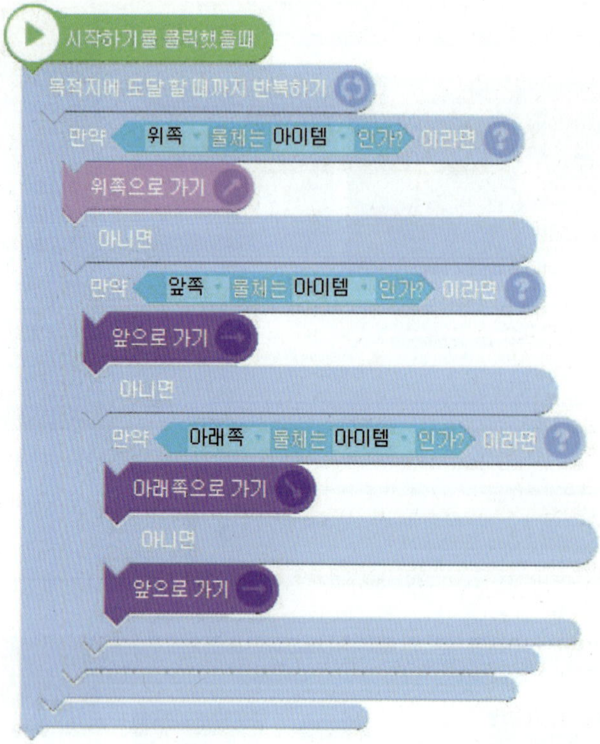

시작하기를 클릭했을때
목적지에 도달 할 때까지 반복하기
만약 위쪽 물체는 아이템 인가? 이라면
위쪽으로 가기
아니면
만약 앞쪽 물체는 아이템 인가? 이라면
앞으로 가기
아니면
만약 아래쪽 물체는 아이템 인가? 이라면
아래쪽으로 가기
아니면
앞으로 가기

9단계

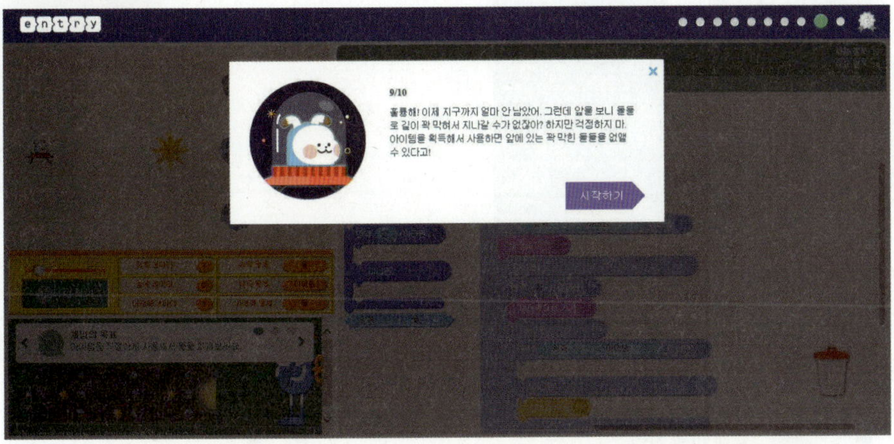
9/10
훌륭해! 이제 지구까지 얼마 안 남았어. 그런데 앞을 보니 돌들로 길이 꽉 막혀서 지나갈 수가 없잖아? 하지만 걱정하지 마. 아이템을 획득해서 사용하면 앞에 있는 꽉 막힌 돌들을 없앨 수 있다고!
시작하기

도움말

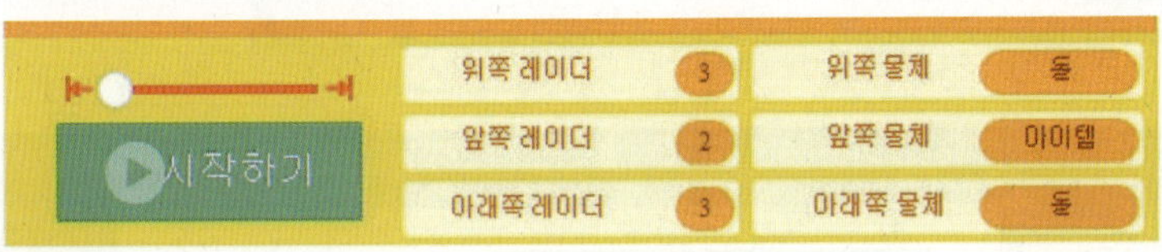
시작하기
위쪽 레이더 3
앞쪽 레이더 2
아래쪽 레이더 3
위쪽 물체 돌
앞쪽 물체 아이템
아래쪽 물체 돌

Q.1
게임의 목표
아이템을 적절하게 사용해서 돌을 피해보세요.

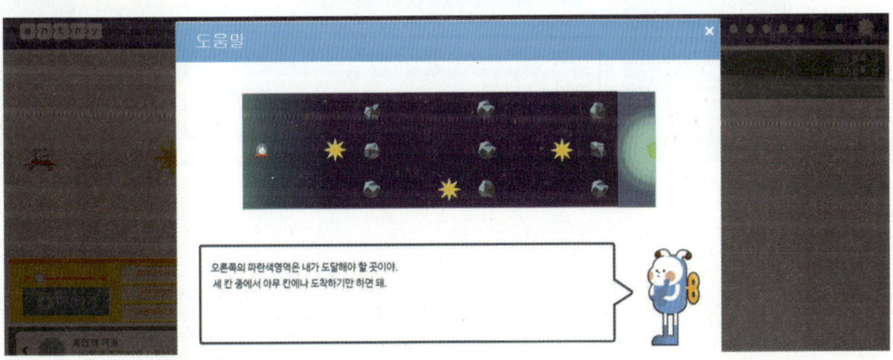
도움말
오른쪽의 파란색영역은 내가 도달해야 할 곳이야.
세 칸 중에서 아무 칸에나 도착하기만 하면 돼.

Q.2
아이템
아이템은 어떻게 얻고 사용하나요?

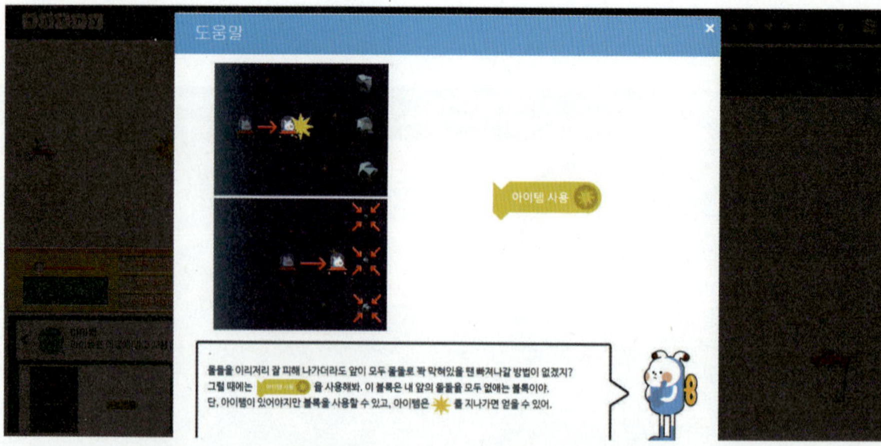
도움말
아이템 사용
돌들을 이리저리 잘 피해 나가더라도 앞이 모두 돌들로 꽉 막혀있을 땐 빠져나갈 방법이 없겠지?
그럴 때에는 을 사용해봐. 이 블록은 내 앞의 돌들을 모두 없애는 블록이야.
단, 아이템이 있어야지만 블록을 사용할 수 있고, 아이템은 를 지나가면 얻을 수 있어.

Q.3
물체 이름 확인
앞으로 만날 물체의 이름을 확인해서 무엇을 할 수 있나요?

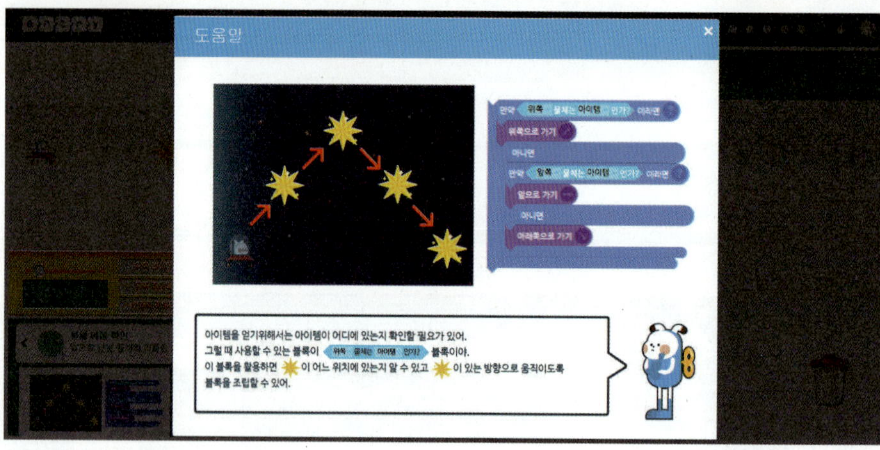
도움말
아이템을 얻기위해서는 아이템이 어디에 있는지 확인할 필요가 있어.
그럴 때 사용할 수 있는 블록이 위쪽 물체는 아이템 인가? 블록이야.
이 블록을 활용하면 이 어느 위치에 있는지 알 수 있고 이 있는 방향으로 움직이도록
블록을 조립할 수 있어.

코드

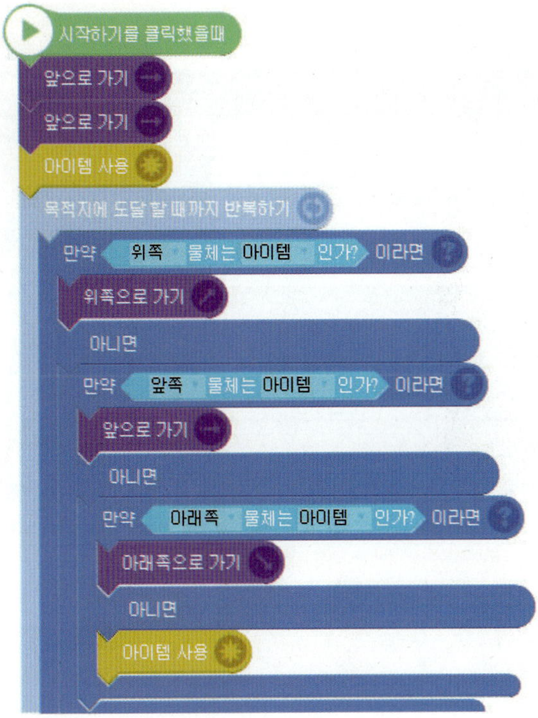

시작하기를 클릭했을때
앞으로 가기
앞으로 가기
아이템 사용
목적지에 도달 할 때까지 반복하기
만약 위쪽 물체는 아이템 인가? 이라면
위쪽으로 가기
아니면
만약 앞쪽 물체는 아이템 인가? 이라면
앞으로 가기
아니면
만약 아래쪽 물체는 아이템 인가? 이라면
아래쪽으로 가기
아니면
아이템 사용

10단계

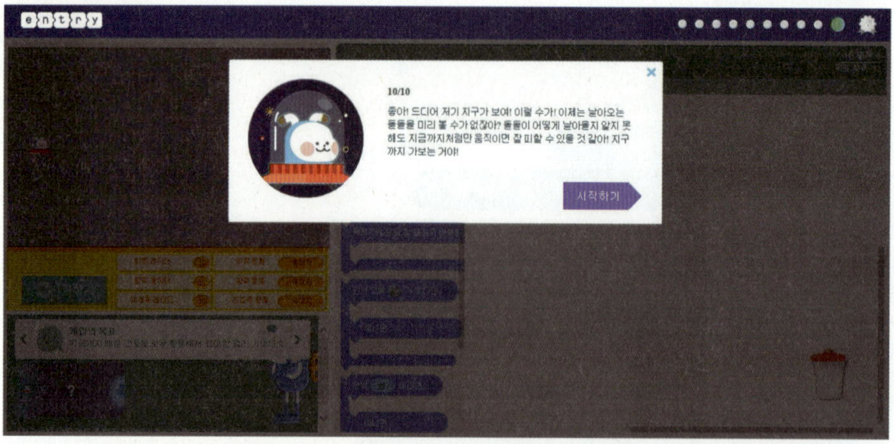
10/10
좋아! 드디어 저기 지구가 보여! 이럴 수가! 이제는 날아오는 돌들을 미리 볼 수가 없잖아? 돌들이 어떻게 날아올지 알지 못해도 지금까지처럼만 움직이면 잘 피할 수 있을 것 같아! 지구까지 가보는 거야!
시작하기

도움말

시작하기
위쪽 레이더 10
앞쪽 레이더 10
아래쪽 레이더 10
위쪽 물체 목적지
앞쪽 물체 목적지
아래쪽 물체 목적지

Q.1
게임의 목표
지금까지 배운 것들을 모두 활용해서 최대한 멀리 가보세요.

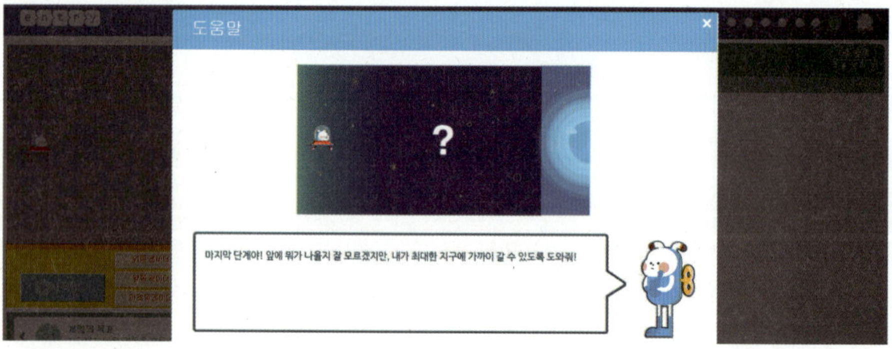
도움말
?
마지막 단계야! 앞에 뭐가 나올지 잘 모르겠지만, 내가 최대한 지구에 가까이 갈 수 있도록 도와줘!

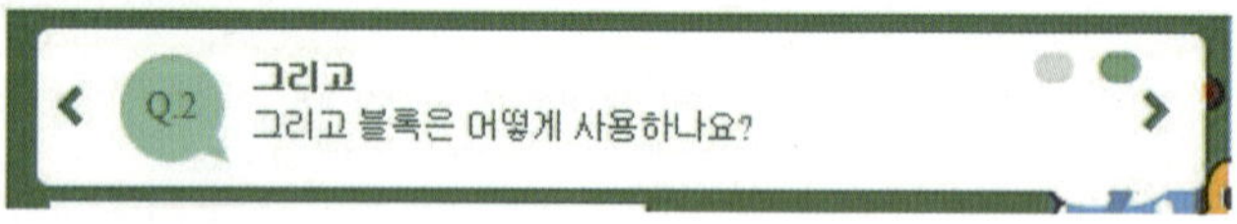
Q.2
그리고
그리고 블록은 어떻게 사용하나요?

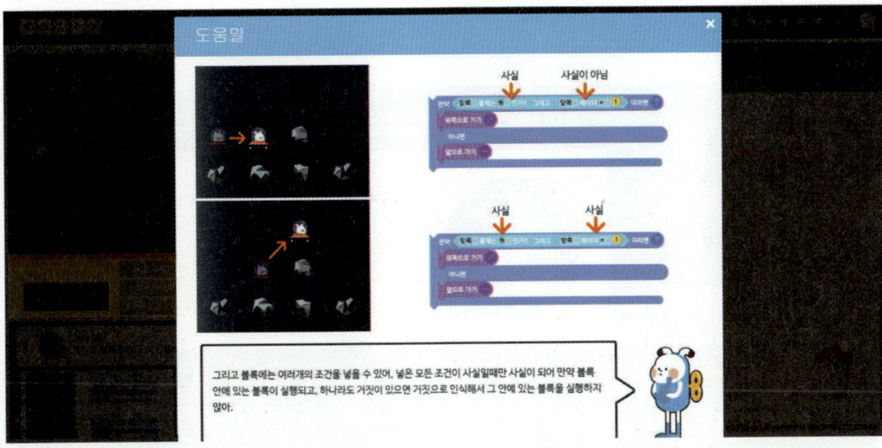

도움말
사실
사실이 아님
사실
사실
그리고 블록에는 여러개의 조건을 넣을 수 있어, 넣은 모든 조건이 사실일때만 사실이 되어 만약 블록 안에 있는 블록이 실행되고, 하나라도 거짓이 있으면 거짓으로 인식해서 그 안에 있는 블록을 실행하지 않아.

코드

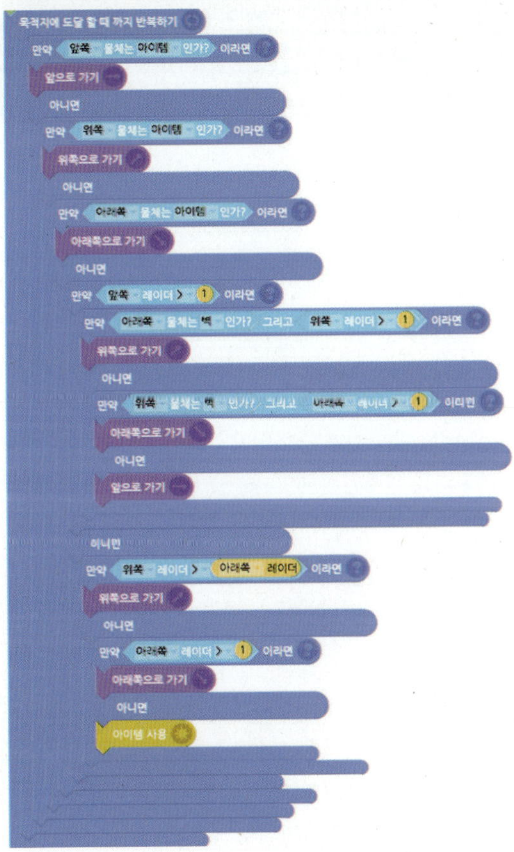

목적지에 도달 할 때 까지 반복하기
만약 앞쪽 물체는 아이템 인가? 이라면
앞으로 가기
아니면
만약 위쪽 물체는 아이템 인가? 이라면
위쪽으로 가기
아니면
만약 아래쪽 물체는 아이템 인가? 이라면
아래쪽으로 가기
아니면
만약 앞쪽 레이더 > 1 이라면
만약 아래쪽 물체는 벽 인가? 그리고 위쪽 레이더 > 1 이라면
위쪽으로 가기
아니면
만약 위쪽 물체는 벽 인가? 그리고 아래쪽 레이더 > 1 이라면
아래쪽으로 가기
아니면
앞으로 가기
아니면
만약 위쪽 레이더 > 아래쪽 레이더 이라면
위쪽으로 가기
아니면
만약 아래쪽 레이더 > 1 이라면
아래쪽으로 가기
아니면
아이템 사용

인증서

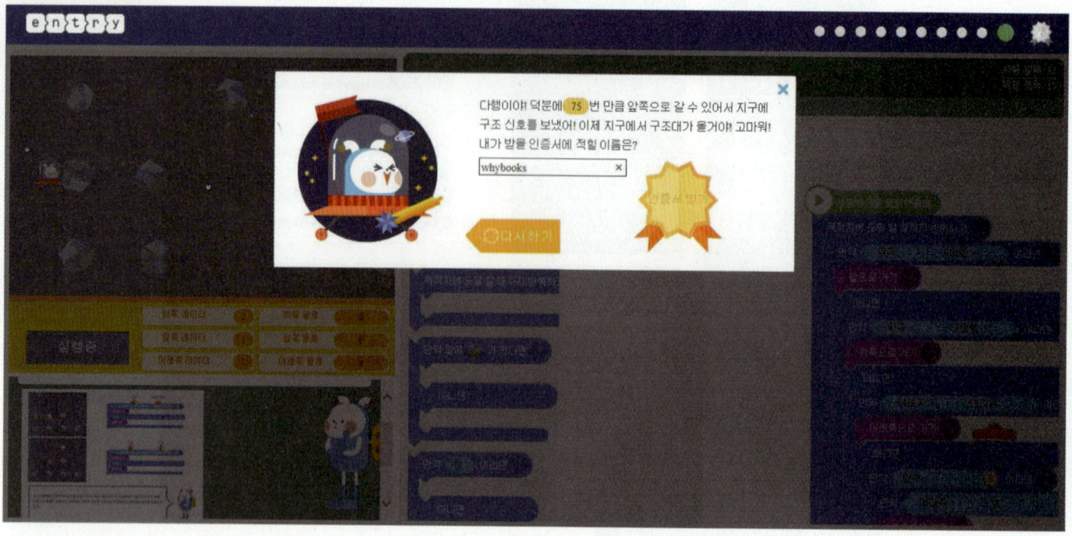
entry
다행이야! 덕분에 75 번 만큼 앞쪽으로 갈 수 있어서 지구에
구조 신호를 보냈어! 이제 지구에서 구조대가 올거야! 고마워!
내가 받을 인증서에 적힐 이름은?
whybooks
다시하기

entry

엔트리를 활용한 소프트웨어 교육

3부

엔트리 만들기 모드를 활용한 창의적 프로그래밍

3부 엔트리 만들기 모드를 활용한 창의적 프로그래밍

3.1 엔트리 만들기 모드

엔트리 '만들기 모드'에서는 직접 프로그래밍하여 창의적으로 문제를 해결해볼 수 있다. 문제 해결에 정답은 없다. 가장 효율적인 코딩을 위해 노력해보자. 엔트리 만들기 모드를 살펴보자.

엔트리 사이트 http://play-entry.com 접속 (크롬 브라우저 사용 권장)

▼

로그인

▼

상단의 '만들기' 클릭

▼

'작품만들기' 클릭

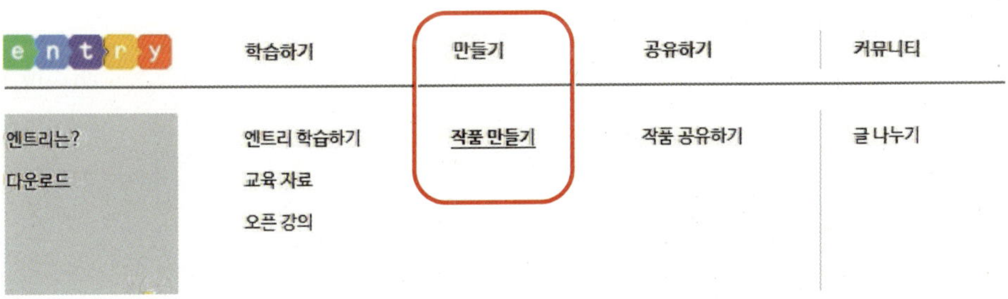

[그림 3-1] 만들기 메뉴

3.1.1 만들기 모드 살펴보기

만들기 모드의 인터페이스를 살펴보자. 만들기 모드는 아래와 같이 크게 상단메뉴, 실행화면, 오브젝트 목록, 블록꾸러미, 블록조립소로 구분 할 수 있다.

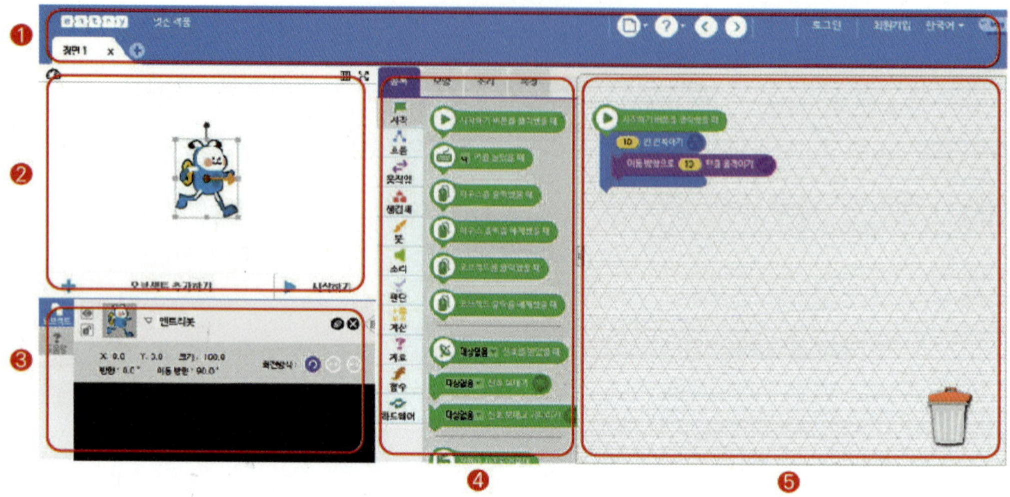

[그림 3-2] 만들기 인터페이스

❶ 상단메뉴
❷ 실행화면
❸ 오브젝트 목록
❹ 블록꾸러미
❺ 블록조립소

상단메뉴

[그림 3-3] 상단메뉴

❶ 엔트리 메인페이지 바로가기
❷ 프로젝트 이름: 클릭해서 이름을 바꿀 수 있다
❸ 새로만들기: 새 프로젝트 만들기 또는 저장한 프로젝트 불러오기
❹ 저장하기: 저장하기, 다른 이름으로 저장하기
❺ 도움말: 블록설명, 오브젝트 목록창에서 볼 수 있음
❻ 되돌리기
❼ 다시실행
❽ 계정: 내 저장된 작품 조회, 개인정보 수정
❾ 언어선택: 한국어 / 영어 / 베트남어 / 코드보기 지원
⓴ 버그: 서비스 오류 신고나 제안

블록꾸러미

앞에서 게임처럼 실행해본 학습모드보다 블록꾸러미에 더 많은 명령블록이 준비되어있다. 블록꾸러미는 블록, 모양, 소리, 속성의 네가지 탭으로 이루어져있다. 자세한 블록탭의 명령블록 설명은 다음 장에서 알아보고 우선 블록꾸러미의 블록, 모양, 소리, 속성 탭에 대해 알아보자.

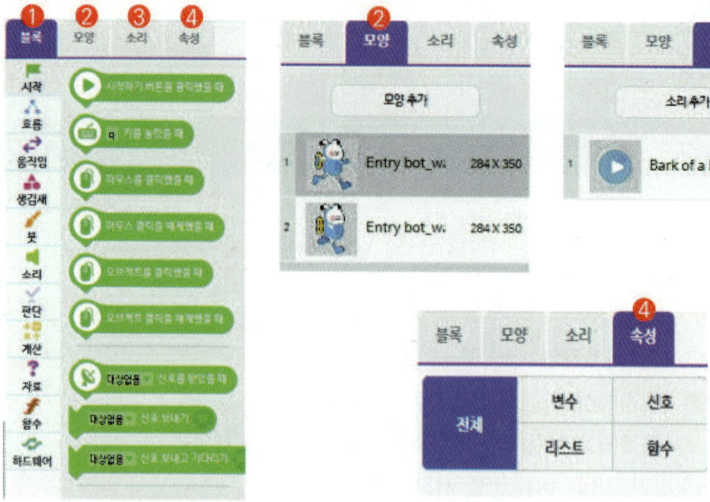

[그림 3-4] 블록 꾸러미 메뉴

❶ 블록탭: 오브젝트를 움직일 수 있는 다양한 명령어 블록들이 있고, 시작, 흐름, 움직임 등 11개 카테고리에 140여개 블록이 제공된다.
❷ 모양탭: 오브젝트의 모양을 추가하거나 이름을 수정하고 복제하는 등의 작업을 할 수 있다.
❸ 소리탭: 오브젝트가 낼 소리를 관리하는 탭. 재생버튼으로 바로 들어볼 수 있고 새로운 소리를 추가할 수 있다.
❹ 속성탭: 코드에 관여하는 변수나 신호, 리스트, 함수 등을 추가 할 수 있다.

블록 조립소

블록꾸러미에서 블록을 가져와 블록조립소에서 조립한다. 이렇게 쉽게 블록을 가져와 조립하지만 우리는 코딩 즉 프로그래밍을 하고 있고, 블록 묶음은 코드가 되는 것이다. 블록 조립소에 있는 블록은 오른쪽 마우스키를 눌러 '코드복제'나 '코드삭제' 기능을 사용할 수 있고, 직접 휴지통에 버려도 된다.

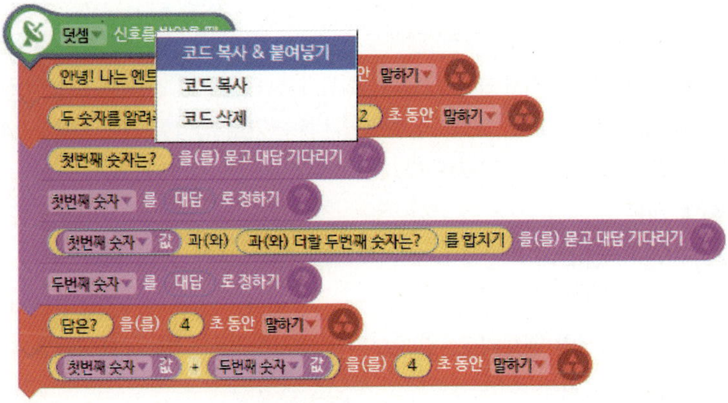

[그림 3-5] 코드복제 및 코드삭제

실행화면과 오브젝트 목록

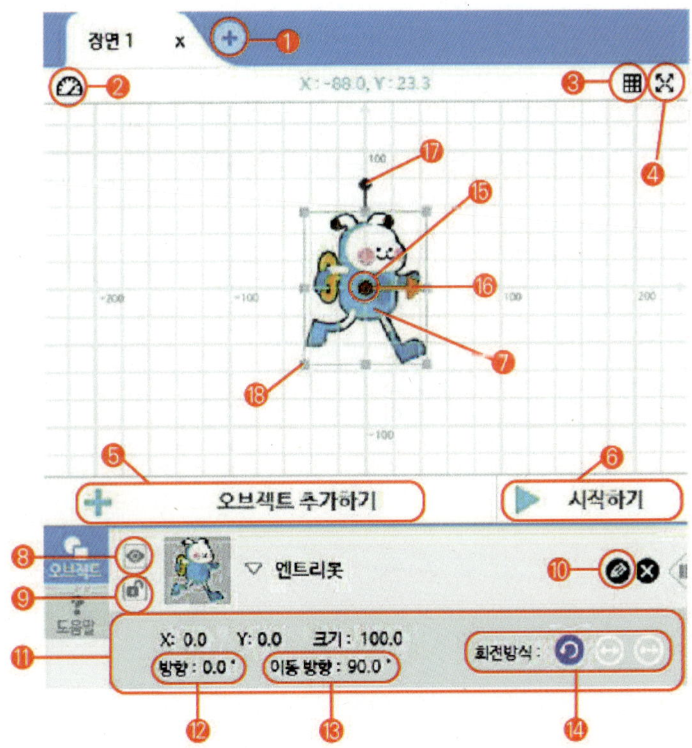

[그림 3-6] 만들기 실행화면과 오브젝트 목록

❶ 장면추가 버튼: 프로그램에 새로운 장면창을 추가할 수 있다.

❷ 속도계: 작품 실행 속도 조절, 다섯 단계로 조절이 가능하며 오른쪽으로 갈수록 빨라진다.

❸ 격자 좌표계: 실행화면에 좌표를 표시한다. 좌표계를 띄움으로 선택된 오브젝트의 위치를 보다 정확하게 알거나 이동시킬 수 있다. 실행화면은 x축(가로축)방향으로 -240~240, y축(세로축) 방향으로 -140~140으로 이루어져있다.

❹ 장면창 확대 버튼:

❺ 오브젝트 추가하기: ⑦같이 화면에 나오는 객체를 오브젝트라 하고, 여러 종류가 준비되어 있다.

❻ 시작하기: 프로그램 실행키

❼ 오브젝트: 기본 캐릭터인 엔트리봇, ⑤오브젝트 추가하기로 다른 오브젝트를 추가 할 수 있다.

❽ 오브젝트 보이기/숨기기:

❾ 오브젝트 잠그기/ 풀기: 오브젝트가 수정 및 이동되지 않게 잠그거나 풀 수 있다.

❿ 오브젝트 수정/삭제: 오브젝트의 이름, 좌표, 크기, 방향 등을 수정하거나 삭제 할 수 있다.

⓫ 오브젝트 정보창: 오브젝트 중심점의 좌표, 크기를 알 수 있다.

⓬ 방향: 오브젝트가 처음 상태에서 몇 도 회전했는지 알려준다.

⓭ 이동 방향: 오브젝트가 이동할 때 진행하는 방향을 정확한 수치로 알려준다.

⓮ 회전방식: 오브젝트의 돌리기/ 좌우로 바꾸기/ 고정 등 회전방식을 설정할 수 있다.

⓯ 오브젝트 중심점 : 오브젝트의 중심으로 방향, 위치 등의 기준점이다.

⓰ 오브젝트 이동방향 : 화살표로 표시되고, ⑬과 같은 내용이다.

⓱ 오브젝트 기울기 조절점

⓲ 오브젝트 크기 조절점 : ⑪ 오브젝트 정보창에서 정확한 수치로 조절 가능하다.

3.1.2 오브젝트 추가하기

오브젝트 추가하기를 좀 더 자세히 살펴보자.

오브젝트란 명령어를 통해 움직일 수 있는 것으로 캐릭터, 사물, 글상자, 배경 등이 제공되고 '+ 오브젝트 추가하기 '를 클릭해 오브젝트 추가하기 창에서 선택하거나 직접 새로 그릴 수 있다. 오브젝트 추가하기 창의 라이브러리 선택 탭, 새로 그리기 탭, 글상자 탭을 사용해 오브젝트를 추가해보자.

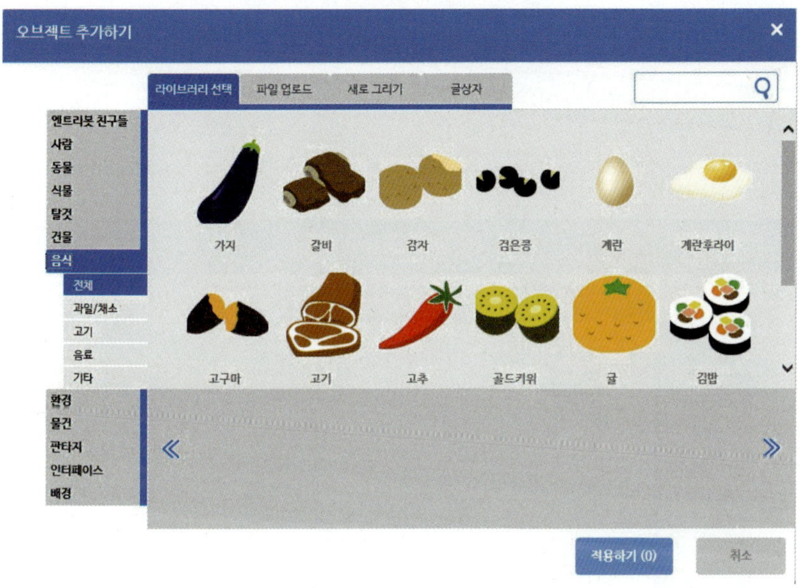

[그림 3-7] 오브젝트 추가하기 세부창

라이브러리 선택 탭

강아지 오브젝트를 추가해보자.

오브젝트 목록

▼

+ 오브젝트 추가하기

▼

라이브러리 선택 탭

▼

적용하기

동물에서 강아지를 선택 후 적용하기 클릭

아래와 같이 강아지 오브젝트가 추가된 것이 실행창에 보이고, 오브젝트 목록에도 추가된 것이 보일 것이다.

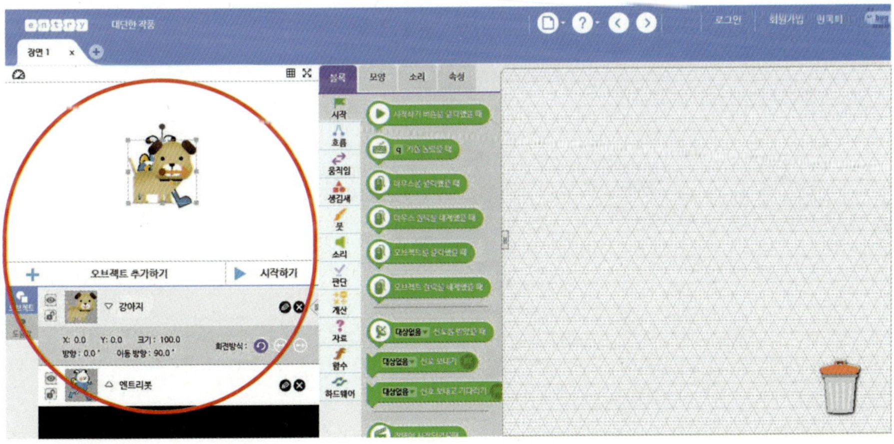

엔트리봇과 강아지의 위치(X:0, Y:0)가 같아 겹쳐져 있으니 강아지가 엔트리봇을 따라다니는 것처럼 보이게 강아지를 옮겨보자.

강아지 오브젝트를 마우스로 드래그하여 직접 옮겨도 되고 수정하기(✎)를 눌러 정확한 좌표를 입력해 원하는 위치로 옮길 수도 있다.

강아지 오브젝트의 수정하기(✎)를 클릭하면 아래와 같이 이름 및 위치, 크기, 방향, 이동방향, 회전방식 등을 수정할 수 있게 입력칸이 생긴다.

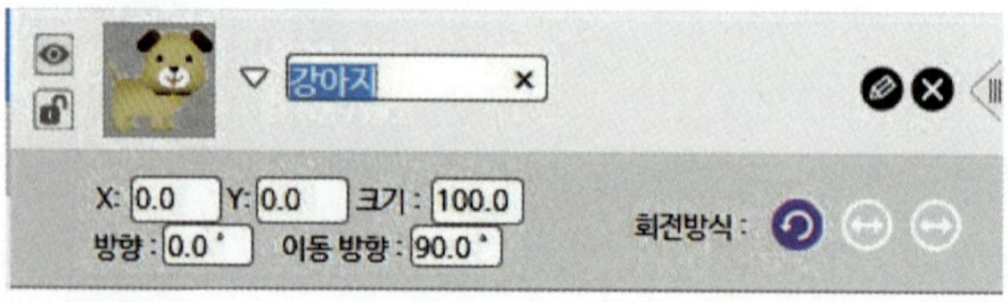

실행창 상단의 ⊞를 누르면 실행화면에 모눈종이처럼 격자 좌표가 생긴다. 실행화면은 현재 엔트리봇의 배꼽 즉 중심점인 X:0,Y:0을 중심으로 좌우로(X축, 가로축) -240~240, 상하로 (Y축, 세로축) 방향으로 -140~140으로 이루어져있다.

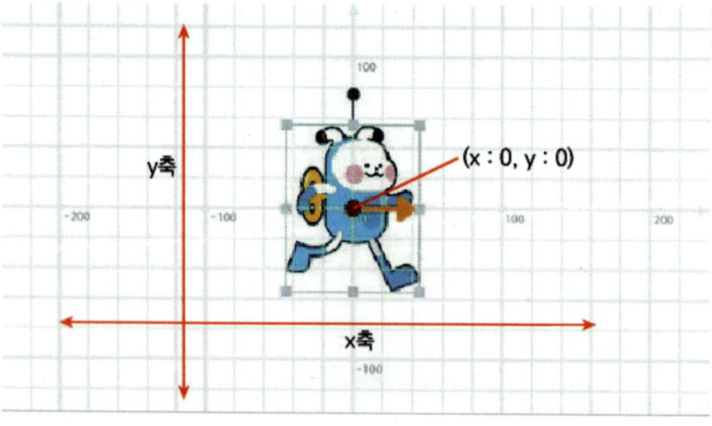

아래는 강아지 오브젝트를 좌표 X:-100,Y:-40, 크기 50으로 변경한 예시이다.

이제 오브젝트의 모양을 바꿔보자. 오브젝트 목록에서 오브젝트를 선택 후 블록 꾸러미의 모양탭을 보면 오브젝트가 가진 모양 목록을 볼 수 있다.

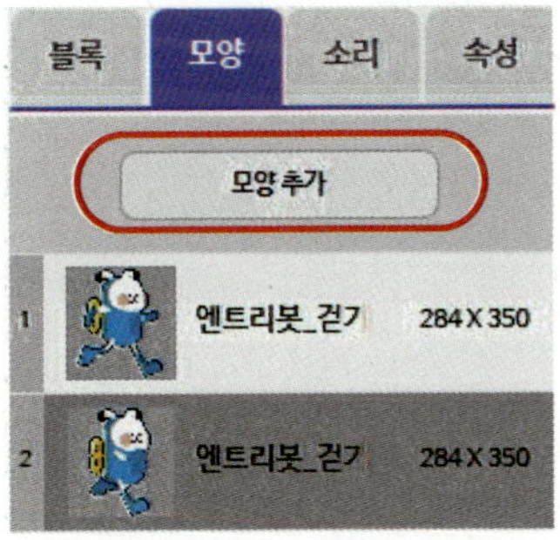

모양추가 를 누르면 '모양추가' 창이 열린다. 엔트리봇 정면을 추가해보자. 모양 탭에 엔트리봇 정면 모양이 추가된 것을 볼 수 있다. 마음에 드는 모양이 없을 땐 파일을 업로드 하거나 새로 그릴 수 있다.

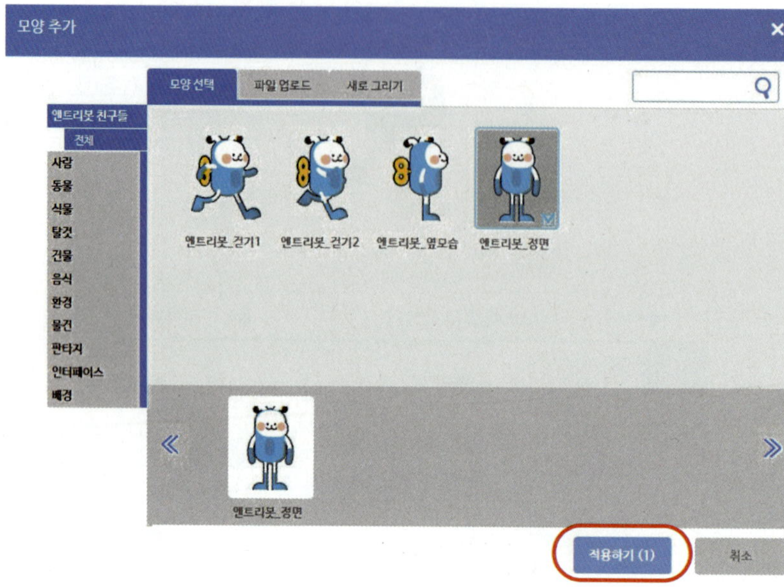

새로 그리기 탭

오브젝트목록

▼

+ 오브젝트 추가하기

▼

새로 그리기 탭

▼

'새로 그리기 페이지'로 이동

+ 오브젝트 추가하기 를 눌러 새로 그리기 탭을 열면 새로 그리기 페이지로 이동한다.

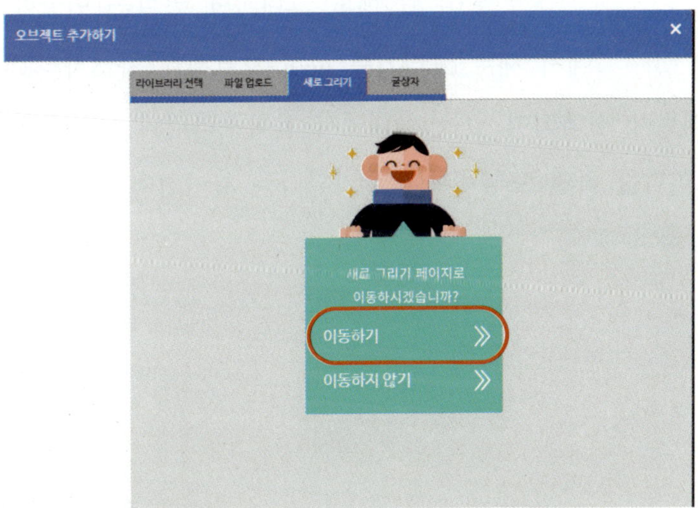

아래와 같이 오브젝트 목록에 새 오브젝트 목록, 모양 탭 모양목록에 새 그림, 오른쪽 화면엔 그림판이 생긴다.

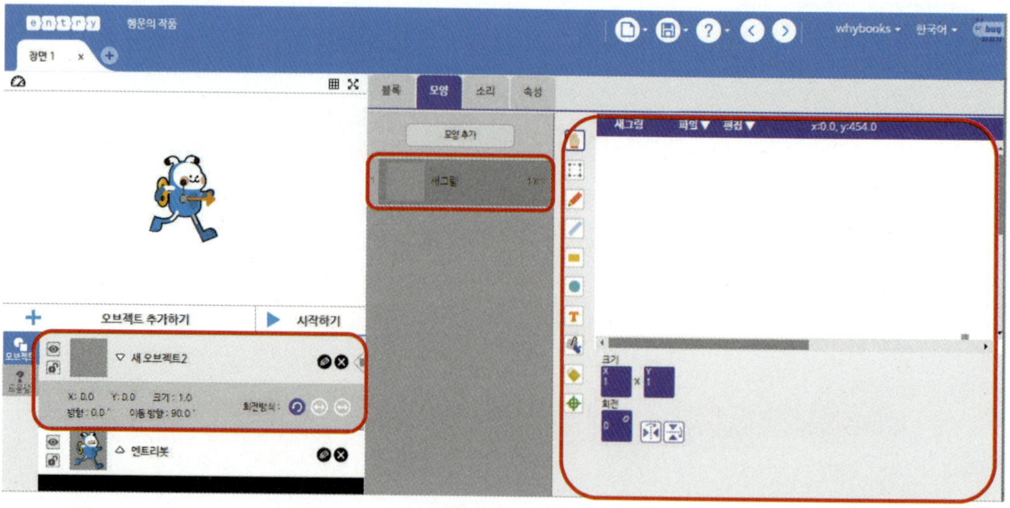

바로 직전에 살펴본 오브젝트 목록에 이미 있는 오브젝트의 모양을 바꿀 때 사용한 모양탭의 모양추가(모양추가)를 눌러 나오는 '모양추가창'의 새로 그리기나, 지금 말하는 + 오브젝트 추가하기 의 새로 그리기나 방식은 비슷하지만 후자 즉, + 오브젝트 추가하기 에서 새로 그리기를 하면 오브젝트 자체가 새로 만들어지고, 전자인 오브젝트가 선택되어 있는 상태에서 블록꾸러미의 모양탭에서 모양추가를 눌러 새로 그리기를 하면 모양목록에 추가된다는 차이점이 있다.

그림판을 자세히 살펴보자.

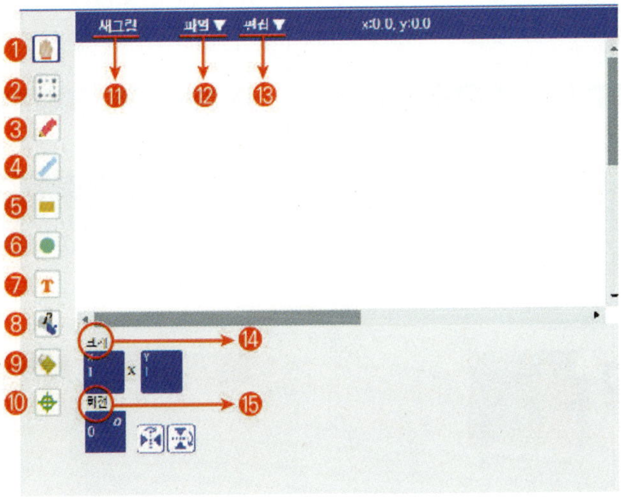

❶ 영역이동: 선택된 영역을 이동합니다.

❷ 영역선택: 영역을 선택합니다.

❸ 펜: 자유롭게 그림을 그린다. 선의 굵기 색 선택할 수 있다.

❹ 선: 반듯한 선을 그릴 수 있다.

❺ 사각형: 사각형을 그릴 수 있다. 선의 굵기, 색, 면의 색을 따로 지정할 수 있다.

❻ 원: 원 또는 타원을 그릴 수 있다.

❼ 글자: 글자를 입력할 수 있고 글씨체, 크기, 효과 및 색을 설정할 수 있다.

❽ 칠하기: 일정 영역을 색칠할 수 있다.

❾ 지우개: 모양의 일부를 지울 수 있다. 지우개의 굵기를 선택할 수 있다.

❿ 모눈종이: 그림판에 좌표를 보여준다.

⓫ 새그림: 새로운 모양을 그릴 수 있도록 빈 그림판이 제공되며, 모양 목록에 '새그림'이 추가된다.

⓬ 파일: 저장하기, 새 모양으로 저장하기가 있다. 저장하기를 할 때 현재 선택된 모양을 대체함으로 주의해야한다.

⓭ 편집: 다양한 편집기능을 제공한다.

- 가져오기: 모양추가에서 제공하는 라이브러리의 그림 또는 업로드한 그림을 그림판에 추가한다.
- 복사하기: 선택한 영역을 복사한다.
- 자르기: 선택한 영역을 자른다.
- 붙이기: 복사하거나 잘라낸 영역을 붙여 넣는다.
- 모두 지우기: 그림판에 있는 모든 그림을 지운다.

⓮ 크기

⓯ 회전

그림판에 새로 그림을 그리다보면 아래와 같이 꾸밀 수 있게 창이 바뀐다.

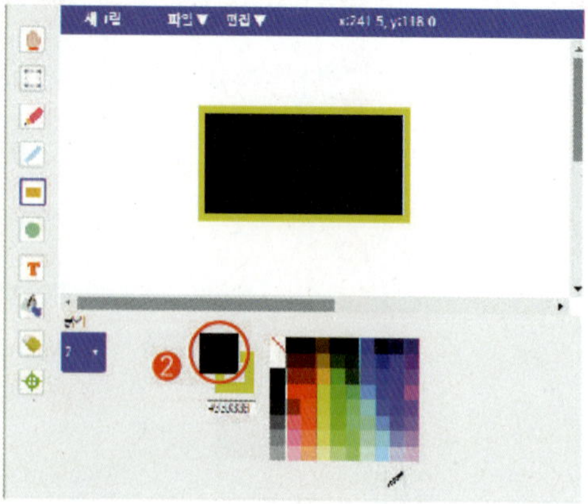

❶  선이나 테두리의 색, 굵기를 지정할 때 선택

❷  면의 색을 지정할 때 선택

사용해보기

'엔트리봇 걷기1' 모양을 활용해 '방구 뀌고 도망가는 엔트리봇' 모양을 추가해보자.

'엔트리봇 걷기1'의 모양을 선택 후 오른쪽 그림판에서 그림을 덧그리고 새 모양으로 저장하면 모양탭에 새그림 목록이 추가된다.

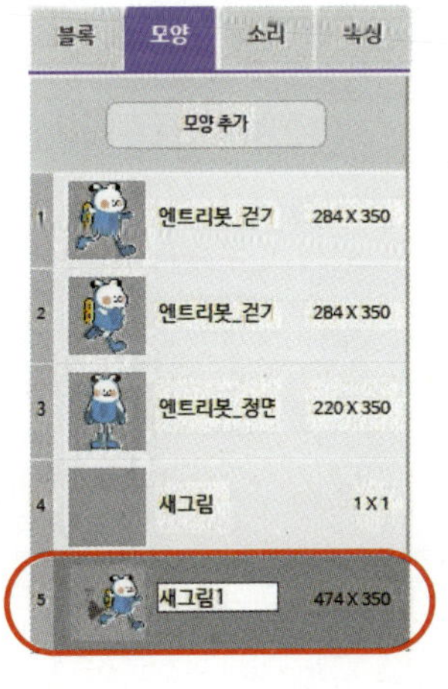

모양 추가한 엔트리봇의 이름을 정해주고, 오브젝트 목록의 엔트리봇 모양을 새로 만든 "방구 뀌고 도망가는 엔트리봇"을 선택하면 엔트리봇의 기본 모양이 바뀌어 실행화면에 나타난다.

글상자탭

오브젝트목록

▼

+ 오브젝트 추가하기

▼

글상자

마지막으로 + 오브젝트 추가하기 의 글상자탭을 살펴보자.

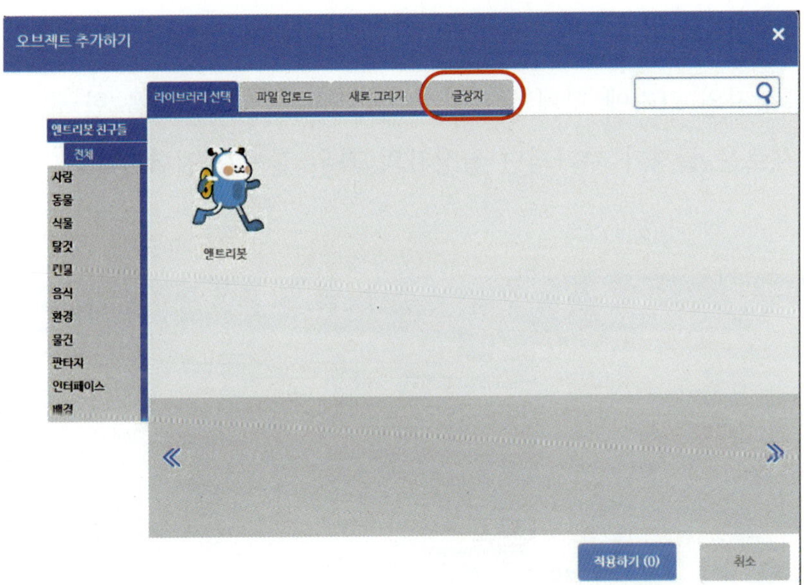

글상자 탭을 누르면 아래와 같이 글상자를 만들 수 있는 창이 나온다.

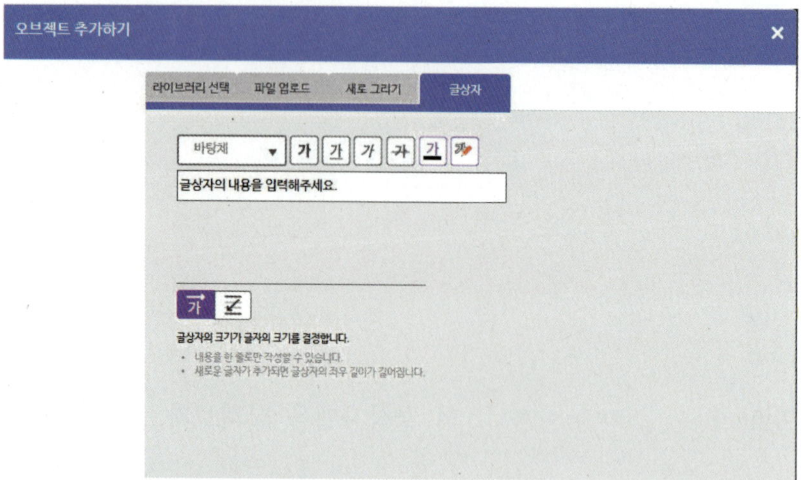

가 는 글상자의 크기에 맞게 글자의 크기가 정해진다. 내용을 한 줄로만 작성할 수 있고, 새로운 글자가 추가되면 글상자의 좌우 길이가 길어진다.

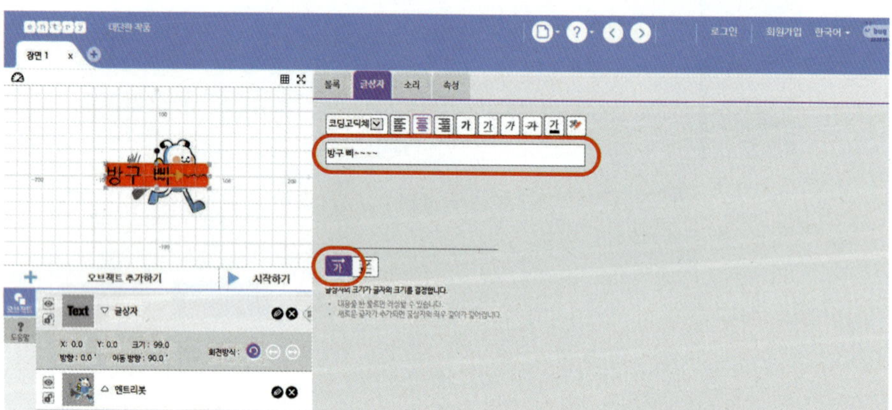

는 글상자의 크기가 글자가 쓰일 수 있는 영역을 결정한다. 내용 작성 시 엔터키로 줄바꿈을 할 수 있고, 내용을 작성하거나 내용을 추가할 때 길이가 글상자의 가로영역을 넘어서면 자동으로 줄바꿈 된다.

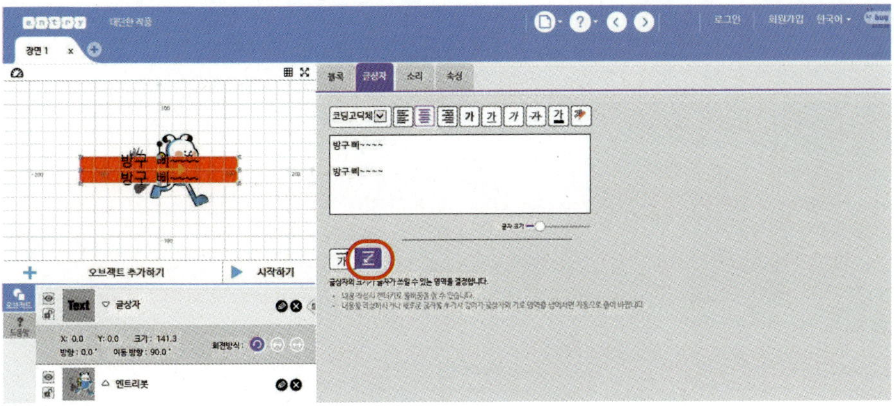

3.1.3 블록 꾸러미 살펴보기

블록꾸러미는 블록, 모양, 소리, 속성탭이 있는데 블록탭에는 명령블록들이 있고, 모양, 소리, 속성 탭은 오브젝트나 명령블록들을 다양하게 사용할 수 있는 추가기능들을 제공한다. 하나씩 살펴보도록 하자.

블록 꾸러미 속성탭

변수만들기

프로그램에서는 어떠한 정보를 임시로 기억하기 위해 **'변수'**라는 공간이 필요하다. 변수는 상자와 같으며 그 안에 숫자나 문자를 넣을 수 있고, 상자에 무엇이 들어가 있는지 알기 쉽게 '변수이름'이라는 이름표를 붙여주는 것이 중요하다.

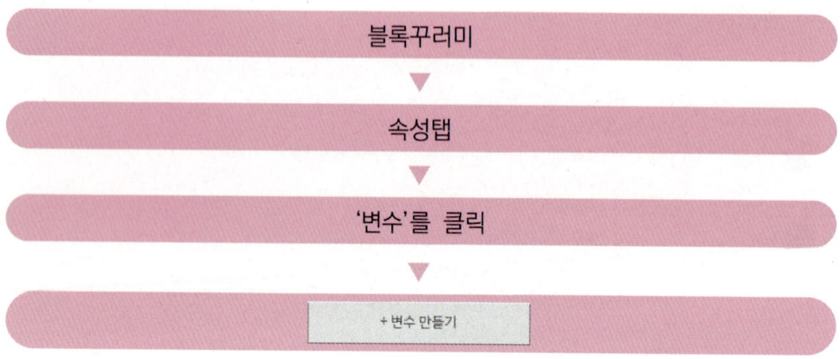

자료블록 꾸러미(자료)의 변수 만들기 를 눌러도 같은 창이 나온다.

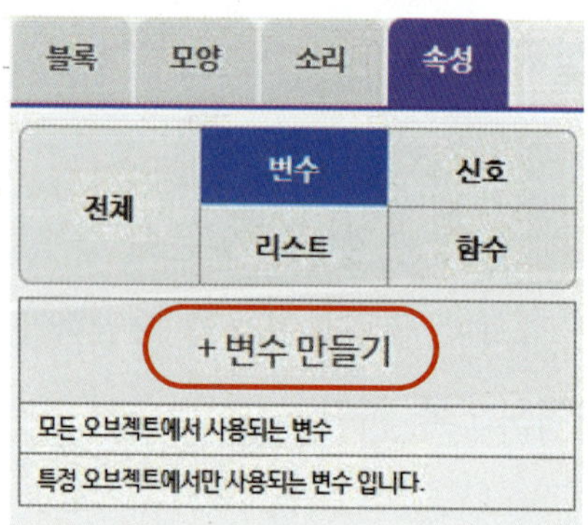

사용해보기

'과목명' 변수와 '점수' 변수 2개를 만들어 보자.

변수는 슬라이드를 체크하고 최소값 0, 최대값 100을 입력해보자.

'모든 오브젝트에서 사용'을 체크하였다.

'이 오브젝트에서 사용'은 해당 변수를 현재 선택한 오브젝트에서만 사용할 수 있는데 복제본을 만들어 복제본마다 다른 행동을 하게 할 때 유용하게 사용할 수 있다.

'공유 변수로 사용'은 실행화면을 정지하면 모든 변수 값이 기본값으로 돌아가는데 '공유변수로 사용'을 체크하면 정지하기를 누르는 순간 마지막에 변수에 들어있던 값이 저장된다.

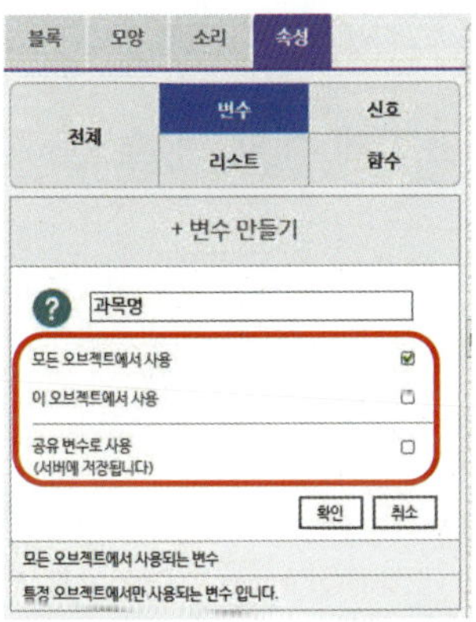

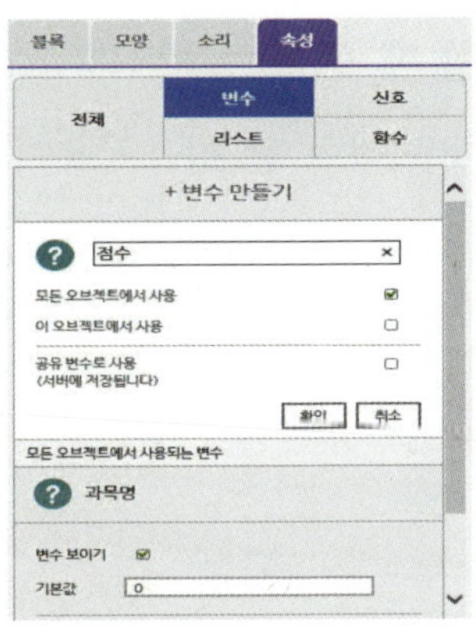

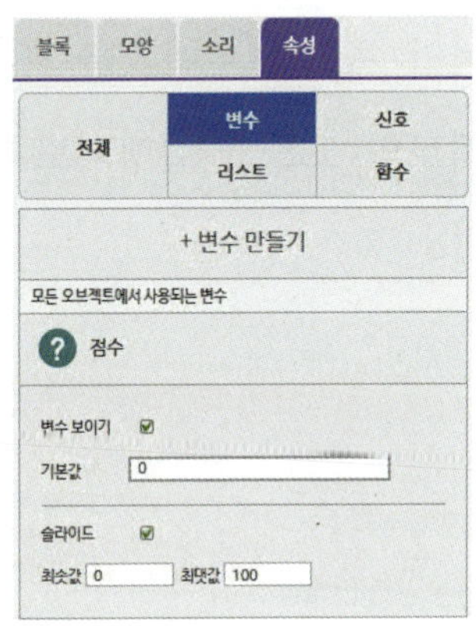

실행 창에 과목 변수창과 점수의 슬라이더 형식의 변수창이 생긴 것을 볼 수 있다. 또한 자료블록꾸러미(자료)에 변수가 포함된 명령블록이 생성된 것을 볼 수 있다.

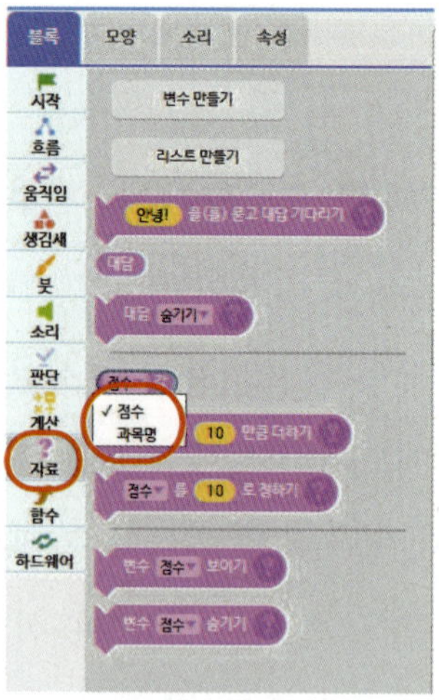

신호만들기

여러 개의 오브젝트를 사용할 때 한 오브젝트의 코드를 실행하는 도중에 다른 오브젝트의 코드가 실행되도록 오브젝트 간 상호작용이 필요한데 이때 '**신호**'를 사용한다.

블록꾸러미

▼

속성탭

▼

'신호' 클릭

▼

+ 신호 추가

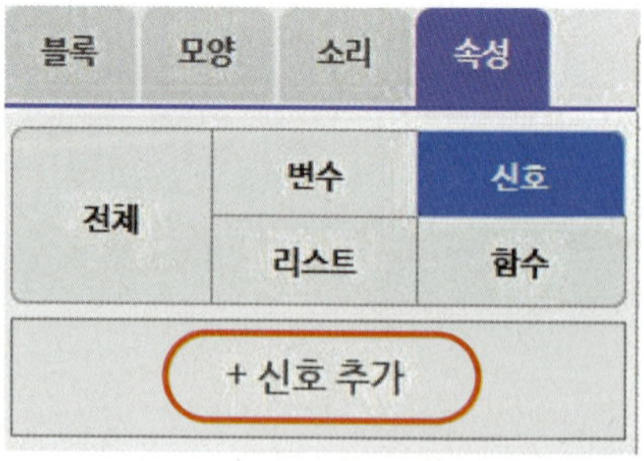

사용해보기

토끼와 거북이가 엔트리봇의 신호에 경주를 하는 프로그램을 짜보자.

오브젝트목록의 + 오브젝트 추가하기 을 누르고 토끼와 거북이를 추가하자.

검색을 하면 쉽게 원하는 오브젝트를 찾을 수 있다.

http://goo.gl/C1YWuS
미션 실행 동영상

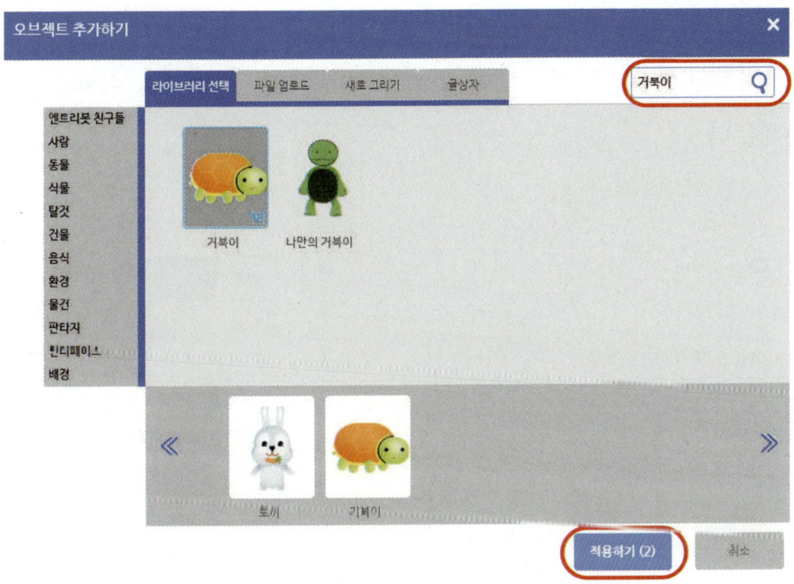

거북이는 크기 50, 좌표 X:-200 Y:-100로 수정한다. 옮기고 싶은 위치에 마우스 가져가면 정확한 좌표를 알 수 있다. 오브젝트를 드래그해서 옮겨도 되고, 오브젝트 크기조절점으로 크기를 조절할 수도 있다.

토끼는 모양탭에서 옆모습을 골라 선택해 바꿔주고, 크기 50, 좌표는 X:-200, Y:0으로 변경해준다.

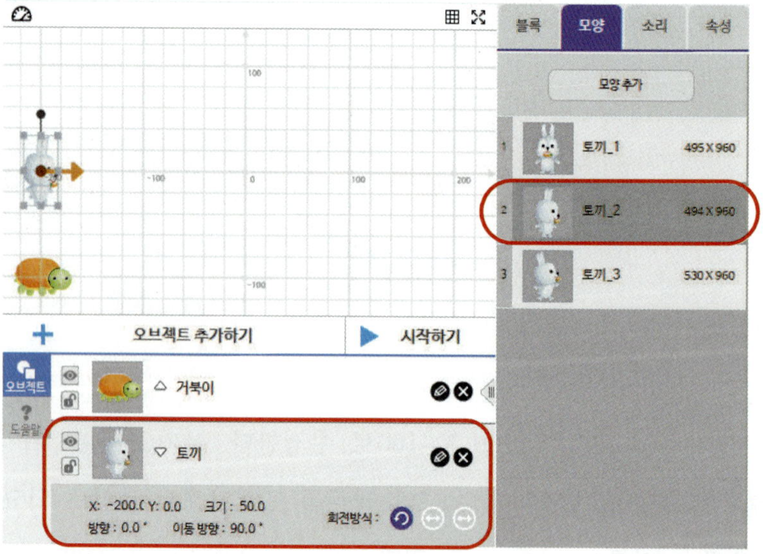

엔트리봇은 모양탭에 원하는 모양이 없어 모양추가를 눌러 정면을 추가하여 선택해 바꿔줬다. 마찬가지로 크기 50, 좌표는 X:-100 Y:80으로 변경해줬다.

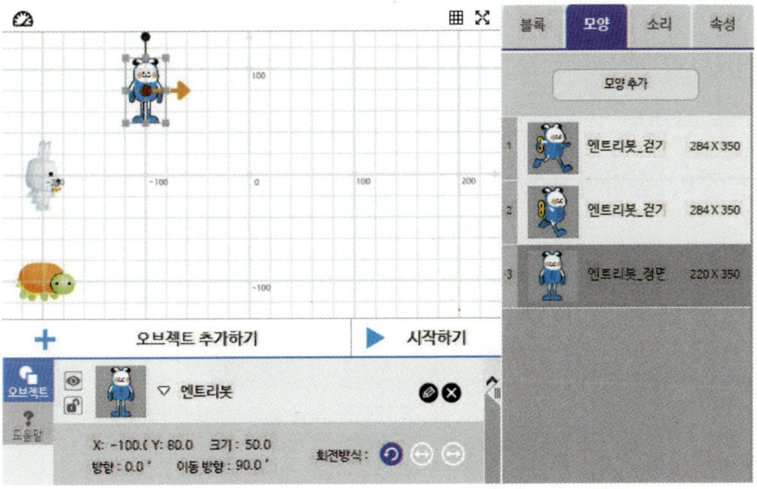

엔트리봇이 "경주시작!"을 외치면 토끼와 거북이가 직선으로 달려야 한다. 이때 "경주시작!"과 달리기는 서로 상호작용을 하는 것이다. "경주시작!"이 신호라고 할 수 있다.

속성탭에서 신호를 추가하고 경주시작으로 이름을 바꾸면 시작블록꾸러미( )의 명령블록에 경주시작을 선택할 수 있게 명령블록이 바뀌는 것을 볼 수 있나.

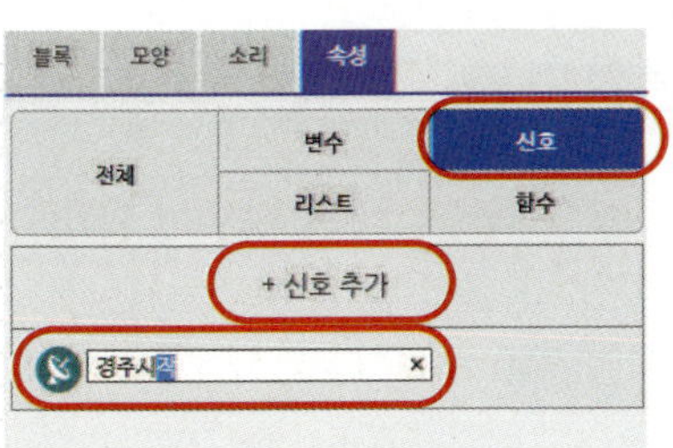

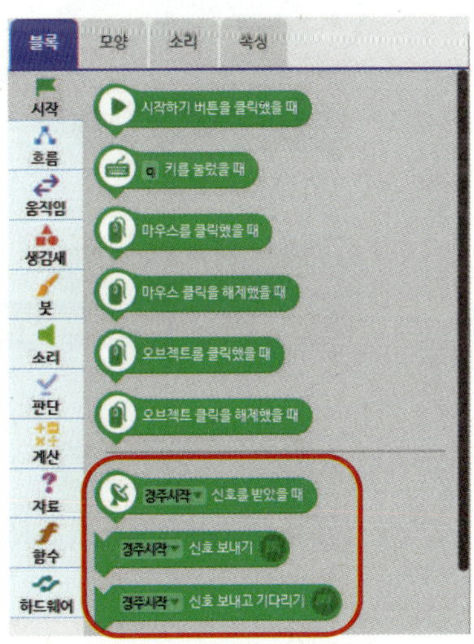

블록조립소에서 블록을 조립해 실행시켜보자.

프로그래밍을 할 때는 각 오브젝트별로 명령을 해야 한다. 오브젝트 목록에서 해당 오브젝트를 선택해 프로그래밍해야 하는데 해당 오브젝트가 맞는지 확인하는 버릇을 들이는 것이 손가락보호와 정신건강에 좋다.

우선 엔트리봇 코딩을 해보자.

생김새블록꾸러미( )의 

,

시작블록꾸러미( )의 

를 사용해보자.

거북이와 토끼의 코딩은

시작블록꾸러미( )의 

,

움직임블록꾸러미( )의 

를 사용해보자.

엔트리봇, 거북이, 토끼의 예시코드이다.

[예시코드]

엔트리봇

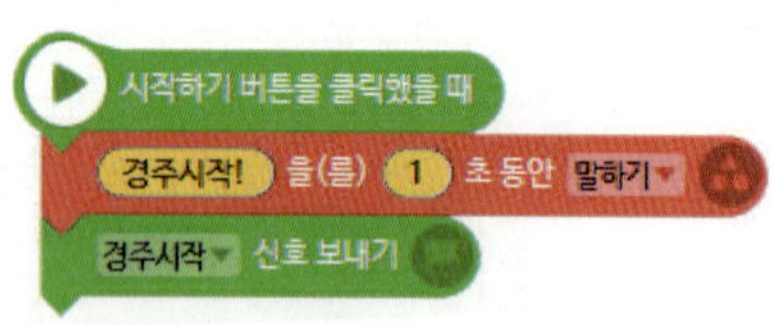

거북이

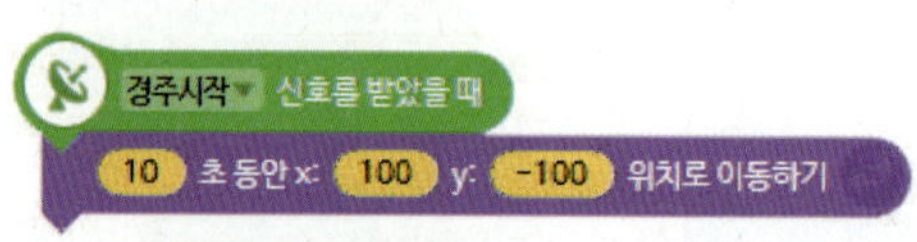

토끼

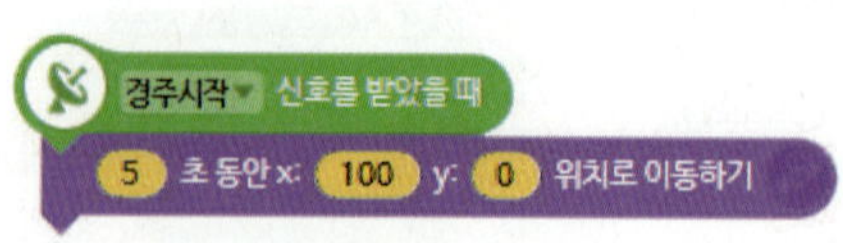

리스트만들기

같은 종류의 데이터들이 여러 개일 때, 자료마다 번호를 붙여 '**리스트**'로 묶어 관리하면 편하다. '리스트'는 번호를 붙여 관리하는 목록과 같으며, 그 안에는 원하는 만큼의 숫자나 문자를 넣을 수 있다.

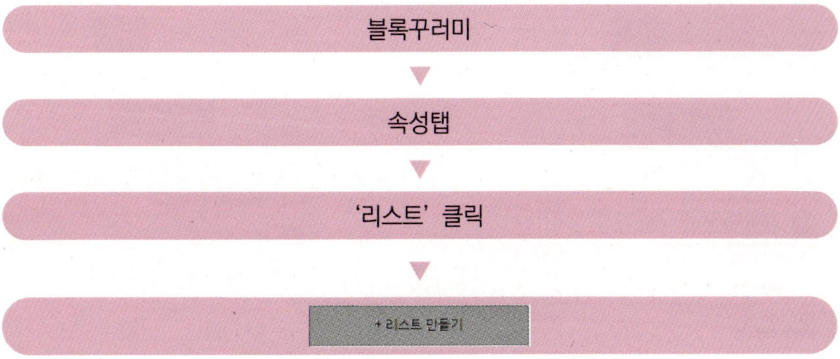

자료블록 꾸러미(자료)의 리스트 만들기를 눌러도 같은 창이 나온다.

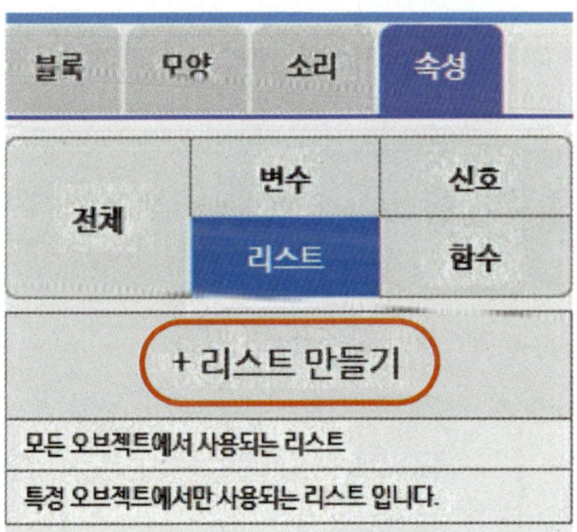

사용해보기

'MT참석리스트'를 만들어보자. 리스트항목은 5개로 하자. 리스트항목수와 값은 프로그램 실행 중에도 코드를 통해 바꿀 수 있다.

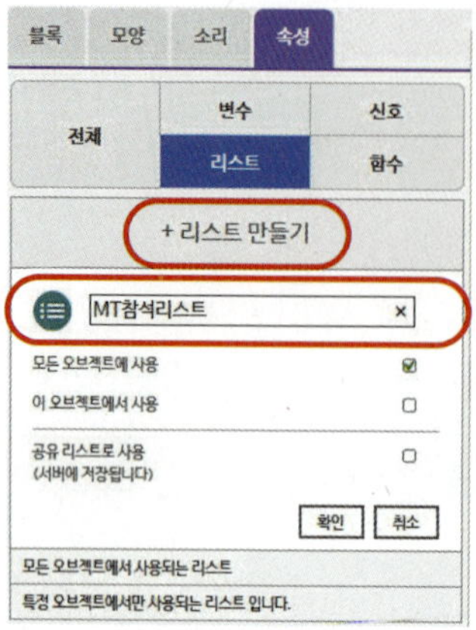

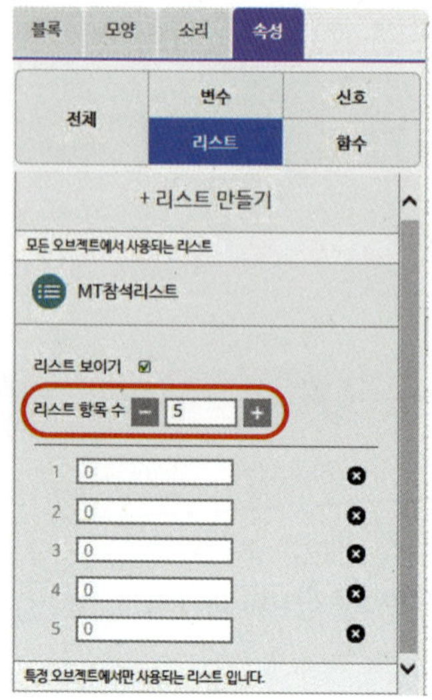

실행 창에 'MT참석리스트'라는 리스트창과 자료블록꾸러미에 리스트가 포함된 명령블록이 생성된 것을 볼 수 있다.

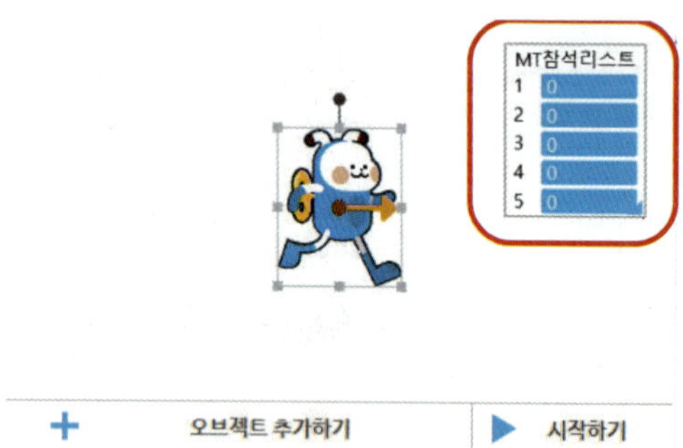

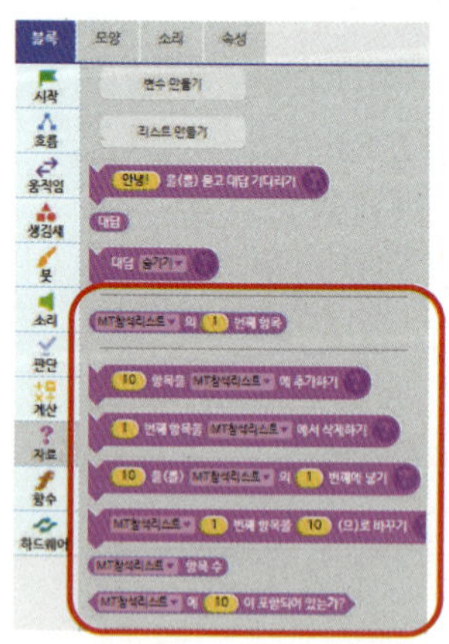

함수만들기

마지막으로 속성탭의 함수를 살펴보자.

블록꾸러미

▼

속성탭

▼

'함수' 클릭

▼

+ 함수 만들기

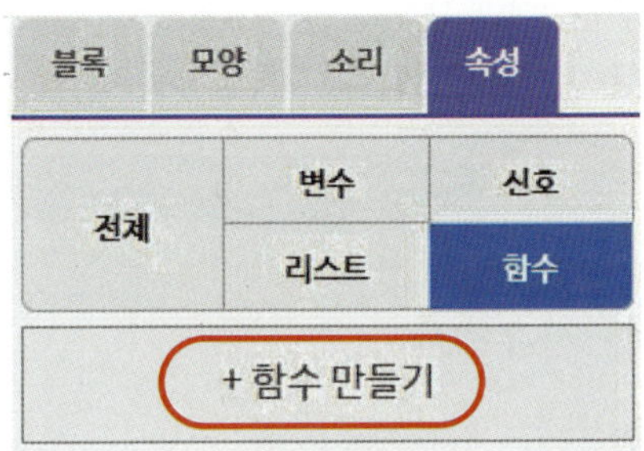

속성탭의 [+ 함수 만들기] 누르면 블록조립소가 아래와 같이 바뀐다.

함수블록 꾸러미(함수)의 [함수 만들기]를 눌러도 같은 화면이 나온다.

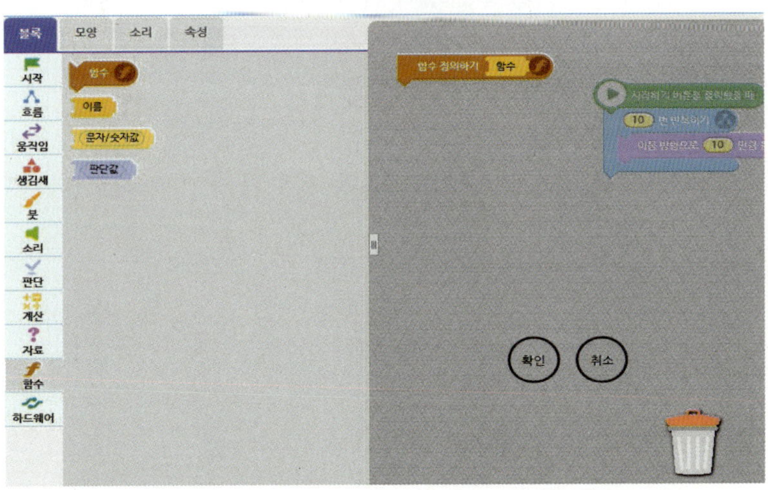

블록조립소에서 직접 함수를 만들어 사용하는 블록으로 2부의 학습하기 게임들 중 약속하기, 약속불러오기 블록을 생각하면 쉬울 것이다.

함수 정의하기 함수 의 "함수" 부분을 클릭해 이름을 바꿔주면 (함수 정의하기 whybooks) 블록꾸러미의 함수블록의 이름이 자동으로 바뀐다 whybooks .

사용해보기

키보드의 방향키에 맞게 엔트리봇이 움직이는 프로그램을 짜보자.

http://goo.gl/dAgZIO
미션 실행 동영상

함수만들기를 눌러 "위로 가기"로 함수이름을 정의한다.

움직임블록꾸러미(움직임)의 이동 방향을 90° (으)로 정하기 , 이동 방향으로 10 만큼 움직이기 를 사용해보자.

이동 방향을 90° (으)로 정하기 블록의 90°를 클릭하면 각도계가 나와 쉽게 각도를 정할 수 있다.

"위로 가기" 외에 "오른쪽으로 가기", "왼쪽으로 가기", "아래로 가기" 함수도 만들어보자.

[예시코드]

함수를 만들면 함수블록꾸러미(함수)에 새로 만든 함수 명령블록이 생긴 것을 볼 수 있다.

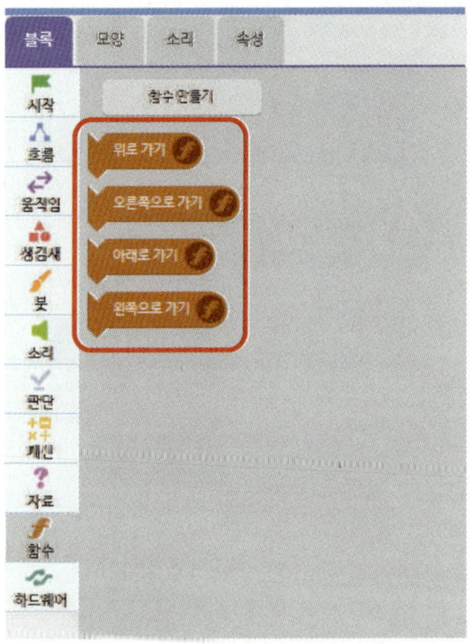

자 그럼 엔트리봇이 키보드 방향키에 따라 움직이게 해보자.

시작블록꾸러미(시작)의  블록을 사용해보자.

"q"를 누르면  키보드 모양이 나타나고 바꾸는 것이 가능하게 된다. 원하는 것을 키보드를 눌러 바꿔주자. 파란색 영역 키만 바꿀 수 있다.

일반적인 방식의 코딩은 아래와 같이 길어진다. 이렇게 길고 반복적인 것은 함수를 이용하면 쉽고 실수도 적어지기 때문에 함수를 사용하는 것이다.

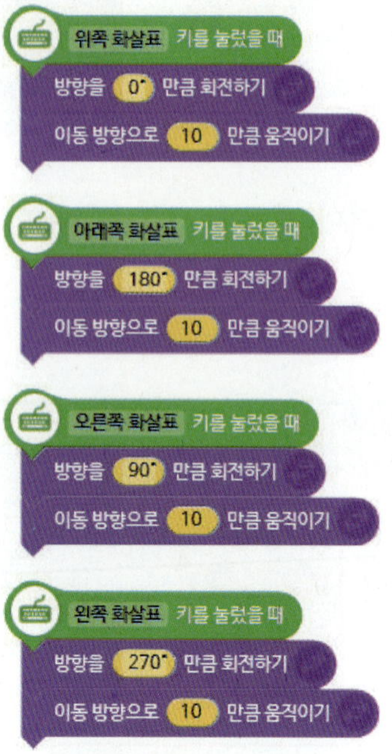

블록꾸러미의 모양탭은 오브젝트추가하기에서 이미 살펴봤고, 소리탭은 블록꾸러미의 소리블록(소리)에서 살펴볼 것이다.

3.1.4 블록 꾸러미의 블록탭 살펴보기

블록 꾸러미의 블록탭에는 '시작', '흐름', '움직임', '생김새', '붓', '소리', '판단', '계산', '자료', '함수', '하드웨어' 블록 모음이 있다.

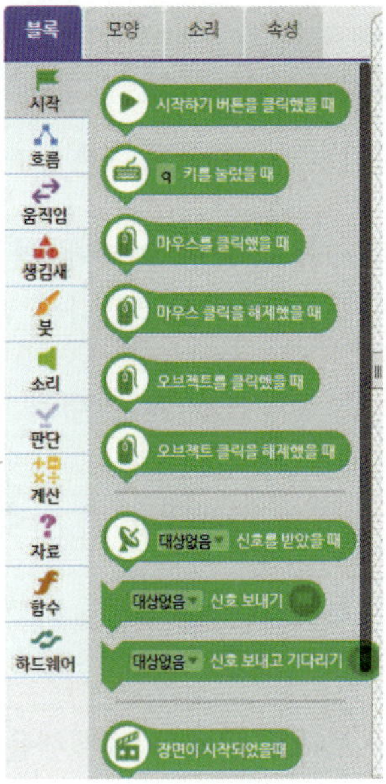

각각의 블록모음 블록들의 모양과 기능을 알아보고 간단하게 사용해 보도록 하자. 2부의 학습하기 게임 미션을 해결하면서 사용해본 블록들도 많을 것이다. 아래의 블록들은 뒷장의 예제들에서도 계속 다루게 되니 암기하기보다 이런 것이 있구나 정도로 훑고 지나가길 바란다.

시작 블록꾸러미

시작블록꾸러미의 명령블록들은 오브젝트들의 실행을 시작할 때 사용하는 것으로 항상 첫 번째로 사용한다.

블록모양	블록설명
	시작하기 버튼을 클릭하면 아래에 연결된 블록들을 실행한다.
	지정된 키를 누르면 아래에 연결된 블록들을 실행한다. (q는 클릭하여 키보드의 다른 키로 변경가능하다.)
	마우스를 클릭했을 때 아래에 연결된 블록들을 실행한다.
	마우스클릭을 해제했을 때 아래에 연결된 블록들을 실행한다.
	해당 오브젝트를 클릭했을 때 아래에 연결된 블록들을 실행한다.
	해당 오브젝트 클릭을 해제했을 때 아래에 연결된 블록들을 실행한다.
	해당 신호를 받으면 연결된 블록들을 실행한다. (대상없음 옆의 삼각형을 눌러 바꿀 수 있다. 속성탭에서 신호를 만들면 선택목록에 추가된다.)
	목록에서 선택된 신호를 보낸다.
	목록에서 선택된 신호를 보내고, 해당 신호를 받는 블록들의 실행이 끝날 때까지 기다린다.
	장면이 시작되면 아래에 연결된 블록들을 실행한다.
	목록에서 선택한 장면을 시작한다.(실행창의 장면을 추가하면 선택할 수 있는 장면 목록이 늘어난다.)
	이전 또는 다음 장면을 시작한다.

사용해보기

엔트리봇이 걷는 중에 마우스를 클릭했을 때 뒤로 걷고, 엔터키를 눌렀을 때 가운데로 돌아오는 미션을 해보자.

엔트리봇을 왼쪽으로 옮겨 걸을 수 있는 거리를 늘려주자.

http://goo.gl/ncHYCA
미션 실행 동영상

생김새블록꾸러미(생김새)에서 

블록을 가져다 "안녕"을 "마우스를 클릭하면 뒤로 걷고, 엔터키를 누르면 가운데로 돌아가요"로 바꿔주고, 블록조립소에 기본으로 주어진 블록 

사이에 넣는다. 알맞은 속도와 반복 횟수로 바꿔준다.(예시는 240번 반복, 2만큼 움직이기로 바꿈)

시작블록꾸러미의 

블록을 블록 조립소에 옮겨놓고 생김새블록꾸러미(생김새)에서 

를 가져와 연결한다. 중간 중간 시작하기를 누르고 실행창을 마우스로 클릭해보면서 명령을 체크해보면 좀 더 쉽게 코딩할 수 있다.

시작블록꾸러미의 

를 가져와 'q'를 클릭하면 아래와 같은 선택창이 나오는데 원하는 것을 키보드로 누르면 바뀐다. 키보드의 엔터키를 눌러 '엔터키를 눌렀을 때'로 바꿔보자.

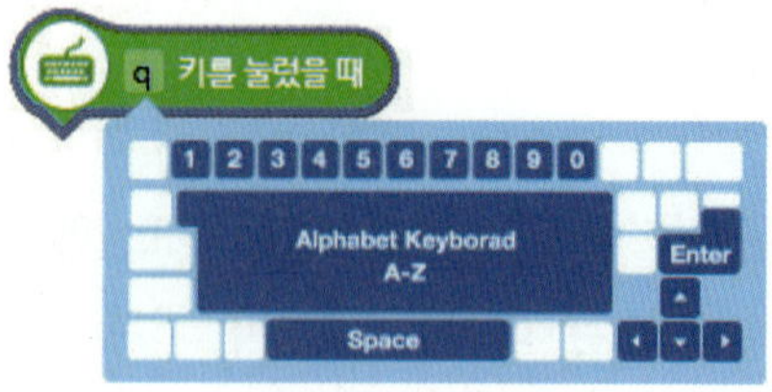

움직임블록꾸러미(움직임)의 

블록을 가져와 엔터키를 눌렀을 때 가운데로 이동하게 해보자.

[예시코드]

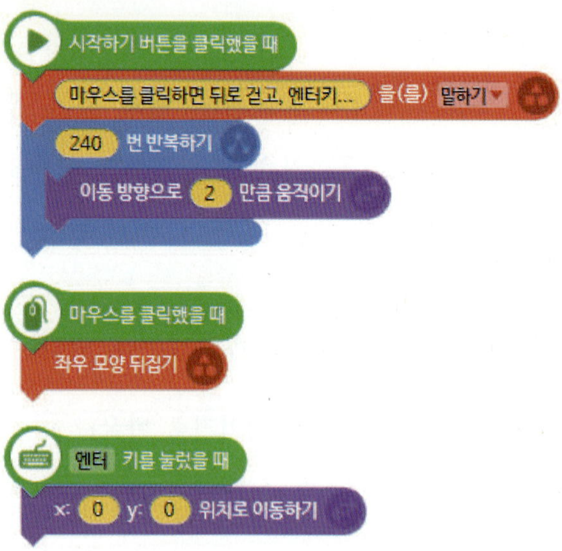

흐름 블록꾸러미

흐름블록꾸러미는 조건에 따라 블록을 실행하거나 반복하는 블록들이 있다. 조건에 따라 블록을 실행하는 블록들은 뒤에 설명할 판단블록꾸러미(판단)블럭과 함께 사용한다.

블록모양	블록설명
	설정한 시간만큼 기다린 후 다음 블록실행. “2”를 클릭하여 다른 값으로 설정할 수 있다.
	설정한 횟수만큼 감싸고 있는 블록들을 반복 실행한다.
	감싸고 있는 블록들을 계속해서 반복 실행한다.
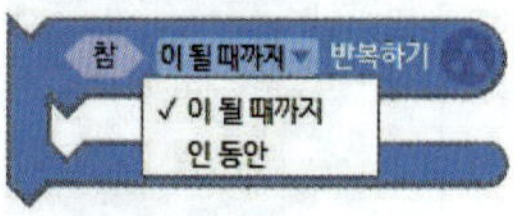	판단이 ‘참’이 ‘될 때까지’, ‘인 동안’ 감싸고 있는 블록들을 반복 실행한다.
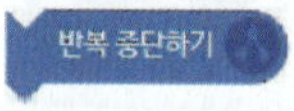	이 블록을 감싸는 가장 가까운 반복 블록의 반복을 중단한다.
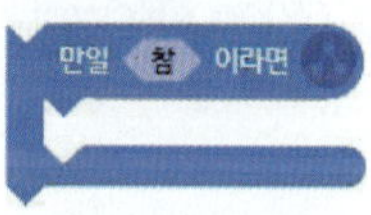	만일 판단이 ‘참’이라면, 감싸고 있는 블록들을 실행한다.
	만일 판단이 ‘참’이면 첫 번째 감싸고 있는 블록을 실행, 아니면 즉 거짓이면 두 번째 감싸고 있는 블록을 실행한다.
	판단이 ‘참’이 될 때까지 실행을 멈추고 기다린다.
	모든: 모든 오브젝트들이 즉시 실행을 멈춤 자신: 해당 오브젝트의 모든 블록들 멈춤 이코드: 이 블록이 포함된 코드가 즉시 실행 멈춤 자신외 다른코드: 해당 오브젝트 중 이 블록이 포함된 코드를 제외한 모든 코드가 즉시 실행 멈춘다.

처음부터 다시 실행하기	모든 오브젝트를 처음부터 다시 실행한다.
복제본이 처음 생성되었을때	해당 오브젝트의 복제본이 새로 생성되었을 때 아래에 연결된 블록을 실행한다.
자신 의 복제본 만들기	선택한 오브젝트의 복제본을 생성한다.
이 복제본 삭제하기	복제본이 처음 생성되었을때 블록과 함께 사용하여 생성된 복제본을 삭제한다.
모든 복제본 삭제하기	해당 오브젝트의 모든 복제본을 삭제한다.

사용해보기

흐름블록들을 가지고 엔트리봇의 복제본을 만들어보자.

생김새블록 꾸러미(생김새)에서 안녕! 을(를) 4 초 동안 말하기 을 가져와 "안녕"을 "나와라 내분신!"이라 고치고, 4초를 2초로 수정한다.

흐름블럭꾸러미의 2 초 기다리기 , 자신 의 복제본 만들기 을 가져와 붙인다.

http://goo.gl/cwoUif
미션 실행 동영상

복제본이 만들어지면 처음 엔트리봇과 겹쳐 보이지 않기 때문에 복제본이 보일 수 있게 흐름블럭꾸러미의 복제본이 처음 생성되었을때 을 가져와 복제본에게 명령을 내려보자. 움직임블록꾸러미(움직임)에서 이동 방향으로 10 만큼 움직이기 , 생김새블록꾸러미(생김새)에서 안녕! 을(를) 말하기 블록을 가져와 "10(거리)"과 "안녕"을 바꿔주자.

나와라 내분신!
오브젝트 추가하기
정지하기

짠~
오브젝트 추가하기
정지하기

[예시코드]

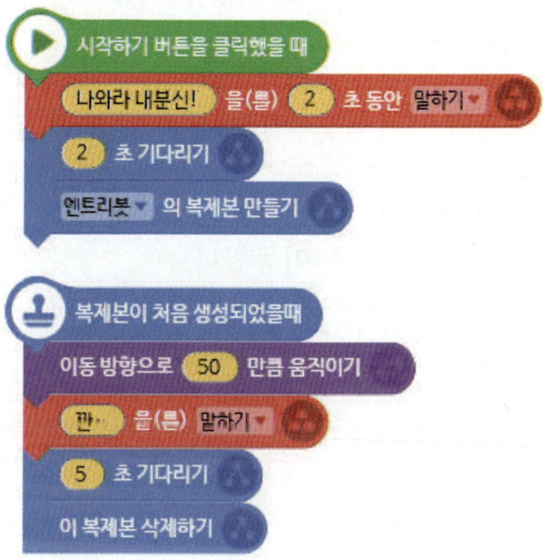
시작하기 버튼을 클릭했을 때
나와라 내분신! 을(를) 2 초 동안 말하기
2 초 기다리기
엔트리봇 의 복제본 만들기
복제본이 처음 생성되었을때
이동 방향으로 50 만큼 움직이기
짠~ 을(를) 말하기
5 초 기다리기
이 복제본 삭제하기

움직임 블록꾸러미

블록모양	블록설명
이동 방향으로 10 만큼 움직이기	설정한 값만큼 오브젝트의 이동방향 화살표가 가리키는 방향으로 움직임
화면 끝에 닿으면 튕기기	해당 오브젝트가 화면 끝에 닿으면 튕겨져 나옵니다.
x 좌표를 10 만큼 바꾸기	오브젝트의 x좌표를 설정한 값만큼 바꾼다.
y 좌표를 10 만큼 바꾸기	오브젝트의 y좌표를 설정한 값만큼 바꾼다.
2 초 동안 x: 10 y: 10 만큼 움직이기	오브젝트가 입력한 시간에 걸쳐 x와 y좌표를 설정한 값만큼 움직인다.
x: 10 위치로 이동하기	오브젝트가 입력한 x좌표로 이동한다. 오브젝트의 중심점이 기준이다.
y: 10 위치로 이동하기	오브젝트가 입력한 y좌표로 이동한다.
x: 0 y: 0 위치로 이동하기	오브젝트가 입력한 x,y좌표로 이동한다.
2 초 동안 x: 10 y: 10 위치로 이동하기	오브젝트가 입력한 시간에 걸쳐 입력한 x,y좌표로 이동한다.
대상없음▾ 위치로 이동하기 (엔트리봇 / 마우스포인터)	오브젝트가 선택한 오브젝트 또는 마우스 포인터의 위치로 이동한다.
2 초 동안 Entry Bot▾ 위치로 이동하기	오브젝트가 입력한 시간에 걸쳐 선택한 오브젝트 또는 마우스 포인터의 위치로 이동한다.
방향을 90° 만큼 회전하기	오브젝트의 방향을 입력한 각도만큼 시계방향으로 회전한다.
이동 방향을 90° 만큼 회전하기	오브젝트의 이동 방향을 입력한 각도만큼 시계방향으로 회전한다.
2 초 동안 방향을 90° 만큼 회전하기	오브젝트의 방향을 입력한 시간에 걸쳐 입력한 각도만큼 시계방향으로 회전한다.

블록	설명
2 초 동안 이동 방향 90° 만큼 회전하기	오브젝트의 이동 방향을 입력한 시간에 걸쳐 입력한 각도만큼 시계방향으로 회전한다.
방향을 90° (으)로 정하기	해당 오브젝트의 방향을 입력한 각도로 정한다.
이동 방향을 90° (으)로 정하기	해당 오브젝트의 이동 방향을 입력한 각도로 정한다.
Entry Bot ▾ 쪽 바라보기	해당 오브젝트가 다른 오브젝트 또는 마우스 포인터 쪽을 바라본다. 오브젝트의 이동방향이 선택된 항목을 향하도록 오브젝트의 방향을 회전해 준다.
90° 방향으로 10 만큼 움직이기	설정한 각도 방향으로 입력한 값만큼 움직인다. 실행화면 위쪽이 0도, 시계방향으로 갈수록 각도 증가한다.

[방향을 90° 만큼 회전하기]는 현재 오브젝트가 보고 있는 각도에서 더하거나 빼서 회전하는 것이고, [방향을 90° (으)로 정하기]의 차이점은 현재 방향과 상관없이 입력한 각도 즉 0도는 위, 90도는 오른쪽, 180도는 아래쪽, 270도는 왼쪽 같이 입력한 각도 방향으로 오브젝트가 위치한다는 차이점이 있다.

사용해보기

엔트리봇이 좌우벽에 부딪혀 제자리로 오는 미션을 해보자.

실행창의 좌표계(田)를 눌러 좌표를 표시해보자. x축은 -240~240, y축은 -140~140인 것을 알 수 있을 것이다. 엔트리봇을 눌러 엔트리봇의 크기와 중심점 좌표를 살펴보면 엔트리봇이 벽에 부딪히려면 오른쪽으로 200, 왼쪽으로 200만큼 움직여야 할 것이다.

http://goo.gl/9UojF2
미션 실행 동영상

기본 제공되는 코드묶음인 [시작하기 버튼을 클릭했을 때 / 10 번 반복하기 / 이동 방향으로 10 만큼 움직이기] 을 수정하고 움직임블록 꾸러미의 [화면 끝에 닿으면 튕기기] 을 추가하여 완성해보자.

[예시코드]

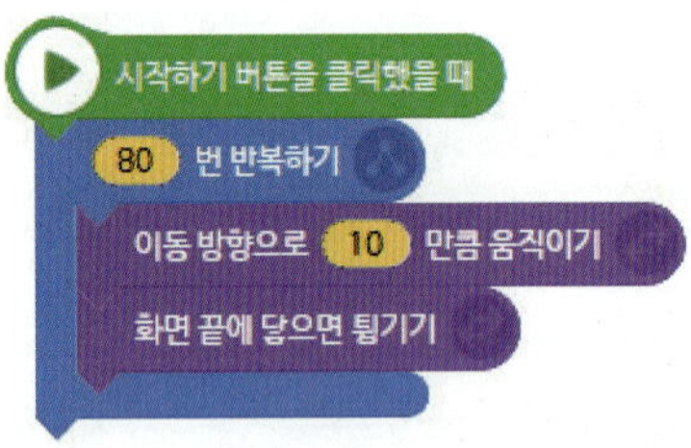

생김새 블록꾸러미

블록모양	블록설명
모양 보이기	해당 오브젝트를 화면에 나타낸다.
모양 숨기기	해당 오브젝트를 화면에서 보이지 않게 한다.
안녕! 을(를) 4 초 동안 말하기	오브젝트가 입력한 내용은 입력한 시간 동안 말풍선으로 말한 후 다음 블록이 실행된다.
안녕! 을(를) 말하기	오브젝트가 입력한 내용을 말풍선으로 말하는 동시에 다음 블록이 실행된다.
말하기 지우기	오브젝트가 말하고 있는 말풍선을 지운다.
엔트리봇_걷기1 모양으로 바꾸기	오브젝트를 선택한 모양으로 바꾼다.
다음 모양으로 바꾸기	오브젝트의 모양을 모양탭에 있는 다음/이전 모양으로 바꾼다.
색깔 효과를 10 만큼 주기	해당 오브젝트에 선택한 효과를 입력한 값만큼 준다. 색깔, 밝기, 투명도를 선택할 수 있다.
색깔 효과를 100 (으)로 정하기	색깔: 오브젝트의 색깔 효과를 입력한 값으로 정한다. 0~100을 주기로 반복됨 밝기: 오브젝트의 밝기 효과를 입력한 값으로 정한다. -100~100사이의 범위, -100이하는 -100으로 100이상은 100으로 처리됨 투명도: 오브젝트의 투명도 효과를 입력한 값으로 정한다. 0~100사이의 범위, 0이하는 0으로, 100이상은 100으로 처리됨.
효과 모두 지우기	해당 오브젝트에 적용된 효과를 모두 지운다.
크기를 10 만큼 바꾸기	해당 오브젝트의 크기를 입력한 값만큼 바꾼다.
크기를 100 (으)로 정하기	해당 오브젝트의 크기를 입력한 값으로 정한다.

상하 모양 뒤집기	해당 오브젝트의 상하 모양을 뒤집는다.
좌우 모양 뒤집기	해당 오브젝트의 좌우 모양을 뒤집는다.
맨 앞으로 ▾ 보내기	맨앞으로: 해당 오브젝트를 화면의 가장 앞쪽으로 가져온다. 앞으로: 해당 오브젝트를 한 층 앞쪽으로 가져온다. 뒤로: 해당 오브젝트를 한 층 뒤쪽으로 보낸다. 맨뒤로: 해당 오브젝트를 화면의 가장 뒤쪽으로 보낸다.

사용해보기

곰이 도망가는 엔트리봇을 따라잡아 잡아먹으려하자 엔트리봇이 죽은 척하는 미션을 해보자.

+ 오브젝트 추가하기 에서 곰(2)를 선택하고 모양탭에서 곰(2)-2로 모양을 변경해보자.

http://goo.gl/xrxrlE
미션 실행 동영상

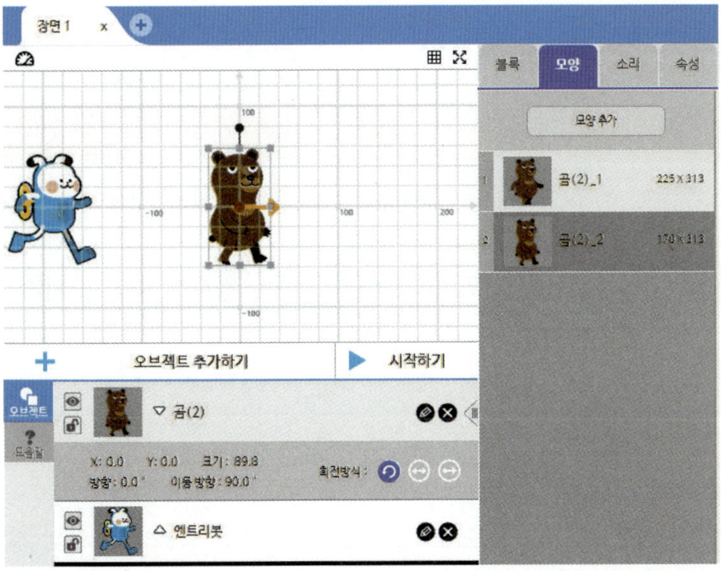

오브젝트가 여러 개일 때는 오브젝트 별로 각각 코딩을 해줘야한다. 오브젝트가 바뀌지 않게 코딩하기 전에 오브젝트 목록에서 올바른 오브젝트가 선택되어 있는지 확인하자.

[예시코드]

엔트리봇 코드	곰(2) 코드
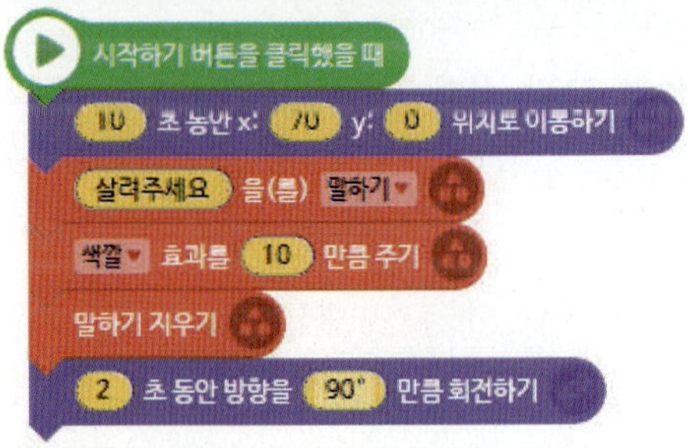	

붓 블록꾸러미

블록모양	블록설명
도장찍기	오브젝트의 모양을 도장처럼 실행화면 위에 찍는다.
그리기 시작하기	오브젝트가 이동하는 경로를 따라 그려지기 시작한다.
그리기 멈추기	오브젝트가 선을 그리는 것을 멈춘다.
붓의 색을 ■ (으)로 정하기	오브젝트가 그리는 선의 색을 선택한 색으로 정한다.
붓의 색을 무작위로 정하기	오브젝트가 그리는 선의 색을 무작위로 정한다.
붓의 굵기를 1 만큼 바꾸기	오브젝트가 그리는 선의 굵기를 입력한 값만큼 바꾼다.1~무한의 범위, 1이하는 1로 처리
붓의 굵기를 1 (으)로 정하기	오브젝트가 그리는 선의 굵기를 입력한 값으로 정한다.
붓의 투명도를 10 % 만큼 바꾸기	해당 오브젝트가 그리는 붓의 투명도를 입력한 값만큼 바꾼다. 0~100의 범위, 0이하는 0, 100이상은 100으로 처리
붓의 투명도를 50 % 로 정하기	해당 오브젝트가 그리는 붓의 투명도를 입력한 값으로 정한다.
모든 붓 지우기	해당 오브젝트가 그린 선과 도장을 모두 지운다.

사용해보기

도장찍기 **블록을 활용하여 꽃을 만들어보자.**

\+ 오브젝트 추가하기 에서 빨간꽃잎 추가, 엔트리봇 삭제

http://goo.gl/TgoYCN
미션 실행 동영상

빨간 꽃잎의 중심점을 꽃잎 시작부분으로 이동하고, 좌표를 x:0 y:0으로 변경해 위치를 바꿔주자.

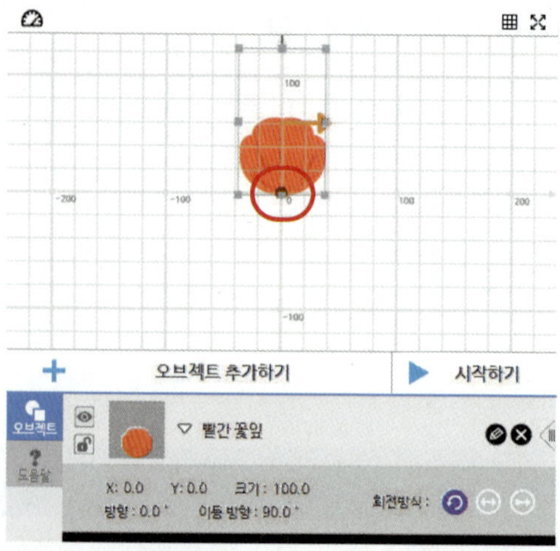

흐름블록 꾸러미의 

, 움직임블록 꾸러미의 

, 생김새블록 꾸러미의 

 블록을 이용해 완성한다.

[예시코드]

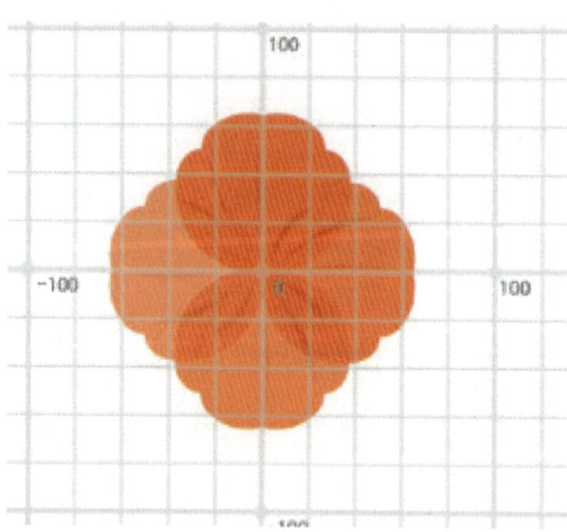

소리 블록꾸러미

소리블록꾸러미는 블록꾸러미의 소리탭과 연동된다. 블록을 살펴본 후 사용해보기에서 소리 명령블록과 소리탭의 연동관계를 알아보자.

블록모양	블록설명
소리 강아지 짖는소리▼ 재생하기	해당 오브젝트가 선택한 소리를 재생하는 동시에 다음 블록을 실행한다.
소리 강아지 짖는소리▼ 1 초 재생하기	해당오브젝트가 선택한 소리를 입력한 시간만큼만 재생하는 동시에 다음 블록을 실행한다.
소리 강아지 짖는소리▼ 1 초 부터 10 초까지 재생하기	해당 오브젝트가 선택한 소리를 입력한 시간 부분만을 재생하는 동시에 다음 블록을 실행한다.
소리 강아지 짖는소리▼ 재생하고 기다리기	해당 오브젝트가 선택한 소리를 재생하고, 소리 재생이 끝나면 다음 블록을 실행한다.
소리 강아지 짖는소리▼ 1 초 재생하고 기다리기	해당 오브젝트가 선택한 소리를 입력한 시간만큼만 재생하고, 소리 재생이 끝나면 다음 블록을 실행한다.
소리 강아지 짖는소리▼ 1 초 부터 10 초까지 재생하고 기다리기	해당 오브젝트가 선택한 소리를 입력한 시간 부분만을 재생하고 소리 재생이 끝나면 다음 블록을 실행한다.
소리 크기를 10 % 만큼 바꾸기	작품에서 재생되는 모든 소리의 크기를 입력한 퍼센트만큼 바꾼다.
소리 크기를 10 % 로 정하기	작품에서 재생되는 모든 소리의 크기를 입력한 퍼센트로 정한다.
모든 소리 멈추기	현재 재생 중인 모든 소리를 멈춘다.

사용해보기

누르면 소리나는 피아노를 만들어 보자

+ 오브젝트 추가하기 에서 피아노, 피아노건반 선택 후 적용하기

http://goo.gl/0YJVcd
미션 실행 동영상

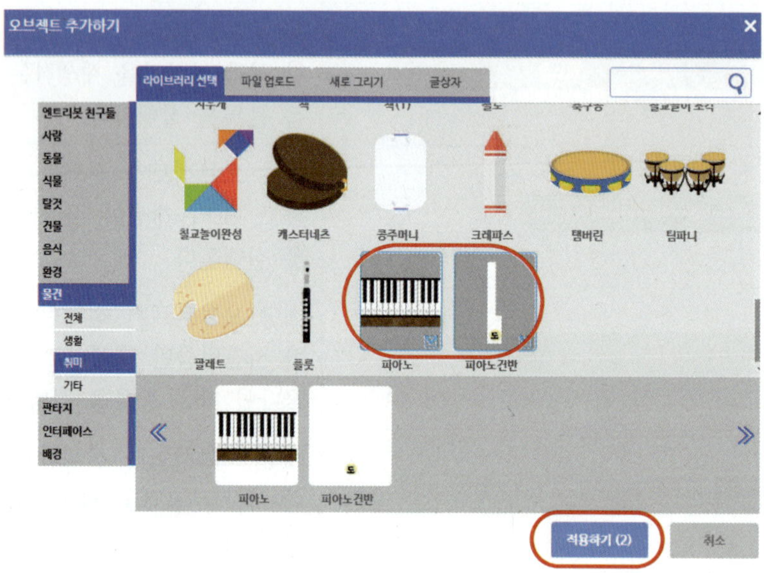

피아노건반 오브젝트 크기를 400으로 수정

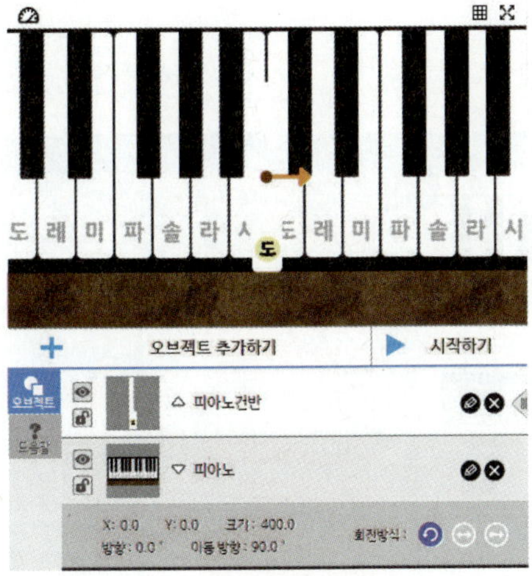

피아노건반 오브젝트 선택 후 블록꾸러미 소리탭에서 소리추가

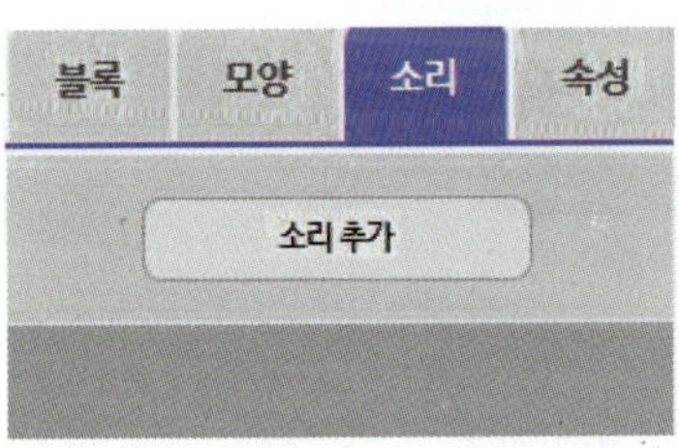

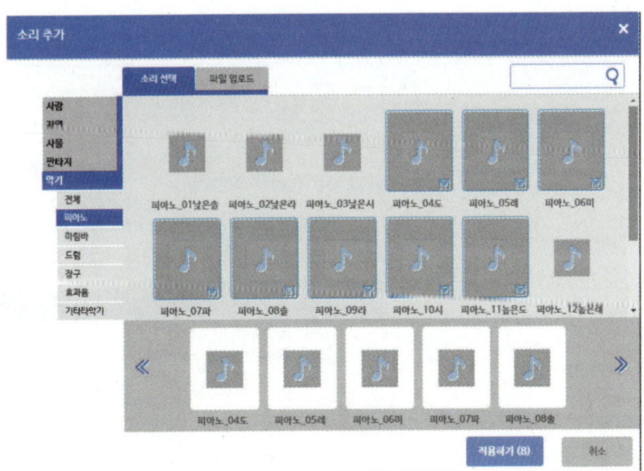

코딩하기. 이렇게 비슷한 코딩을 여러 오브젝트에서 할때는 코딩부터하고 오브젝트 복제하면 쉽다.

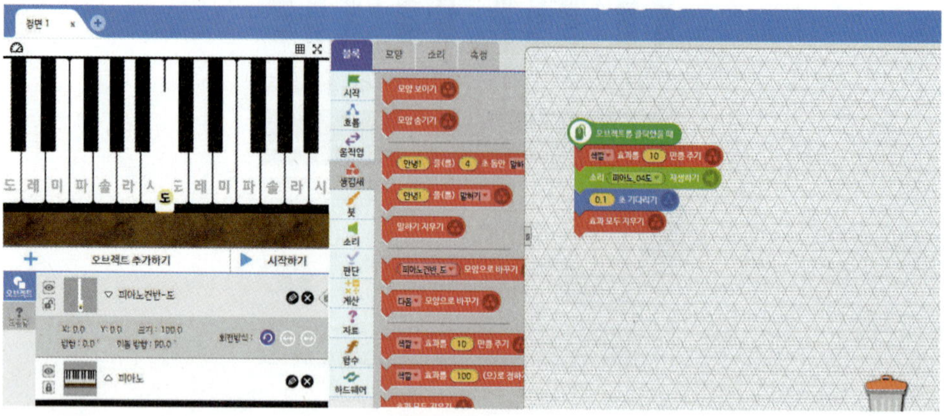

피아노건반 오브젝트에서 오른쪽 마우스키 눌러 복제하기 선택.

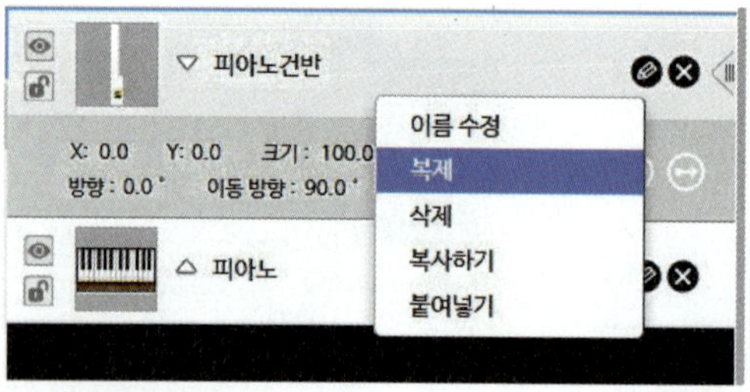

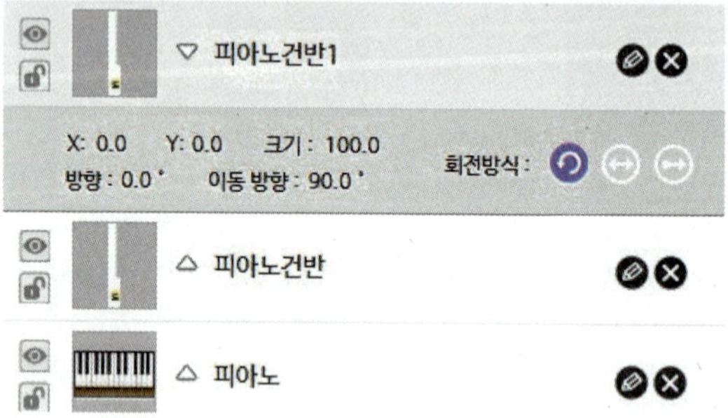

복제 후 블록꾸러미의 모양탭에서 모양 바꿔주고 오브젝트 이름바꾸기.

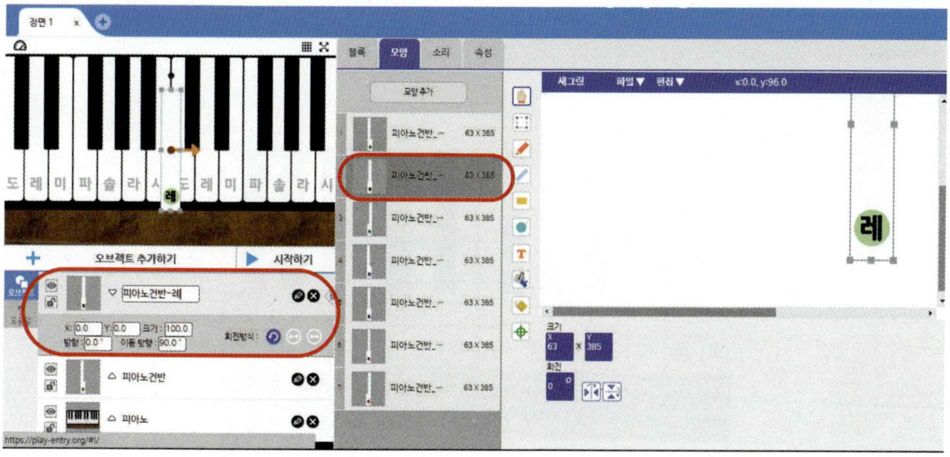

복제한 오브젝트 코딩 수정

나머지 건반들도 복제하고 수정하여 만들어준다.

오브젝트들의 위치를 알맞은 곳에 정해준다. 드래그해도 되고 오브젝트 수정칸에서 좌표값을 넣어줄 수도 있다.

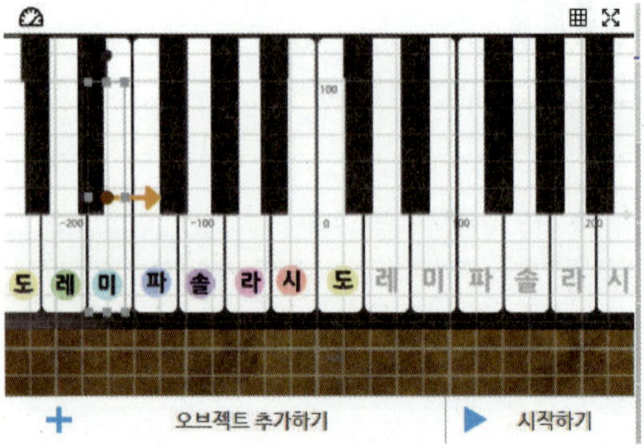

[예시코드]

"도"오브젝트의 예시코드로 나머지 계이름 오브젝트들의 예시코드는 위의 예시코드에서 

블록의 소리만 각자의 소리로 바꾼 것이다.

판단 블록꾸러미

판단블럭꾸러미의 블록들은 혼자 사용할 수 없고,

흐름블럭꾸러미의 

, 

등과 같은 조건블럭들에 포함되어 사용된다.

블록모양	블록설명
마우스를 클릭했는가?	마우스를 클릭한 경우 '참'으로 판단한다.
q 키가 눌러져 있는가?	선택한 키가 눌러져 있는 경우 '참'으로 판단한다.
마우스포인터 에 닿았는가?	해당 오브젝트가 선택한 항목과 닿은 경우 '참'으로 판단한다.
10 = 10 10 > 10 10 < 10 10 ≥ 10 10 ≤ 10	=: 왼쪽 오른쪽 값이 같으면 '참' >: 왼쪽 값이 오른쪽 값보다 크면 '참' <: 왼쪽 값이 오른쪽 값보다 작으면 '참' ≥: 왼쪽 값이 오른쪽 값보다 크거나 같으면 '참' ≤: 왼쪽 값이 오른쪽 값보다 작거나 같으면 '참'
참 그리고 참	두 판단이 모두 참인 경우 '참'으로 판단한다.
참 또는 거짓	두 판단 중 하나라도 참이 있는 경우 '참'으로 판단한다.
참 (이)가 아니다	해당 판단이 참이면 거짓, 거짓이면 참으로 만든다.

사용해보기

판단블록꾸러미의 블록들은 3.1.4 더 사용해보기에서 사용해보자.

계산 블록꾸러미

계산블록꾸러미의 블록들은 혼자서는 사용할 수 없고 꼭 다른 명령블록 안에 포함해 사용해야 한다.

블록모양	블록설명
(10) + (10) (10) - (10) (10) x (10) (10) / (10)	+ : 입력한 두 수를 더한 값 - : 입력한 두 수를 뺀 값 × : 입력한 두 수를 곱한 값 / : 입력한 두 수를 나눈 값
(0) 부터 (10) 사이의 무작위 수	입력한 두 수 사이에서 선택된 무작위 수의 값. 두 수 모두 정수를 입력한 경우 정수로, 두 수 중 하나라도 소수를 입력한 경우 소수로 무작위 수 선택 됨.
마우스 x▾ 좌표	마우스 포인터의 X 또는 Y의 좌표 값을 의미
엔트리봇▾ 의 x좌푯값▾	선택한 오브젝트 또는 자신의 X좌표, Y좌표, 방향, 이동방향, 크기, 모양번호, 모양이름 값
소릿값	현재 작품에 설정된 소리의 크기 값
(10) / (10) 의 몫▾	몫: 앞의 수에서 뒤의 수를 나누어 생긴 몫의 값 나머지: 앞의 수에서 뒤의 수를 나누어 생긴 나머지의 값
(10) 의 제곱▾	입력한 수에대한 수학식의 계산값. 제곱, 루트, 사인값, 코사인값, 탄젠트값, 아크사인값, 아크코사인값, 아크탄젠트값, 로그값, 자연로그값, 소수점 부분, 소수점 버림값, 소수점 올림값, 반올림값, 펙토리얼값, 절댓값

초시계 값	이 블록이 실행되는 순간 초시계에 저장된 값
초시계 시작하기	시작하기: 초시계 시작 정지하기: 초시계 정지 초기화하기: 초시계 값을 0으로 초기화 이 블록을 블록조립소로 가져오면 실행화면에 '초시계 창'이 생성된다.
초시계 숨기기	초시계 창 화면에서 숨기거나 보이게 하기
현재 연도	현재 연도, 월, 일, 시각(시), 시각(분), 시각(초)에 대한 값
엔트리봇 까지의 거리	자신과 선택한 오브젝트 또는 마우스 포인터 간의 거리 값
강아지 짖는소리 소리의 길이	선택한 소리의 길이(초) 값
엔트리 의 글자 수	입력한 문자 값의 공백을 포함한 글자 수
안녕! 과(와) 엔트리 를 합치기	입력한 두 자료를 결합한 값
안녕 엔트리! 의 1 번째 글자	입력한 문자/ 숫자 값 중 입력한 숫자 번째의 글자 값
안녕 엔트리! 의 2 번째 글자부터 5 번째 글자까지의 글자	입력한 문자/ 숫자 값에서 입력한 범위 내의 문자/ 숫자 값
안녕 엔트리! 에서 엔트리 의 시작 위치	입력한 문자/ 숫자 값에서 지정한 문자/ 숫자 값이 처음으로 등장하는 위치 값
안녕 엔트리! 의 안녕 을(를) 반가워 로 바꾸기	입력한 문자/ 숫자 값에서 지정한 문자/ 숫자 값을 찾아 추가로 입력한 문자/ 숫자 값으로 모두 바꾼 값. 영문은 대소문자 구분 함.
Hello Entry! 의 대문자	입력한 영문의 모든 알파벳을 대문자 또는 소문자로 바꾼 문자 값

사용해보기

사용해보기는 3.1.4 더 사용해보기에서 사용해보자.

자료 블록꾸러미

자료블록꾸러미의 명령블록들은 대답과 변수를 활용한다.

블록모양	블록설명
안녕! 을(를) 묻고 대답 기다리기	해당 오브젝트가 입력한 문자를 말풍선으로 묻고, 대답을 입력받는다. 이 블록을 블록조립소로 가져오면 실행화면에 '대답창'이 생성된다.
대답	안녕! 을(를) 묻고 대답 기다리기 에 의해 입력된 값
대답 숨기기▼	실행화면에 있는 '대답창'을 보이게 하거나 숨길 수 있다.
변수▼ 값	선택된 변수에 저장된 값.(변수를 만들어야 나오는 블록이다.)
변수▼ 에 10 만큼 더하기	선택된 변수에 입력한 값을 더한다. (변수를 만들어야 나오는 블록이다.)
변수▼ 를 10 로 정하기	선택한 변수의 값을 입력한 값으로 정한다. (변수를 만들어야 나오는 블록이다.)
변수 변수▼ 보이기	선택한 변수창을 실행화면에 보이게 한다. (변수를 만들어야 나오는 블록이다.)
변수 변수▼ 숨기기	선택한 변수 창을 실행화면에서 숨긴다. (변수를 만들어야 나오는 블록이다.)

사용해보기

상대방의 이름을 묻고 이름 부르며 인사하기를 해보자.

[시작하기 버튼을 클릭했을 때] 다음에 [안녕! 을(를) 묻고 대답 기다리기] 를 놓으면 실행창에 [대답 0] 이 생기는 것을 볼 수 있다.

http://goo.gl/oRkF7p
미션 실행 동영상

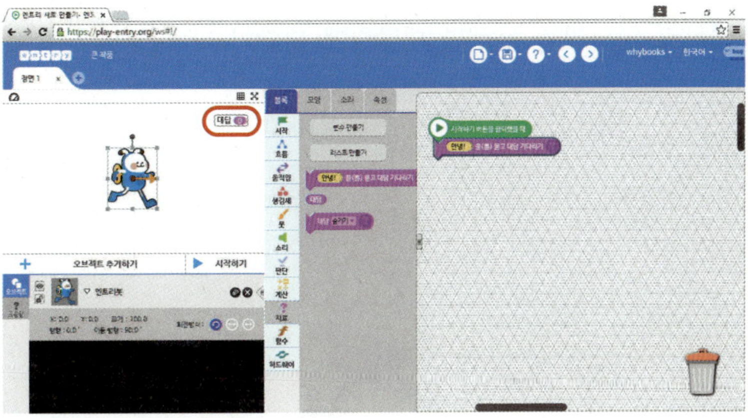

[안녕! 을(를) 묻고 대답 기다리기] 의 "안녕"을 "이름이 뭐니?"로 바꾸고 생김새블록꾸러미에서 [안녕! 을(를) 4 초 동안 말하기], 계산블록꾸러미(계산)에서 [안녕! 과(와) 엔트리 를 합치기] 을 가져와 "엔트리"를 [대답] 로 바꾼다.

실행창의 ▶ 시작하기 를 누르면 실행창에 입력할 수 있는 박스가 나오는 것을 확인할 수 있다.

대답을 입력하고 엔터키를 누르면 대답창에 대답이 나오는 것을 확인할 수 있다.

[예시코드]

함수 블록꾸러미

함수블록 꾸러미에서 [함수 만들기]를 누르면 블록조립소가 아래와 같이 바뀐다. 속성탭의 함수를 눌러도 같은 화면이 보여진다.

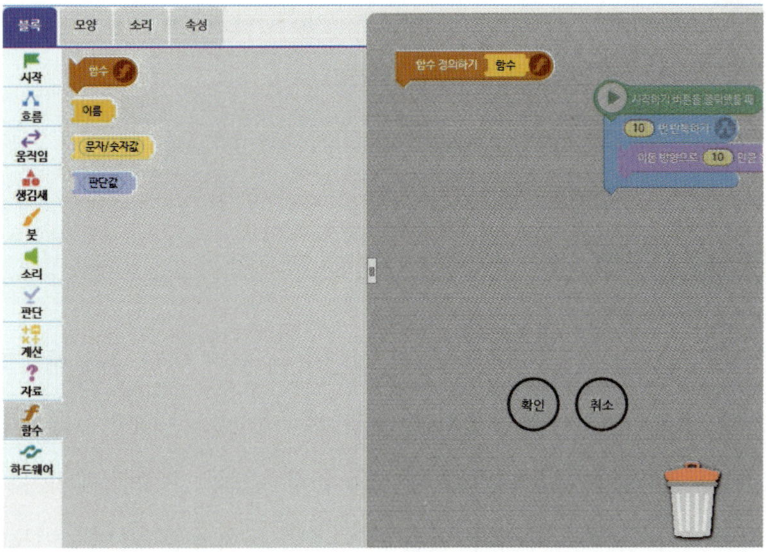

함수만들기는 블록꾸러미 속성탭의 함수만들기 설명을 참고하도록 하자.

블록모양	블록설명
[함수 정의하기 함수]	자주 쓰는 코드를 이 블록 아래에 조립하여 함수로 만든다. 함수를 실행하는 데 입력값이 필요한 경우 빈칸에 [문자/숫자값], [판단값]을 조립하여 매개변수로 사용할 수 있다.
[이름]	[함수 정의하기 함수]의 빈칸 안에 조립하고 이름을 바꾼다.
[문자/숫자값]	해당 함수를 실행하는데 문자/ 숫자 값이 필요한 경우 빈칸 안에 조립하여 매개변수로 사용한다. 이 블록 내부의 [문자/숫자값]을 분리하여 함수의 코드 중 필요한 부분에 넣어 사용한다.

판단값	해당 함수를 실행하는 데 참 또는 거짓의 판단이 필요한 경우 빈 칸 안에 조립하여 매개변수로 사용한다. 이 블록 내부의 판단값 을 분리하여 함수의 코드 중 필요한 부분에 넣어 사용할 수 있다.

사용해보기

사용해보기는 3.1.4 더 사용해보기에서 사용해보자.

하드웨어 블록꾸러미

내가 만든 프로그램이 컴퓨터 안에서만 실행되는 것이 아닌 현실세계와 상호작용이 가능한 프로그램을 만들어 실행되는 것을 배우는 소프트웨어 교육 분야를 피지컬 컴퓨팅(physical computing)이라고 하는데 E-센서보드, 메이키메이키, 햄스터, 아두이노, 비트브릭 같은 하드웨어와 연결 프로그램을 사용한다. 아두이노(arduino)는 작은 컴퓨터라 할 수 있는 마이크로컨트롤러 보드를 내장한 기기 제어용 기판으로 오픈소스 방식의 회로를 사용해 쉽게 만들고 수정할 수 있는 장점이 있어 피지컬 컴퓨팅 뿐만 아니라 실제 IoT 분야에서에서 많이 사용하고 있는 기기이다.

하드웨어 블록 꾸러미는 피지컬 컴퓨팅 학습을 위한 명령블록들과 연결프로그램으로 구성되어 있는데 이 책에서 다루기엔 범위가 너무 넓어 다루지 않는다. 피지컬 컴퓨팅을 배울 기회가 생긴다면 배워보는 것을 추천한다.

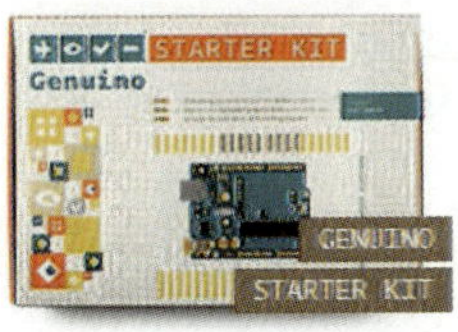

|출처| 아두이노 사진 : 아두이노 홈페이지, E-센서보드 : 새로운교육 홈페이지, 비트브릭 : 헬로긱스

3.1.5 더 사용해보기

앞에서 살펴본 블록꾸러미의 여러 가지 탭들과 명령블록들을 활용해 몇 가지 중요 기능을 더 배워보도록 하자.

주사위 굴리기 프로그래밍

1부터 6까지 주사위 중 임의의 수가 나오는 게임을 프로그래밍 해보자.

http://goo.gl/40eqad
미션 실행 동영상

임의의 수를 **난수**라고 할 수 있는데 난수는 어떤 주기로 반복되지 않고, 특정한 규칙 없이 무작위로 나열되어 있는 수라는 뜻이 있다. 우리가 음악을 들을 때나 게임을 할 때 랜덤이란 말을 쓰는데 이것을 수학에서는 난수를 의미한다.

주사위 굴리기는 이 난수의 개념이 필요하고, 엔트리의 계산블록꾸러미의 (0) 부터 (10) 사이의 무작위 수 블록을 사용하면 된다.

시작블록꾸러미의 오브젝트를 클릭했을 때, 계산블록꾸러미의 (0) 부터 (10) 사이의 무작위 수, 엔트리봇 의 x 좌푯값, 흐름블록꾸러미의 (10) 번 반복하기, (2) 초 기다리기, 생김새블록꾸러미의 다음 모양으로 바꾸기, 엔트리봇_걷기1 모양으로 바꾸기, 안녕! 을(를) 말하기 를 사용해보자.

필요없는 오브젝트인 엔트리봇을 없애고 주사위모양의 오브젝트를 추가한다. 모양탭을 보면 주사위 모양의 오브젝트는 총 6개의 모양을 갖고 있다.

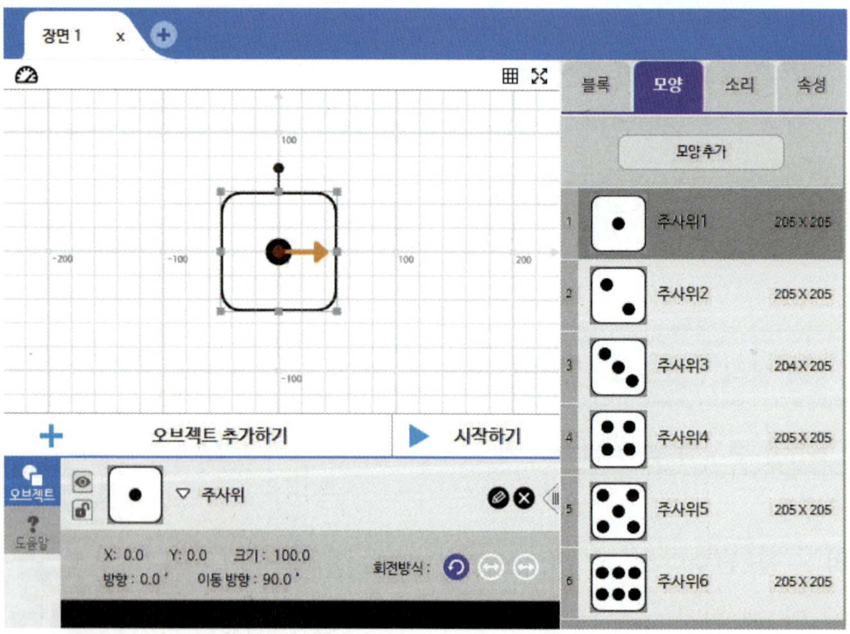

가장 숫자가 적은 블록으로 모양을 바꾸고 임의의 모양이 나올 수 있게 프로그래밍을 짜보자.

블록은 오브젝트의 모양탭에 있는 다른 모양 순서대로 바꿔주기 때문에 코드를 짧고 단순하게 해줄 수 있다.

[예시코드]

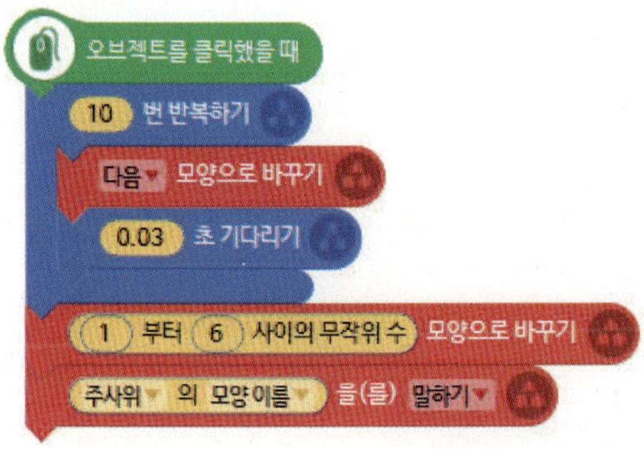

프로그래밍에는 정답이 없다. 코드를 적게 사용하여 정확하게 문제를 해결하는 것이 최선이다. 그러므로 예시코드보다 더 효율적인 자신만의 코드를 만들어 보도록 하자.

좌우로 나는 독수리

좌우로 나는 독수리를 프로그래밍 해보자.

생김새블록꾸러미의 

, 흐름블록꾸러미의 

, 판단블록꾸러미의 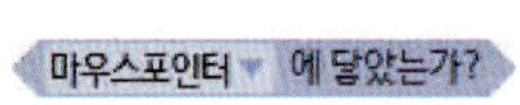

등을 활용해보자.

http://goo.gl/1WRtn4
미션 실행 동영상

를 눌러 독수리를 추가하고 엔트리봇을 삭제하자. 독수리를 실행창 왼쪽으로 옮겨놓자. 블록꾸러미의 모양탭을 보면 독수리 모양이 두 개가 있는 것이 보일 것이다.

이렇게 필요한 모양만 있는 경우는 를 활용하면 편하다. 반대로 모양탭에 필요 없는 모양이 많을 경우 마우스 오른쪽 버튼을 눌러 삭제를 하거나 모양을 드래그해서 순서를 변경해주는 것도 코드를 줄이는데 좋다.

자 코딩을 다 했는가? 블록의 순서는 크게 상관이 없지만 아래 예시의 명령블록과 비슷한 블록을 사용했는가? 누차 이야기하지만 코드는 즉 프로그래밍은 정답이 없다. 사람마다 다 다를 수 있고, 누가 더 적게 효율적으로 코드를 사용해 문제를 해결하느냐가 중요한 것이다.

[예시코드]

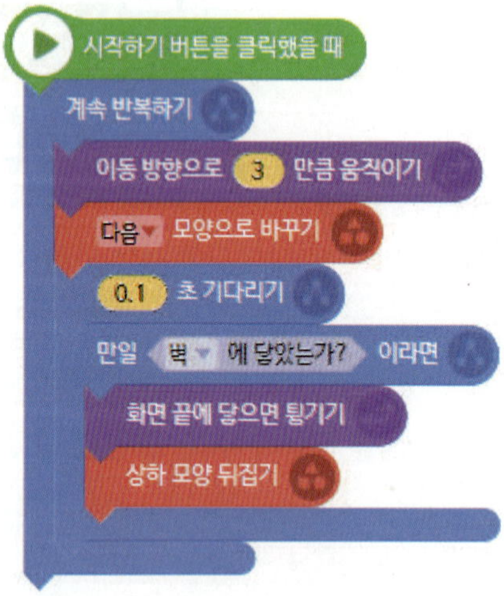

좀 더 효율적으로 코딩해 봅시다.

오브젝트 목록의 오브젝트 수정하기에서 회전방식을 정할 수 있다는 것을 생각해 보자.

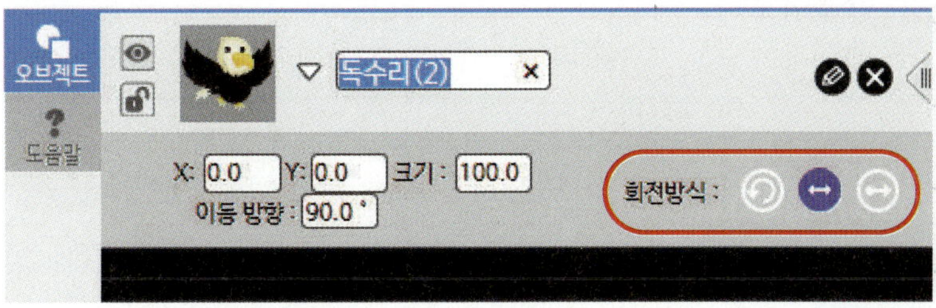

[예시코드]

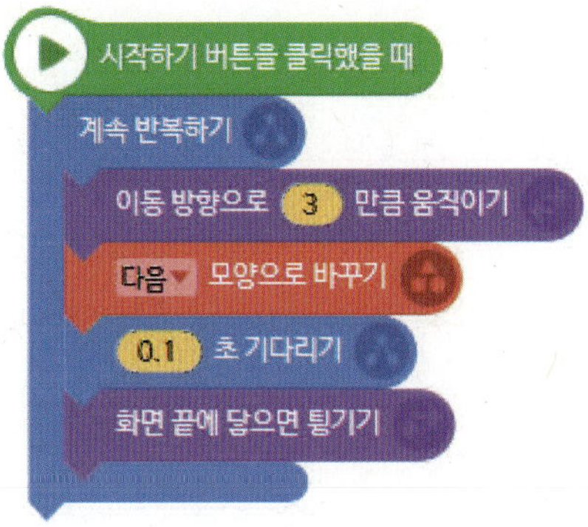

이렇게 회전방식을 바꿔 명령블록을 조금 더 적게 사용할 수 있다.

독수리가 나는 모습이 뭔가 어색하지 않은가? 앞서 블록꾸러미의 속성탭 중 신호에 대해 알아볼 때 엔트리봇과 토끼와 거북이 별로 각각 코딩을 해줬던 것이 기억날 것이다. 즉 오브젝트별로 각각 코딩을 해줬던 것이다. 한 단계 더 나아가 한 오브젝트는 두 가지 이상의 동작들을 동시에 실행할 수 있다. 어렵게 말하자면 한 오브젝트는 두 가지 코드를 병렬적으로 동시에 실행시킬 수 있다.

아무리 컴퓨터가 좋고 빠르더라도 프로그램은 항상 순차적으로 실행되기 때문에 계속 반복을 하더라도 순차적으로 실행이 되면서 반복이 된다. 즉 모양 바꾼 후 움직인다는 것이다. 이것을 시간차를 두지 않고 모양을 바꾸는 동시에 움직이게 하면 좀 더 자연스러워질 것이다. 그래서 모양 바꾸는 코드묶음 따로, 움직임에 관련된 코드묶음 따로 코딩해서 동시에 실행하게 하면 더 효율적으로 움직일 수 있다. 우리도 **병렬코드**를 만들어보자.

[예시코드]

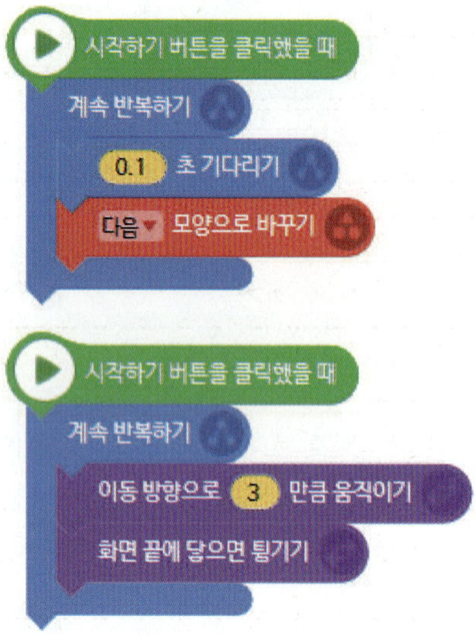

장면추가하기

자동차로 도시에서 마을로 드라이브하는 프로그램을 만들어 보자.

이번 사용해보기는 실행창에 있는 '**장면**'을 추가해서 프로그래밍해보도록 하자.

우선 + 오브젝트 추가하기 를 눌러 도시모양과 자동차모양을 선택해 추가하고 엔트리봇은 삭제하도록 하자.

실행창에서 자동차 오브젝트가 배경인 도시 오브젝트와 잘

http://goo.gl/fA0RyR
미션 실행 동영상

어울리게 위치를 조절해보자.

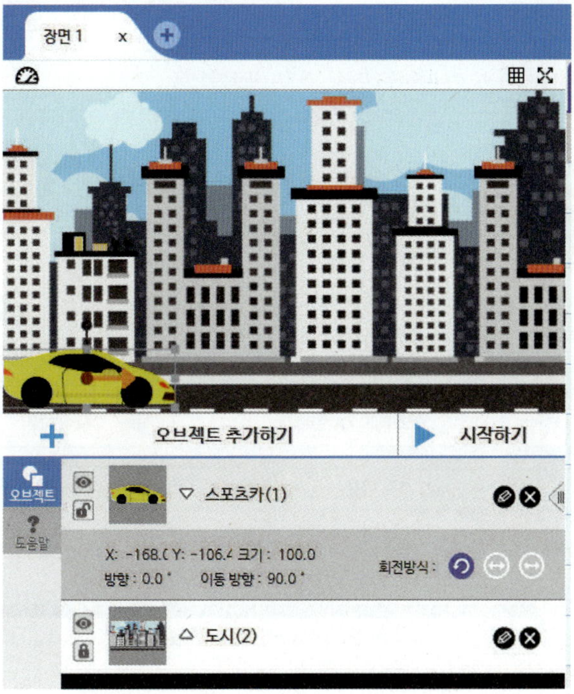

장면을 추가해 장면2에 마을 오브젝트를 추가해보자.

마을 오브젝트를 장면1의 도시 오브젝트의 도로와 이어져 보이게 크기나 위치를 조절해 보자. 오브젝트 오른쪽에 자물쇠 표시를 열면 수정 가능해진다.

장면1로 돌아와 자동차를 움직여보자.

움직임블록꾸러미의 

, 흐름블록꾸러미의 

, 판단블록꾸러미의 

, 시작블록꾸러미의 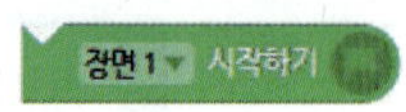

 등을 사용해보자.

[예시코드]

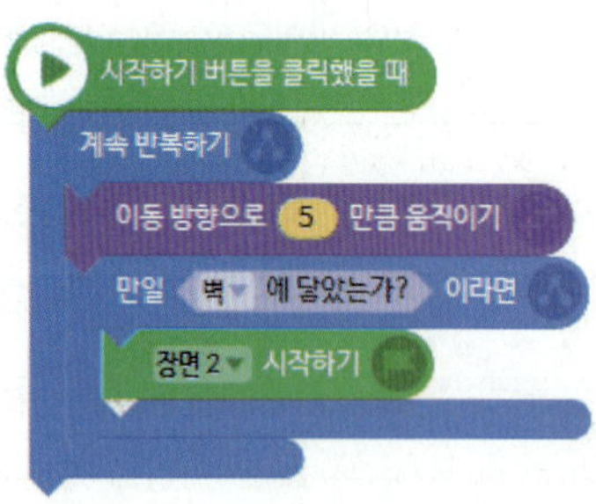

장면2로 이동해서 장면1에서 사라진 자동차를 나오게 해보자.

장면1의 자동차 오브젝트를 선택한 후 마우스 오른쪽 버튼을 눌러 복사하여 장면2 오브젝트 목록에 붙여넣기 해보자.

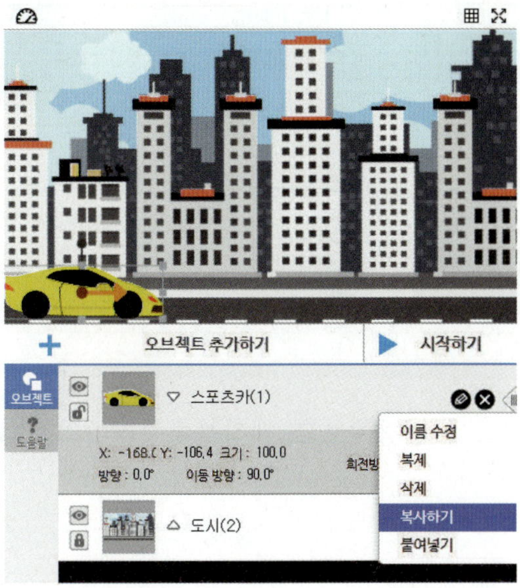

장면2의 오브젝트 목록에 자동차 오브젝트가 추가되고, 블록조립소에 명령코드들까지 같이 복사된 것이 보일 것이다. 이렇게 '복사하기'와 '붙여넣기'를 사용하면 수정만하면 되기 때문에 프로그래밍하기 쉽고 실수도 줄일 수 있다.

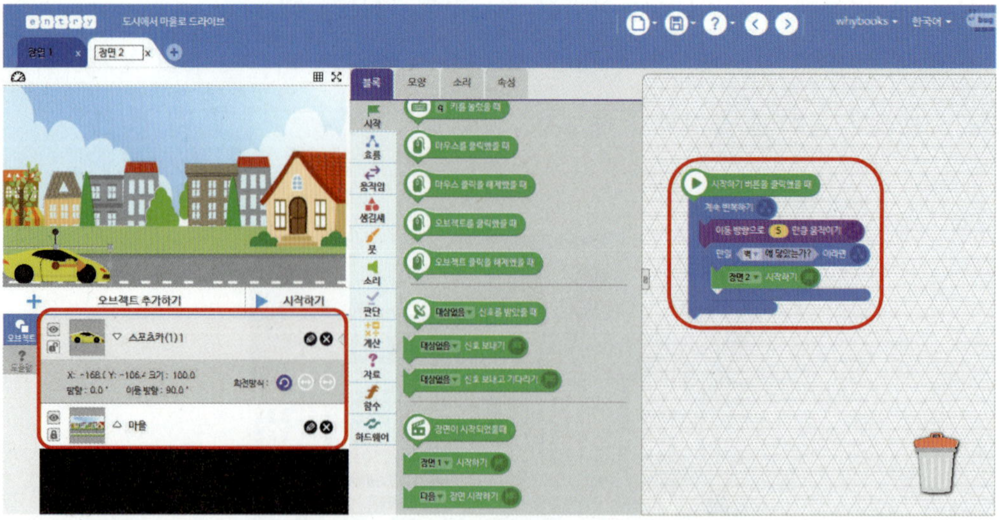

장면2의 스포츠카 코드를 변경해보고, 시작블록꾸러미의  블록을 사용해보자.

[예시코드]

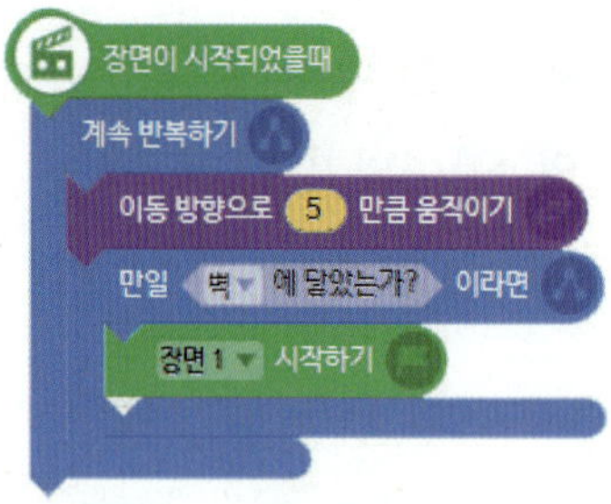

장면1과 장면2를 계속 반복하게 프로그래밍 했다. 장면2에서 자동차가 사라지게 할 수도 있고, 멈추게 할 수도 있고, 하늘로 솟게도 할 수 있으니 각자 마음대로 코딩해보자.

원의 둘레와 넓이 자동계산

원의 반지름을 알려주면 알려준 반지름의 원을 보여주고, 원의 둘레와 넓이를 자동계산해주는 프로그램을 만들어보자.

http://goo.gl/Zc8klX
미션 실행 동영상

우선 엔트리봇 오브젝트를 삭제하고 원과 모눈종이 오브젝트를 추가하고 적절히 수정해보자.

속이 빈 원 오브젝트는 알려준 반지름 값을 갖는 원이 되야하기 때문에 크기를 최소로 잡았다.

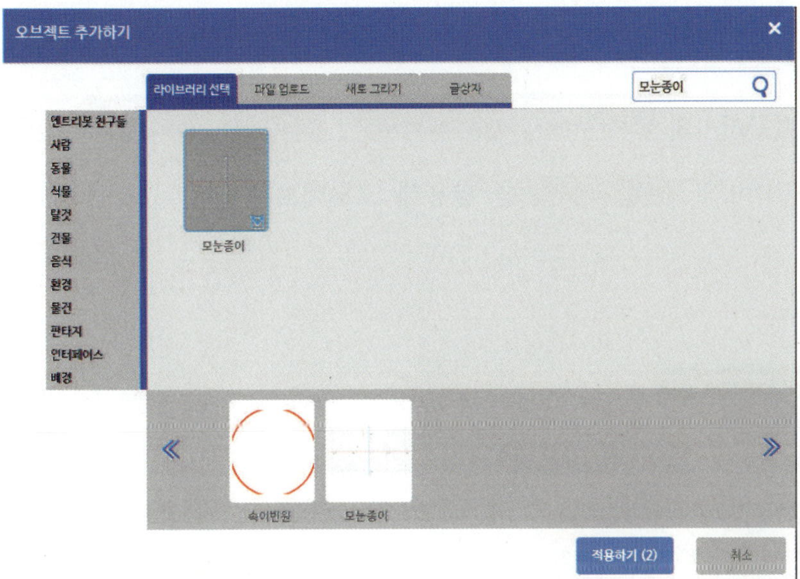

우선 원의 반지름 값을 묻고 알려준 반지름 값으로 원의 둘레 및 넓이를 구해야 한다. 반지름 값, 둘레, 넓이 변수를 만들어보자.(이번엔 특정 오브젝트에서만 사용되는 변수로 만들어 보았다.)

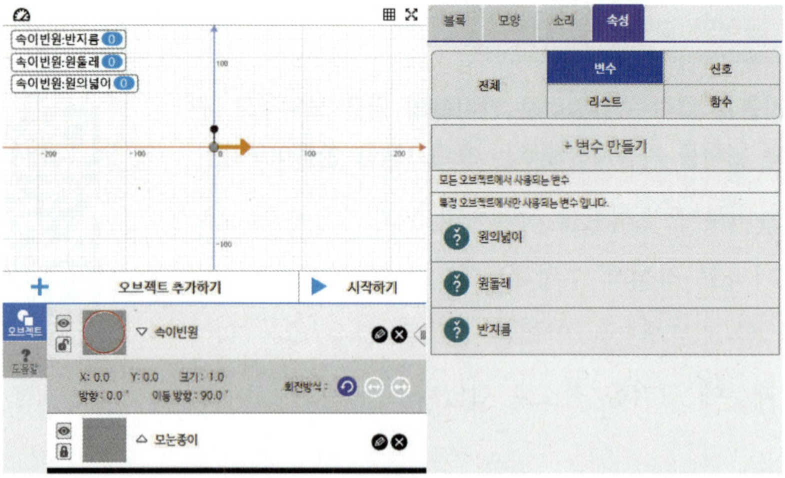

자료블럭꾸러미의 안녕! 을(를) 묻고 대답 기다리기, 변수 를 10 로 정하기, 변수 값,

계산블록꾸러미의 10 + 10 를 활용해 코딩해보자.

[예시코드]

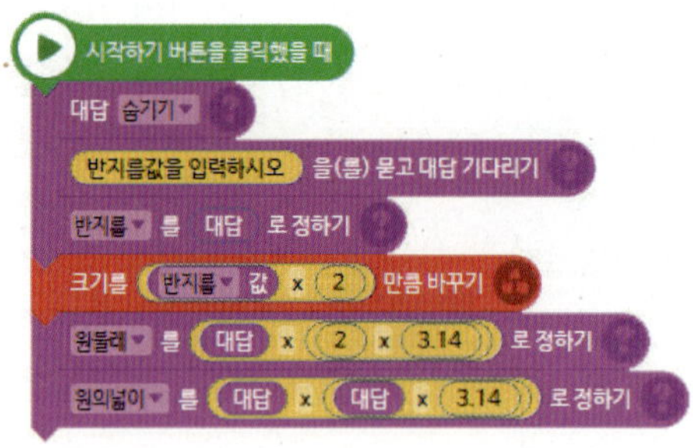

[실행창]

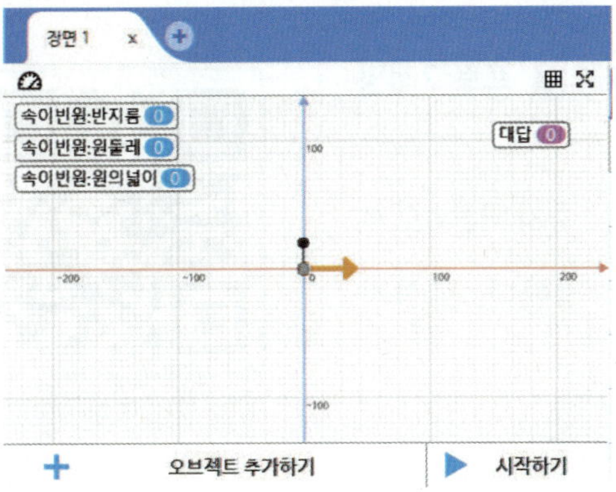

실행창에 반지름 값인 대답과 반지름 값이 중복으로 보인다. 코드를 변경해 실행 창을 깔끔하게 만들어 보았다. 

를 활용하면 된다.

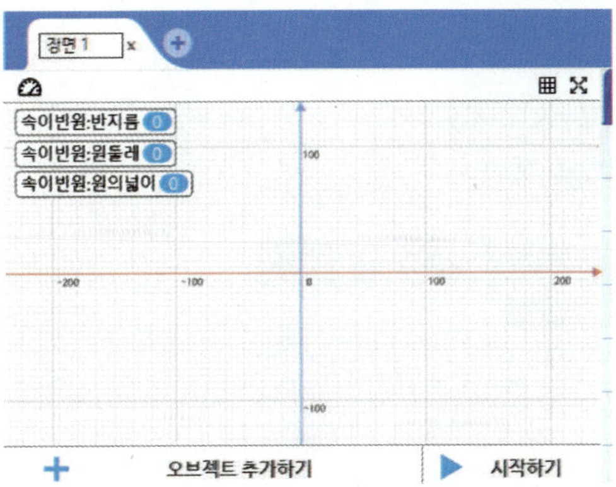

[예시코드]

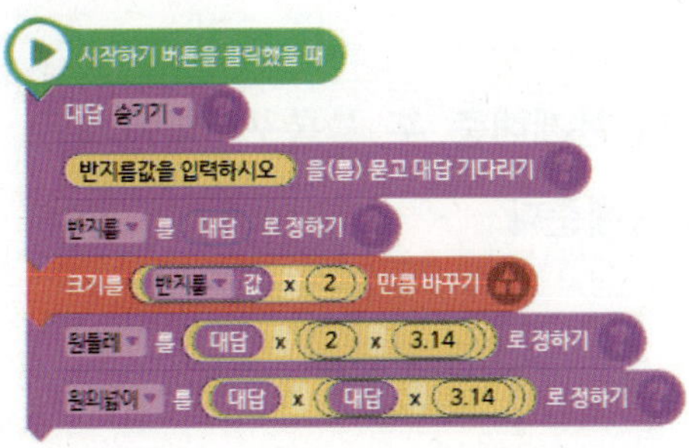

사다리타기 게임

흔하게 많이 하는 간식값 쓰기 사다리타기 게임을 프로그래밍 해봅시다.

http://goo.gl/5audyD
미션 실행 동영상

엔트리봇 오브젝트를 삭제하고 사다리와 숫자버튼 오브젝트를 추가한 후 적당한 사이즈, 위치로 수정한다. 글상자 오브젝트로 간식 값을 만들어 수정한다.

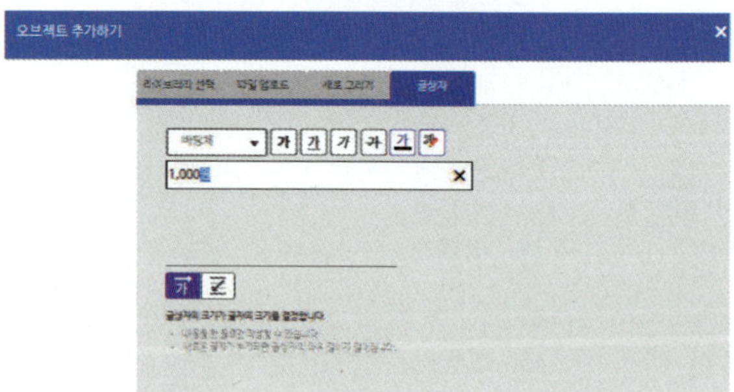

글상자오브젝트를 마우스오른쪽 버튼을 눌러 복제해준 후 블록꾸러미에 새로 생긴 글상자탭에서 금액을 수정하고 위치를 수정해준다.

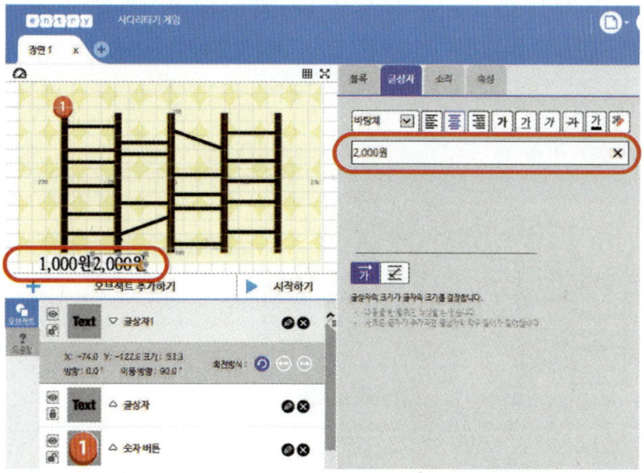

이제 숫자버튼을 코딩해보자. 사다리의 각 교차점들을 숫자오브젝트가 지나가게 하면 된다. 움직임블록꾸러미의 [2 초 동안 x: 10 y: 10 위치로 이동하기]를 사용하고, 마우스로 정확한 좌표를 입력해주면 그나마 쉽다.

[예시코드]

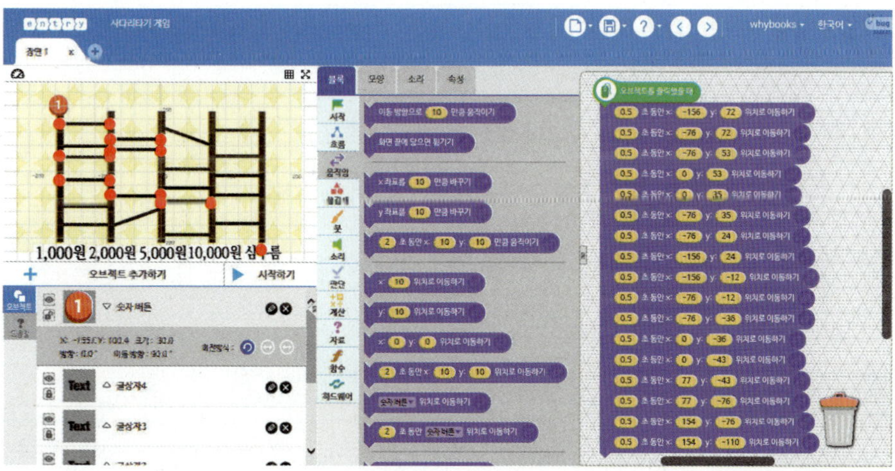

이제 숫자버튼 오브젝트를 복제해 모양을 바꿔주고 수정해 제자리를 찾아주도록 하자.

같이 복제된 각각의 오브젝트의 코드를 수정해주자.

게임의 시작을 좀 꾸며보자.
글상자 오브젝트를 추가해 제목과 게임방법을 알려주자.

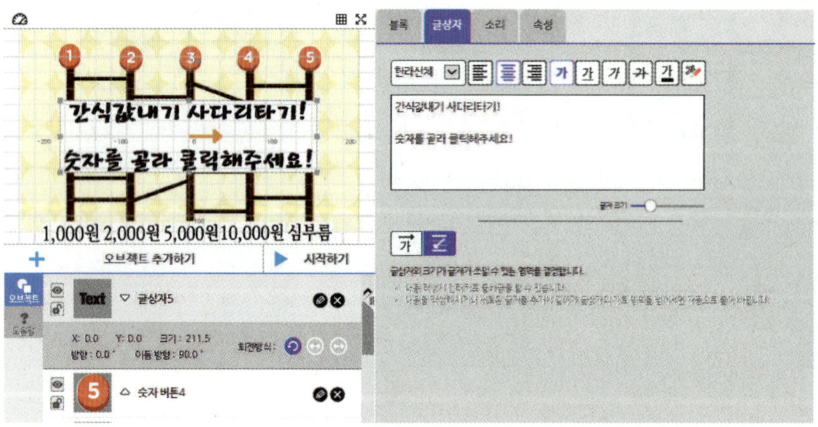

제목 글상자를 코딩해보자.

[예시코드]

사칙연산 프로그래밍

사용자가 사칙연산 중 하나를 고르고, 두 수를 말해주면 엔트리봇이 답하는 프로그램을 만들어보자.

http://goo.gl/u1b34J
미션 실행 동영상

우선 덧셈을 자동으로 대답하는 코딩을 해보자. 사용자가 두 수를 말해주면 컴퓨터는 그 두수를 잘 보관하고 있다가 기억해 덧셈을 해야 한다. 보관함 즉 기억하는 공간인 변수가 필요하다. 블록꾸러미의 속성탭에서 변수추가하기를 사용해보자.

두 수의 변수를 만들어봅시다.

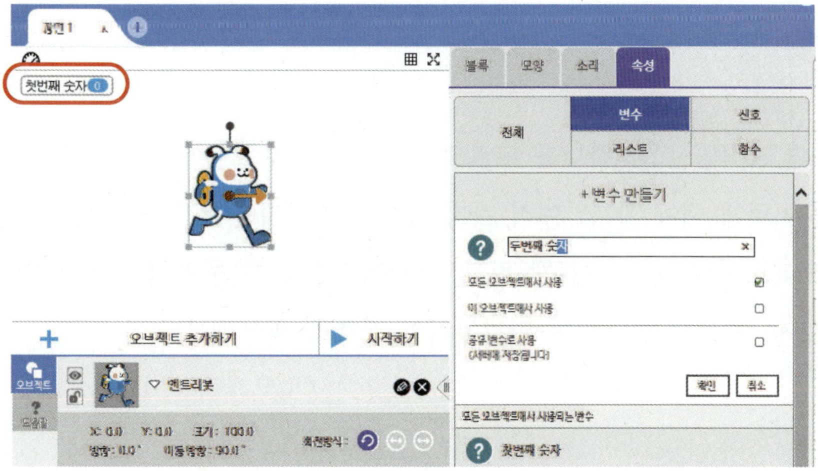

첫 번째 숫자와 두 번째 숫자 변수창이 실행창에 나오는 것을 볼 수 있다. 이제 엔트리봇의 덧셈 프로그램을 코딩해보자.

생김새블록의 

, 자료블록의 

, 

, 

, 

, 계산블록꾸러미의 

, 

를 활용해보자.

[예시코드]

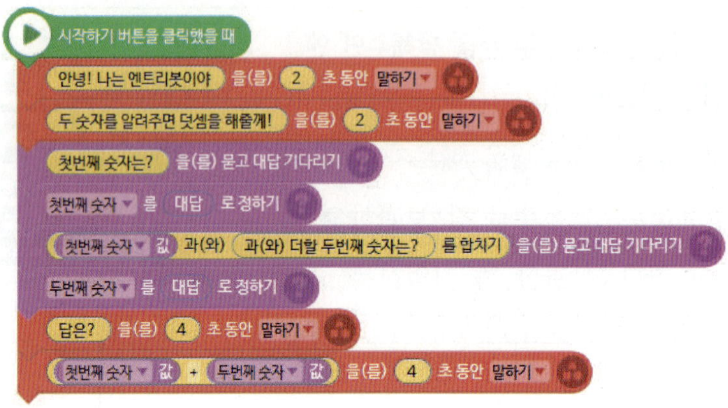

뺄셈, 나눗셈, 곱셈의 자동실행 프로그램은 덧셈 코드에서 말하기나 연산을 조금만 수정하면 어렵지 않을 것이다. 여기서는 나머지 사칙연산의 코딩은 제일 나중에 하도록 하자.

그렇다면 사칙연산 중 하나를 고르고, 입력한 두 수를 선택한 사칙연산으로 답을 해주려면 어떻게 해야 할까? 여러 가지 방법이 있겠지만 여기서는 실행화면에 사칙연산 오브젝트를 보여줘 고르게 하고, 오브젝트를 고르면 특정 사칙연산이 실행되도록 해보자. 오브젝트들 간의 연결고리인 신호를 활용해보자.

블록꾸러미의 속성탭에서 신호추가로 덧셈, 뺄셈, 나눗셈, 곱셈 4가지 신호를 만들어보자.

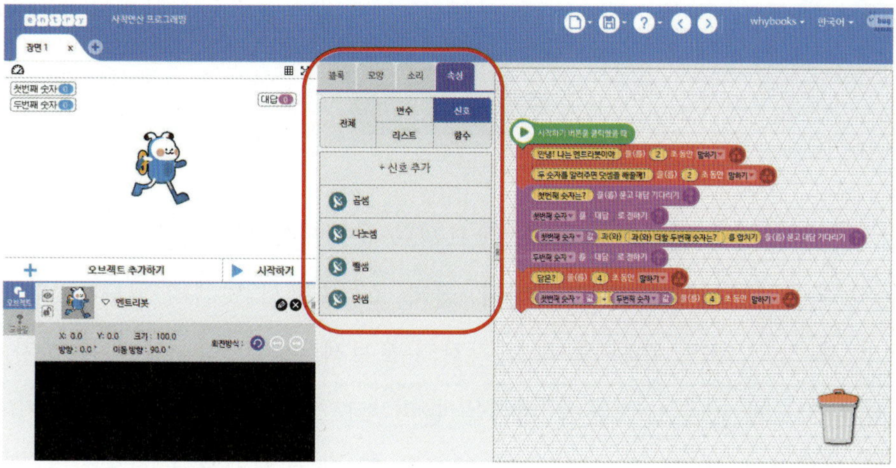

+ 오브젝트 추가하기 에서 덧셈, 뺄셈, 곱셈, 나눗셈에 적당한 오브젝트를 추가해 실행창에 위치시켜보자.

더하기, 빼기, 곱하기, 나누기 오브젝트별로 프로그래밍을 해보자.

각각의 오브젝트에 자동연산 프로그래밍을 덧셈의 경우와 비슷하게 할 수 있지만, 신호를 사용해 오브젝트를 선택하면 신호를 보내도록 해보자.

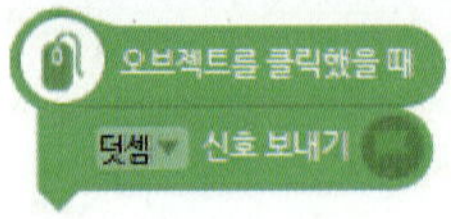

각각 오브젝트별로 만들어보자. 꼭 오브젝트 목록에서 해당 오브젝트가 선택되어져있는지 체크하는 습관을 갖도록 하자. 블록 조립소에서 덧셈의 코드를 마우스 오른쪽 버튼을 눌러 '코드 복사'를 하고 각각의 오브젝트별로 '붙여넣기'를 하자. 복사하고 싶은 코드를 마우스 오른쪽 버튼을 눌러 '코드 복사'를 하고 '붙여넣기'를 하면 쉽게 코드를 복사 할 수 있다. 코드복사를 할 때는 복사하고 싶은 코드묶음 중 젤 위에 있는 블록을 선택하면 나머지 블록들도 복사가 된다.

이제 자동 사칙연산 프로그램의 코딩을 해보자.

조금 전, 사칙연산 오브젝트와 신호를 연결했기 때문에 자동 덧셈 코드 중 

를 

로 변경해 수정해주면 된다.

변경 후 마우스 오른쪽 버튼을 눌러 '코드 복사 & 붙여넣기'로 나머지 사칙연산 코딩을 마무리하자.

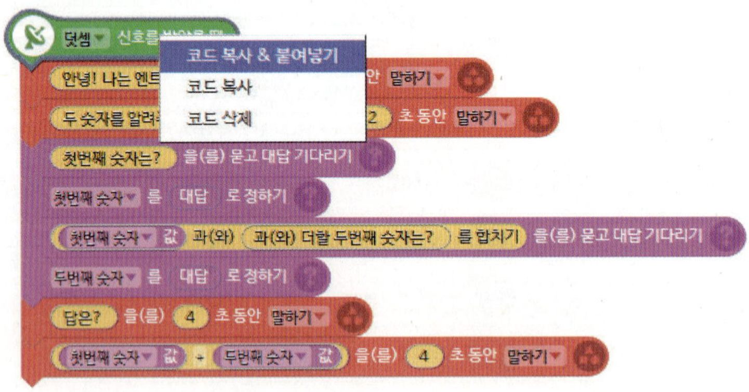

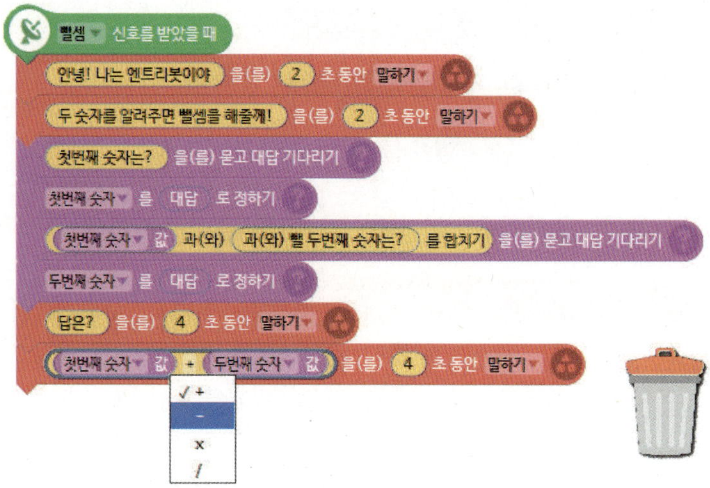

좀 더 자연스럽도록 인사와 설명 코드를 분리하도록 하자.

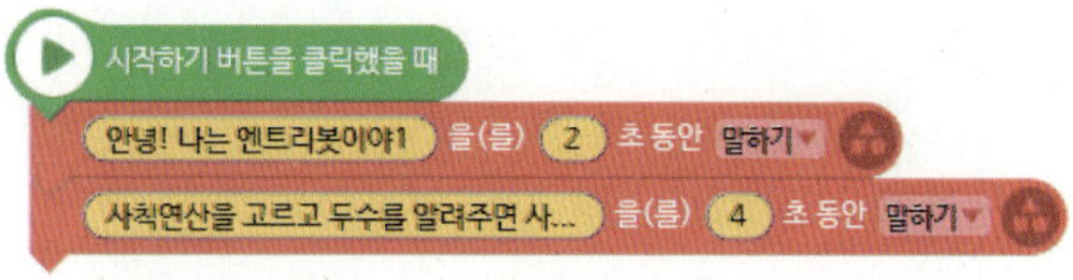

로봇청소기 만들기

마루를 청소하는 로봇청소기를 프로그래밍 해보자.

로봇청소기가 자동으로 마루를 다 청소하려면 벽에 부딪혔을 때 로봇청소기가 방향을 바꿔 계속 움직일 수 있게 해보자.

http://goo.gl/Xpc8CM
미션 실행 동영상

움직임블럭꾸러미의

, 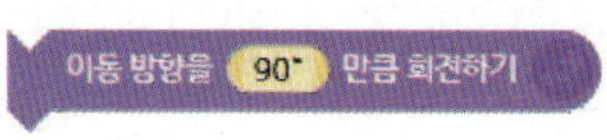

흐름블럭꾸러미의 

, 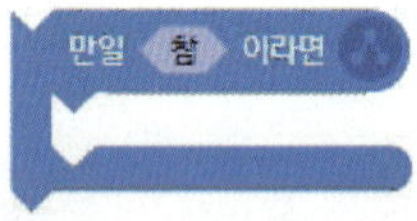

블록과,

판단블럭꾸러미의 

를 활용해보자.

그리고 로봇청소기의 움직임을 볼 수 있게 붓블럭꾸러미의 

, 

, 

블록을 추가로 사용해 청소를 잘 하고 있는지 확인해보자.

엔트리봇을 삭제하고 마루 오브젝트와 로봇청소기 오브젝트를 추가한 후 각자 마음대로 로봇청소기의 위치와 사이즈, 이동방향을 알맞게 수정해보자.

이제 로봇청소기의 코드를 만들어보자. 로봇청소기의 움직임에 대한 프로그래밍과 움직임을 확인할 수 있는 그리기 프로그래밍을 병렬 배치 해 동시에 실행하도록 하자. 이때 이동거리, 이동방향 각도, 붓의 굵기는 각자 생각대로 해보자.

[예시코드]

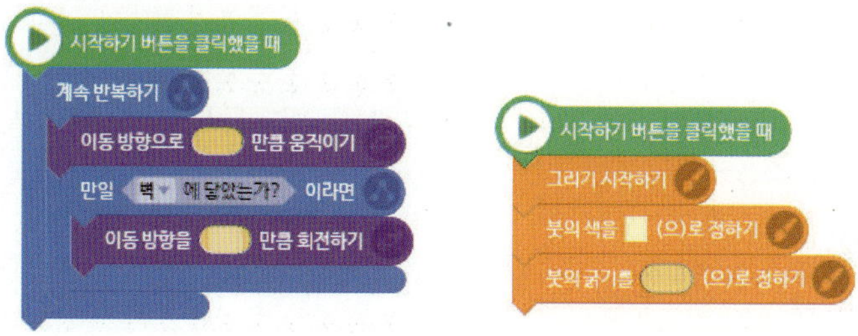

▶ 시작하기 를 눌렀을 때 혹시 로봇청소기가 코너에 낑기거나, 어느 정도 실행한 후 계속 같은 코스로만 움직이진 않는가? 그렇다면 실행창 상단의 속도조절계로 속도를 조절하여 원인을 살펴보도록 하자.

로봇청소기가 움직이다가 벽에 닿으면, 명령에 따라 방향을 회전하는데 방향을 회전한 후에도 여전히 벽에 닿아있고, 그 상태로 앞으로 이동하면 또 벽에 닿고... 이렇게 벽에 안 닿을 때까지 회전하기 때문에 껴버린 듯이 보이는 상태가 된다.

벽 사이에 낀 현상을 없애는 방법은 로봇청소기의 사이즈를 조절하거나, 속도를 조절하거나, 벽에 부딪혔을 때 이동 방향의 각도를 수정하거나, 이동하는 코드와 회전하는 코드를 분리해 병렬코딩하거나, 벽에 닿았을 때 뒤로 물러나서 회전하거나 등등 문제를 해결 하려는 사람마다 방법이 다를 것이다. 생각지 못한 부분들이 있기 때문에 늘 코딩을 하는 중간 중간 시작하기를 눌러 생각한 대로 실행이 되는지 체크 하며 수정할 필요가 있다. 각자 문제를 잘 해결해보자. 정답은 없다. 어떤 방식이던지 로봇청소기가 가장 효율적으로 청소를 잘 하면 되는 것이다. 최선을 찾아보자.

[예시코드]

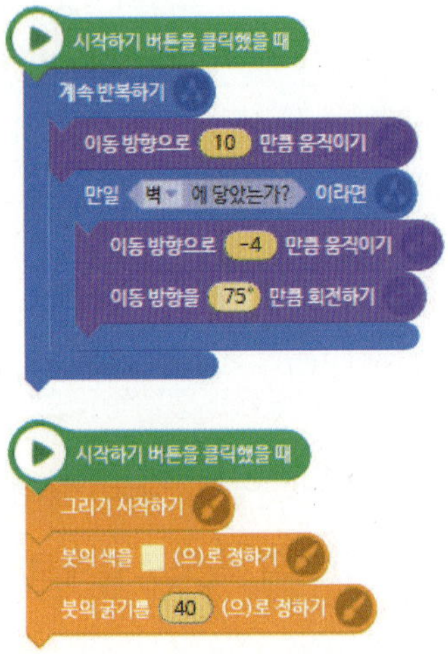

두더지잡기 게임

옛날에 길에서 동전 몇 개로 할 수 있었던 두더지잡기 게임을 프로그래밍 해보자.

엔트리봇 오브젝트를 삭제하고, 두더지 게임에 필요한 뿅망치, 두더지, 들판 오브젝트를 추가해보자.

http://goo.gl/Vn9hOl
미션 실행 동영상

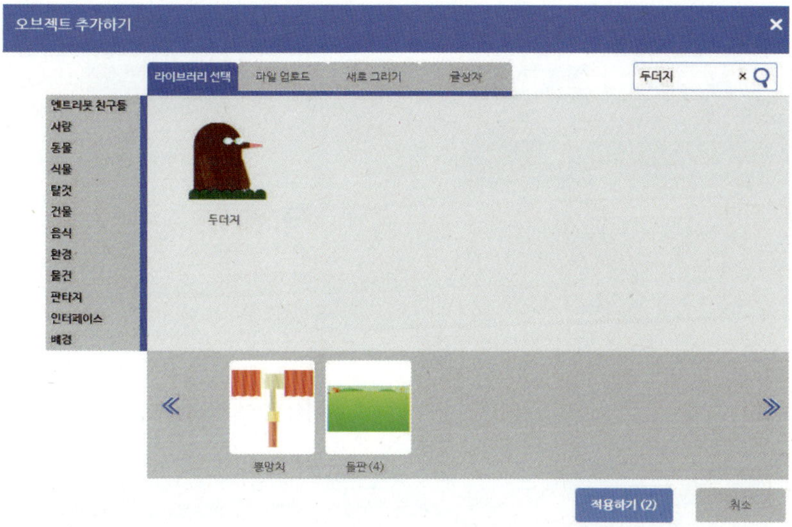

오브젝트들의 크기, 방향 등을 수정하자. 두더지는 많이 필요하지만 편안한 코딩을 위해 먼저 프로그래밍하고 오브젝트를 복사하여 개수를 늘려주도록 하자.

우선 두더지의 경우 계속 숨었다 나왔다 하면서 뿅망치를 피해야하고, 뿅망치에 맞으면 소리와 함께 점수가 올라가야한다.

[예시코드]

두더지가 뿅망치에 맞으면 소리와 함께 사라지고, 점수가 1점 올라가게 해보자. '뿅망치 맞았다'는 신호와 소리, 점수 변수를 추가해 코딩해보자.

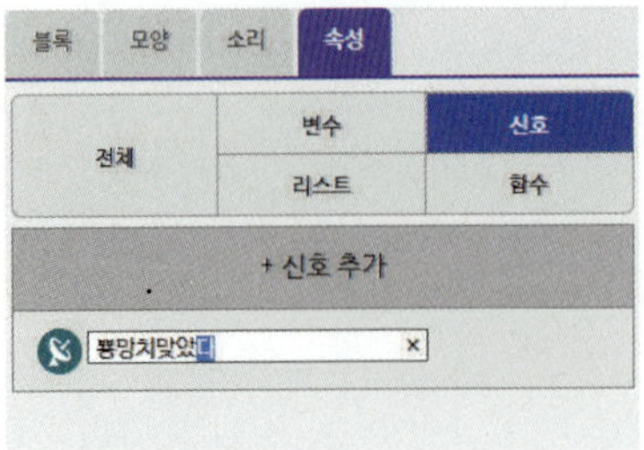
블록
모양
소리
속성
전체
변수
신호
리스트
함수
+ 신호 추가
뽕망치맞았다

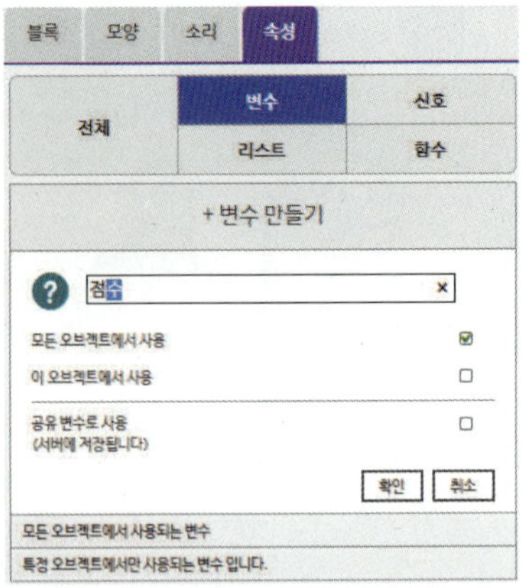
블록
모양
소리
속성
전체
변수
신호
리스트
함수
+ 변수 만들기
점수
모든 오브젝트에서 사용
이 오브젝트에서 사용
공유 변수로 사용
(서버에 저장됩니다)
확인
취소
모든 오브젝트에서 사용되는 변수
특정 오브젝트에서만 사용되는 변수 입니다.

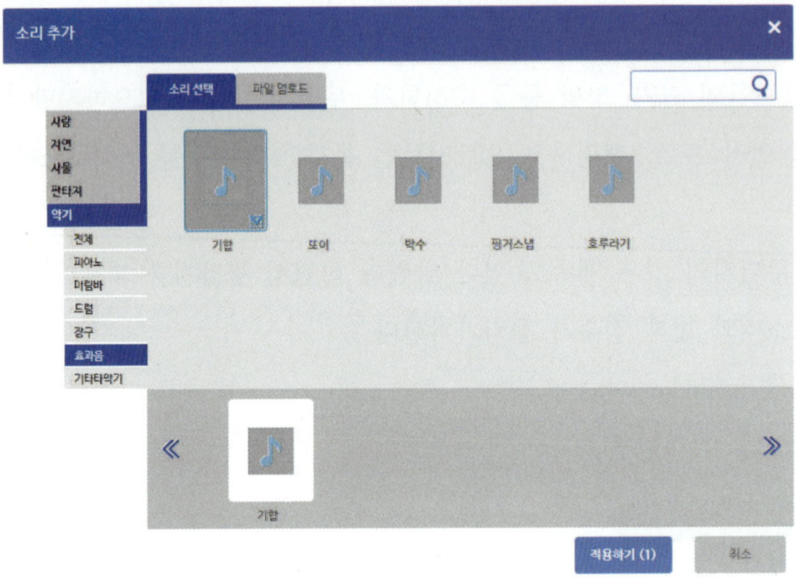
소리 추가
소리 선택
파일 업로드
사람
자연
사물
판타지
악기
전체
피아노
마림바
드럼
장구
효과음
기타타악기
기합
또이
박수
핑거스냅
호루라기
기합
적용하기 (1)
취소

[예시코드]

뽕망치맞았다 신호를 받았을 때
만일 뽕망치 에 닿았는가? 이라면
모양 숨기기
소리 기합 재생하기
점수 에 10 만큼 더하기

뿅망치를 코딩해보자.

뿅망치는 마우스포인트를 따라다니다 마우스를 클릭하면 두더지를 때리고, 두더지오브젝트에게 신호를 보내줘야 할 것이다. 두더지 오브젝트의 코드에서 뿅망치에 닿았는가?라는 판단을 했기 때문에 뿅망치코드에서는 할 필요가 없다.

[예시코드]

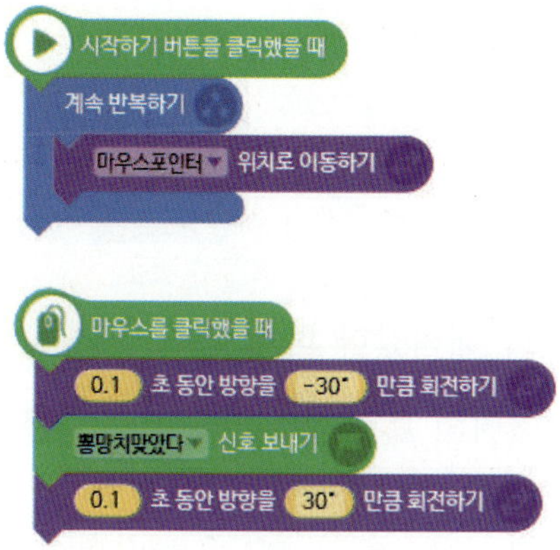

자 이제 두더지 오브젝트를 여러 마리 복사하여 두더지를 여기저기 배치해보자.

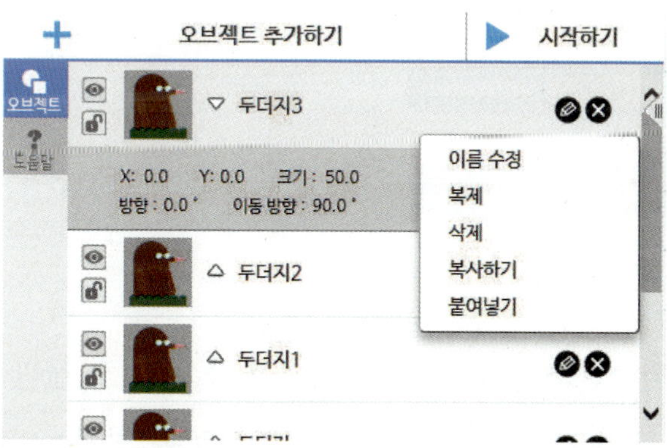

실행해보자. 생각한대로 잘 되는가?

위의 코드의 경우 모든 두더지가 동시에 올라갔다 내려갔다 하게 된다. 예상할 수 없게 각자 움직이게 하려면 난수, 즉 계산블록꾸러미의 (0 부터 10 사이의 무작위 수)를 사용해 코드를 변경해보자.

[예시코드]

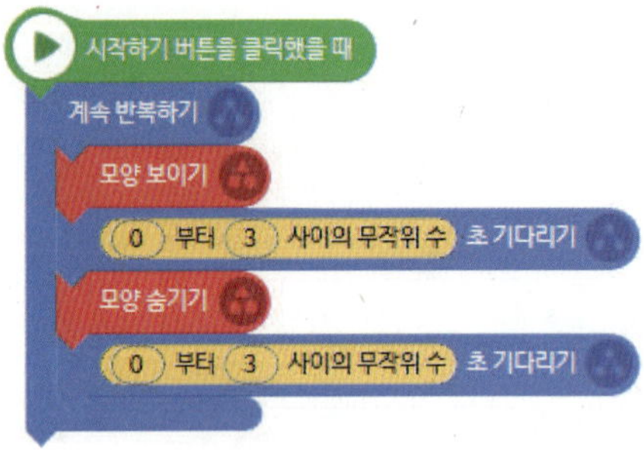

자 이제 게임이 되려면 시간 제한이 있어야 한다. 배경인 들판 오브젝트에 초시계 명령블록을 사용해 30초가 되면 게임을 종료해보도록 하자.

[예시코드]

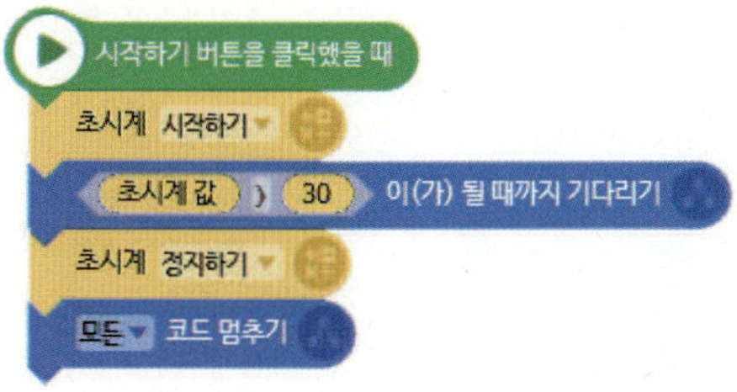

엔트리 학습모드 Step2 엔트리봇 움직이기

'처음 시작하는 사람들을 위한 엔트리 학습 과정(처음 시작하는 사람들을 위한 엔트리 학습과정)'의 'STEP2 엔트리봇 움직이기'를 코딩해보자.

엔트리 사이트 http://play-entry.com 접속 (크롬 브라우저 사용 권장)

▼

로그인

▼

상단의 '학습하기' 클릭

▼

엔트리 학습하기 클릭

▼

처음 시작하는 사람들을 위한 엔트리 학습과정 'STEP2 엔트리봇 움직이기' 클릭

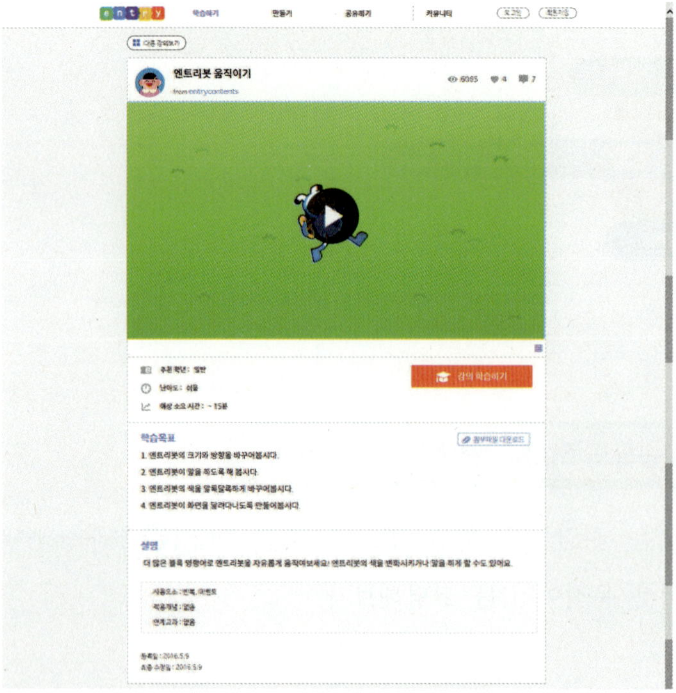

▶을 눌러 미션을 확인해보자.

[강의 학습하기]를 눌러 실습화면으로 들어가서 코딩을 해보자.

미션은 오브젝트목록의 목표에서도 볼 수 있다.

우선 엔트리봇을 미션과 같이 눕혀보자. 실행창에서 엔트리봇 오브젝트의 방향조절키로 누워보이게 하자.

움직임블록꾸러미의 [이동 방향으로 10 만큼 움직이기] [화면 끝에 닿으면 튕기기], 생김새블록꾸러미의 [안녕! 을(를) 4 초 동안 말하기] [다음 모양으로 바꾸기] [색깔 효과를 10 만큼 주기], 흐름블록꾸러미의 [2 초 기다리기] [10 번 반복하기] [계속 반복하기]를 활용하면 쉽다.

[예시코드]

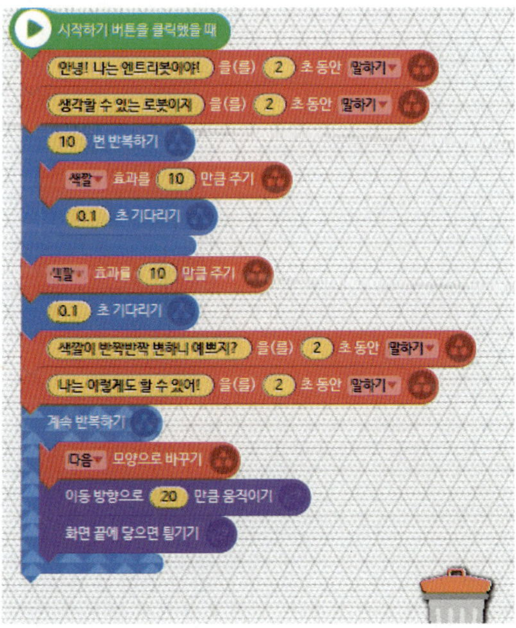

3.2 엔트리에서 제공하는 여러 가지 학습하기 및 공유하기

엔트리교육연구소는 소프트웨어 교육기관으로 NAVER가 후원하면서 비영리 교육기관으로 거듭났다. 리눅스, 안드로이드 같이 소프트웨어의 설계도에 해당하는 소스코드를 인터넷 등을 통해 무상공개하고, 누구나 그 소프트웨어를 개량하고 재배포할 수 있도록하는 **오픈소스**(open source)정책을 펼치고 있다.

엔트리 홈페이지의 작품공유하기를 통해 엔트리에서 제공하는 공개된 작품이나 다른 사용자의 작품을 보고, 공유된 작품을 기반으로 더 좋은 프로그램을 만들고, 직접 창작 작품도 만들어 다른 사용자와 공유해 더 발전 시켜보자.

학습하기
만들기
공유하기
커뮤니티
소프트웨어 교육의 첫걸음
엔트리
For Free, Forever.
만들어 보기
엔트리 추천 코스
엔트리 첫걸음
월간 엔트리
EBS 소프트웨어야 놀자2
실전, 프로그래밍!
스태프 선정
인공지능 전투기
좀비 서바이벌3.2
엔트리봇이 생각하는~
인기 작품
드래곤킬러4.0
웃음을 참을 수 있을까?
Parking Games(게~
태양의 후예가 되볼까?
블랙홀 키우기 - 리턴~
서든어택
공 피하기 버전2.1(게~
피하기 게임 천국 지옥
파트너
CONNECT FOUNDATION

카레이서

작품공유하기에서 카레이서를 검색해보자.

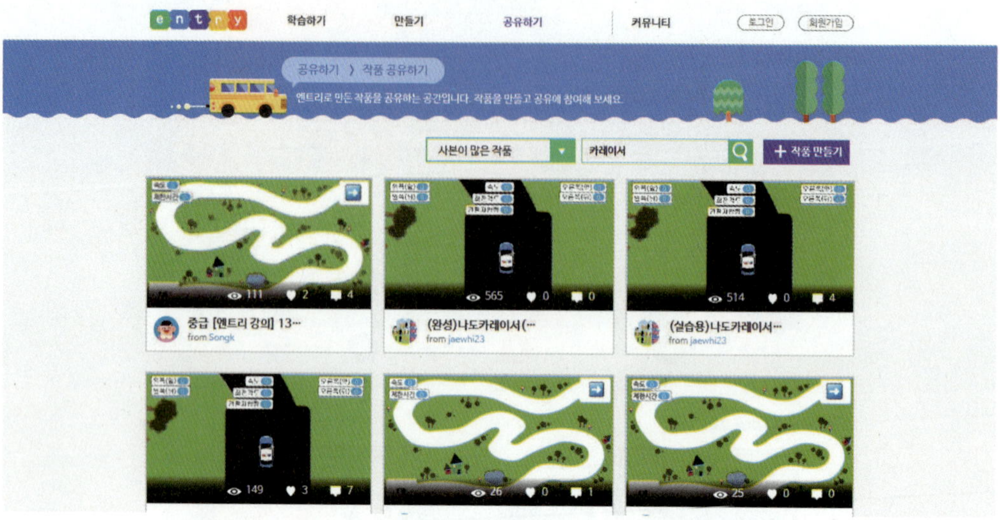

여러 가지 작품들 중 entrycontents가 공유해놓은 '[중급]13.나도 카레이서가 되어 보자!-완성'을 클릭해보자(http://goo.gl/7BWvhQ).

프로그램이 실행되는 것을 볼 수 있고, 사용된 코드 개수, 오브젝트 수, 효과 등을 간략하게 알 수 있다. 코드보기를 누르면 만들기 모드 창으로 바뀌면서 코드를 볼 수 있다.

직접 프로그래밍을 해보고 원본 코드를 참고하거나, 원본 코드와 내 코드가 뭐가 다른지 비교해보도록 해보자. 하단의 관심작품을 누르면 마이페이지에서 볼 수 있다.

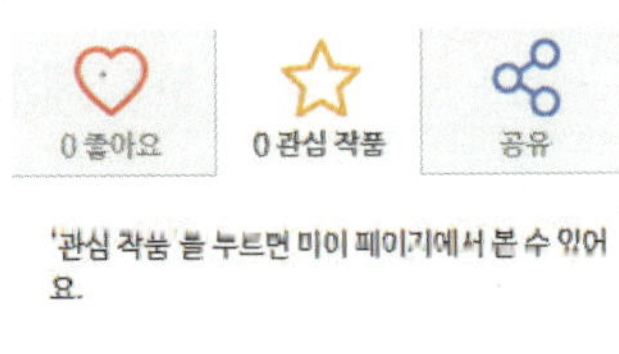

추천 작품들

엔트리 공유하기에는 다양하고 좋은 프로그램들이 많다. 같은 주제라도 사용자별로 코딩해 놓은 것이 다르니 비교해 보는 것도 도움이 될 것이다.

아래는 재미있고 잘 된 작품들로, 보고 직접 코딩해서 문제점이 무엇인지 다른 사람은 어떻게 코딩했는지 비교해보자.

- 벚꽃이 피었어요! *from entrycontents*, http://goo.gl/ZWshn2
- 타자연습게임_완성 *from entrycontents*, http://goo.gl/mGFm5v
- 전자드럼 *from entrycontents*, http://goo.gl/BUx9il
- 미니언, 바나나를 찾아서 *from rovema*, http://goo.gl/NRrF7A
- 미로탈출의 사본 *from jonghun-kim*, http://goo.gl/xs5eJc
- 주차연습 시뮬레이션 *from jonghun-kim*, http://goo.gl/5tthDI
- 복권번호 추첨 *from jonghun-kim*, http://goo.gl/QGX7OB

- 자동 기사 작성 로봇 *from entry*, http://goo.gl/DKbfQu
- 마우스에 반응하는 미디어아트 *from entrycontents*, http://goo.gl/BfupQ6
- 점대칭 도형 그리기 *from entrycontents*, http://goo.gl/LLLz4u
- 민첩성 테스트 *from thdtkdtn*, http://goo.gl/8T1p4z
- 물고기키우기 *from com20027*, http://goo.gl/CBCMRj
- Coin Rush v0.2.0 *from toto12281*, http://goo.gl/sLm4B4
- 스트레스 해소 블록을 부셔라! *from lyh2315*, http://goo.gl/IR054C
- 세상에서 가장 어려운 게임 *from yoonsungi*, http://goo.gl/y9p2cN
- 마리오 버섯 피하기 게임 *from lolsh0793*, http://goo.gl/NN8Dfg
- 3자매이야기 *from butann*, http://goo.gl/SHqJLh
- 불꽃놀이 *from thdtkdtn*, http://goo.gl/uiNHt9
- 캐릭터 만들기 *from entry4subject*, http://goo.gl/frV31G
- This is the RPG Beta Ver. *from thdtkdtn*, http://goo.gl/qKm2cz